问道

一部
全新的
中国思想史

杨念群 著

重庆出版集团 重庆出版社

图书在版编目（CIP）数据

问道：一部全新的中国思想史 / 杨念群著. — 重庆：重庆出版社，2024.1
ISBN 978-7-229-18035-5

Ⅰ.①问… Ⅱ.①杨… Ⅲ.①思想史－研究－中国 Ⅳ.①B2

中国国家版本馆CIP数据核字（2023）第189225号

问道：一部全新的中国思想史
WENDAO:YIBU QUANXIN DE ZHONGGUO SIXIANGSHI

杨念群 著

出　　品：华章同人
出版监制：徐宪江　秦　琥
特约策划：好橡树文化
责任编辑：秦　琥　李　翔
特约编辑：于　枫
营销编辑：史青苗　刘晓艳
责任校对：陈　丽
责任印制：梁善池
书籍设计：储　平

重庆出版集团
重庆出版社 出版

（重庆市南岸区南滨路162号1幢）

天津淘质印艺科技发展有限公司　印刷
重庆出版集团图书发行有限公司　发行
邮购电话：010-85869375
全国新华书店经销
开本：889mm×1194mm　1/32　印张：12.5　字数：232千
2024年1月第1版　2025年5月第6次印刷
定价：78.00元
如有印装质量问题，请致电023-68706683

版权所有，侵权必究

开头的话　这本思想史到底要写什么

如果一个人有机会穿越到中国古代，他就会发现，古人生活在一个由"五"字打头的世界里，古代文献中经常会出现"五服""五伦""五常"这类字眼。其中人们提及最多的是以下五个字：天、地、君、亲、师。一本中国思想史，按大的方向说，就是要说清楚这五个字的意思，以及这五个字所表达的思想观念与行为实践之间到底如何发生互动关系。

具体说来，"天"是"天命"，"地"是"地理"，"君"是"皇帝"，"亲"是"祖宗"，"师"是"文脉"，这五个字包含了中国思想最核心的密码，把这五个字说清楚了，中国思想史的基本面貌也就被勾勒出来了。

"天"似乎离人们的生活最遥远，但在古人的认识里，最早的"天"就像一个人一样有自己的性格。它会突然高兴起来，也偶尔发发脾气，所以人们觉得灾祸的发生如地震、日蚀、洪水或者火灾，都是"天"发怒造成的后果，是对"人祸"的警告。

"地"是古人对周边地理环境的认识，从中开发出许多"地理信息系统"，用来确认自身生活的位置。

"君"是人世间的中心，他得穿针引线，负责起到沟通天地人的象征作用,古人把皇帝这种举动叫作"立正统"。

"亲"是古人确定生命从哪里来的历史根据,必须知道祖宗是谁,才能安排好一家子大小尊卑的等级生活秩序,于是我们才会看到明清时期遍地都是拜祖祭宗的祠堂。

"师"是"皇帝"和"百姓"沟通天地和操持家庭事务的指导老师。"师"的作用是编纂出一套套通俗易懂的道德伦理体系,并把其中的一些原则贯彻到社会的方方面面。

一般来讲,天、地、君、亲、师都会各安其位,各得其所,由上到下构成一条垂直贯通的系统,然后不断循环往复地运动,不会发生紊乱。但这五者之间的关系也会发生变化,比如最早人们把"天"当作一个具有神通伟力的"人格神"加以崇拜,后来作为"师"的儒家却把"天"当作"理"加以处理,"理"是个无所不在又面目模糊的东西。经此转折,"天"的神秘色彩越来越淡,人们对天的敬畏和恐惧就没那么厉害了。后来中国人思维行事比较倾向于实用,应该多少与这个转变有关。

又比如如何处理"地"与"人"的关系,历史上各个时期的表现都不一样。在方圆比较大的王朝范围内,往往居住着不同族群。因为每个王朝管辖的地盘有大有小,不断发生伸缩。当某个王朝占领的地盘更大时,就会相对在同一空间里包容不同民族的存在。当某个王朝地盘缩小的时候,单一种族如华夏族就会强调自己的正统性。本书用"夷夏之辨"和"大一统"的交替演变来描述这个过程。

"家"是维系"亲情"的社会基层组织细胞,"师"从辅佐皇帝到成为"帝师",再把注意力转移到"教化"民众,经历了一个漫长的发展过程,其中"师"所扮演的角色与儒家思想的脉动始终保持着密切联系,这也是本书重点关注的内容。

杨念群
2024年2月20日

目 录

第一章
没有古代的"天下",难有今天的"中华民族" ……1

"中国"是如何变成今天这个模样的 // "周礼"奠定了中国的精神底色 // "天下"登场,中国有了方向感 // "九州"是"大禹"用脚丈量出来的 // 虚虚实实看"九州" // 古帝王常常表演与上天沟通的游戏 // "九州"是一个古代经济地理专用名词 // "五服"是"天下观"的政治制度设计 // "中国"无内外,"天下"是一家 // 古代的"夷"和"夏"是怎样区分的 // "夷"可变"夏","夏"可变"夷" // "中国"的版图会因族群迁移变大变小 // 宋明之际的夷夏观 // 从"天下"到"国家"观念的演变 // 到底"中国"该不该有君主 // "中华民族"观如何挑战古代文明等级论

第二章
为什么古代帝王都要立"正统" ……65

中国古人的字典里没有"未来"这两个字 // "五德终始说"与朝代的循环往复 // "回向三代"与"文质互补" // "五德终始说"在汉代是怎么体现的 // 帝王立"正统"还需要"改正朔" // "祥瑞"降临与"天命"感召 // 汉唐帝王特别惧怕"天谴" // 政治预言的

神秘力量 // 帝王自带"神迹"光环的故事应运而生 // 皇帝立"正统"的规矩在宋代以后改变了 // 好谈"大一统"的清朝人 // "大一统"观支配着中国人的思维

第三章
儒法思想：从寻求差异到彼此互补 ……121

周代礼制秩序如何塑造儒家观念 // 孔子首度发明"仁"，开始关注人的内心修养 // 古代中国的人伦秩序和社会关系起源于儒家思想 // 孔子如何处理自身欲望与他人欲望的关系 // 孟子"仁义"观奠定儒家心理修炼的基调 // 荀子"性恶说"及其影响 // 现实君主为什么比古代圣王更加重要 // "公"与"私"的界限应该划在哪里 // "游侠"为何成为儒家的眼中钉 // 谈论"兼爱"的墨家最终成为历史尘埃 // "大一统"国家为什么选择了儒家思想 // 法家精神：寻求规则的"确定性" // 从荀子的"法后王"到法家的"法时王" // 法家如何处理"法"与"术"的关系 // 法家"驭臣之道"的精髓是什么 // 什么是法家的臣子"进言之术"

第四章
老庄思想：俗世中的生存智慧 ……195

众说纷纭的"道"究竟是什么 // "无为"一度成为汉代皇家的宣传口号 // 道家的"自由"是如何被后人误解的 // 真的是"知识越多，越无用"吗？ // 柔弱胜刚强：老子的基本处世态度 // 道家"藏拙"的奥秘是什么 // "逍遥游"是幻想成为一个超大的"自我" // "齐物论"是认识事物相对性的一种方法 // "知识"不是用来判断是非，而是为了顺应自然 // 庄子思想的核心是一种生存哲学 // 不能割裂且互为镜像的儒道思想

第五章
宋明"新儒学"到底"新"在哪里 257

为反官学而诞生的"新儒学"运动 // "新儒学"夺取了"道"的使用权 // 新儒家的"理"该怎么解释 // "天理"与"人欲"的缠斗 // 怎样缩短"修身"与"治国平天下"的距离 // 新儒家是如何推动儒学走向世俗化的 // 一个人的"心"到底有多大 // "知"与"行"是一回事吗？// 致良知突出"心灵"在处世中的首要作用 // "新儒学"与西方思想的挑战

第六章
中国佛教如何成了一种入世的智慧 331

人为什么总会感到痛"苦" // 从"十二因缘说"到"轮回说" // 摆脱"苦"的办法：戒、定、慧 // "现世现报"还是"来世果报" // 佛教的"隐身术"：格义 // 佛教与儒家都谈"心"，到底有什么不一样 // 禅宗的减法 // 禅宗公案：一场场猜谜游戏 // 禅宗与明清文人的精神传统

第一章

没有古代的"天下",难有今天的"中华民族"

如果你打开一幅当代中国地图，映入眼帘的一定是一派广袤无垠的景象，它东起海滨，西抵高原，南到海角，北达寒极。可就在此刻，你也许不知不觉陷入了一个错觉，以为很久很久以前的"中国"版图就是如此这般宏大绚丽。实际上，你眼中看到的"中国"，是当代意义上的"中华人民共和国"，历史上的"中国"是另一番模样。

清代有一个学者叫杨守敬，他编了一套《历代舆地图》，画出了从春秋到明代的疆域和建置，如果与当代中国地图比较一下，我们就会发现，这些地图上主要标注出了明代内地十八行省的位置，而新疆、西藏、青海、吉林、黑龙江和内蒙古等都不在其中。你一定会很惊讶地询问，这两幅图的差别为什么这么大？明代"中国"的范围与今天相比怎么显得如此狭小？

其实，如果你打开另一个朝代——南宋——的地图，展示在你眼前的疆域面积还不及现在中国领土的四分之一。当然，如果再往前追溯，汉唐两个朝代的疆域边界显然比宋明要辽阔许多，可是如果回溯到秦朝以前，"中国"版图的尺寸又会缩小到只有中原地区这么一小块面积。

这究竟是为什么呢?

"中国"是如何变成今天这个模样的

学习中国思想史,首先需要回答"什么是中国?"这个问题。我们必须明白,当代地图上的"中国"图景是按照现代国家的标准描绘出来的,并不是过去的"中国"。古代"中国"的版图一直在不断地伸缩移动,"什么是中国"的含义也在持续发生变化。

"中国"这个词最早出现在西周早期青铜器何尊上面。这尊酒器内壁底部镌刻的铭文中出现了"宅兹中国"。这里需要稍加解释,"中国"的"中"字有"中央"的意思,"宅兹中国"大概就是周王居住在中原地区,具体说就是今天的河南洛阳一带,因为周朝的国都建在此处。我们看"国"这个字,它的外围轮廓就像一个四四方方的框子,表示王者占据着一定范围的地理空间,当时周王能够管辖到的范围差不多也就洛阳周围这么一块地方,这说明当时所说的"中国"指的是洛阳周围一带,它代表着地理空间。那么现代"中国"为什么有约九百六十万平方公里的范围呢?下面,我就来给大家详细地解释一下。

古代的周王朝主要是由姬姓和邻近的姜姓两个氏族构成。这两个氏族生活在西部地区。当时他们人数较少，被东部的商族人统治着，周武王讨伐商朝成功后取而代之，相当于少数人征服了多数人，心理上总感到不那么踏实，觉得应该弄明白自己究竟胜在何处，到底比商人优越在什么地方。经过一番思考，周人决定把历史倒推回去，与商朝之前的夏朝建立联系，声称自己是夏朝的继承人。

古代"中国"又称"华夏"，因为周人认为自己起源于"中国"，同时又是"夏"的继承人，于是把"华"字放在"夏"的前面，目的是表明夏朝文化优美典雅，就像一件华丽衣服上的装饰物一般绚丽耀眼。"华"被当作"夏"的修饰词，至少貌似比商人高明优越。我们现在可能觉得周人这么斤斤计较未免有些小心眼，但如果站在周人的角度考虑，仅靠这么一点人口居然战胜了强大繁盛的商朝，简直令人难以置信。于是，周人有意把祖先源流追溯到夏朝，充当起了夏朝文明的继承者，他们编排出夏朝比商朝优越的一些理由，在字面上故意营造周人的文化优越感，想借此提升本族的凝聚力。

那么，周人与商人比较，到底有哪些不一样的地方呢？按照大学者王国维先生的说法，主要有三条。第一条是嫡长子继承制，嫡庶待遇有高低之分，次子得到的好处肯定相对比长子要少一些，这样的安排才能构成等差级别，只有在家庭内部首先建立起等级秩序，才能逐步推广到更远的亲戚圈子，最后一直延伸，推衍到君主和官吏，形成更为普遍的宗法制和君臣关系。我们常说的封建制度就是这么起源的。在商朝的统治秩序中，殷王只是相当于诸侯结盟的首领，双方没有严格的上下等级关系，周人打破了此前君主和诸侯相对平等的态势，形成了以周王为核心的新秩序。第二条是建立祭天祭祖的宗庙体系，这就是后来屡次被孔子称道的礼乐制度。第三条是严禁同姓结婚。

周人既然拒绝同姓婚姻，要不断繁衍子孙后代就只好与邻居姜姓氏族通婚，姬、姜两个姓相互抱团生存，关系自然走得很近。亲属纽带依赖遗传链条维系彼此团结，所以流动性非常小，显得特别排外。周王有意把支子、母弟、甥舅等亲戚圈子划在"华夏"范围以内，而与姬、姜两姓关系的远近被设定成是否能成为"华夏"一员的主要参考标准，其余氏族都被排除在这个圈子之外。周王相当于"华夏"集团的大家长，围绕血缘的亲疏远近编织出了一套辨别身份等级的礼仪秩序，这就是"周礼"的起源。周人既然自以为生活在"中央"，周王理所当然是这套秩序的核心权威，他发布的所有命令都是出于血亲乡谊的考虑。

周王作为姬姓族长，在夺取商朝土地之后，又当上了周朝政治首领，这样就同时拥有了家长和君主的双重身份，要处理的日常事务越来越多，于是开始发明一些管理办法，最主要的一条就是把土地分配给一些近亲，让他们分别建立各自的小国家。周王和诸侯之间仍然使用家族的行辈相互招呼，与周王同姓的长辈诸侯叫叔伯，周王称异姓长辈诸侯叫舅舅，其他同姓诸侯以兄弟相称。

周王的统治范围一圈圈地向外扩散，王都和诸侯控制的地区奉行一种叫"乡遂"的制度。"乡"是指生活在王都和近郊的居民团体，"遂"是"乡"以外的民众居住的地方。生活在"乡"以内的居民叫作"国人"，住在"遂"里面的人称作"庶人"或"野人"。国人身份是自由民，有参政和受教育的权利，但必须服兵役和劳役，到战国时期，"国人"与"庶人"的身份界线开始模糊，但仍须保持相当的距离。

姬姓诸侯的封地往往和一些有敌意的异姓氏族混杂交织在一起，经常处在他们的包围之中。姬姓诸侯为了规避风险，共同对抗敌人，相约一起对周王室表达忠诚，以增强自身的凝聚力。宗主与君主、诸侯之间全靠亲戚关系增加相互之间的认同感，连接起一张"封建"关系网。"封建"与"家族"合为一体是周朝的一个重要特点。周朝疆域内分布着许多小国家就是宗族关系的体现，列国之间一般都会打着"尊王"旗号，彼此相互照应，共同讨伐华夏圈子之外的异族对手。

周武王灭掉了商朝，自称"华夏"，但夏文明只是被他们当成对抗商人的精神支柱，到了周武王的弟弟周公辅政的年代，通过制礼作乐，使得周代文明变得越来越"雅致"，慢慢褪去了商代文化过于原始的巫术特征。商人喜欢祭拜鬼神，自从头脑中出现"帝"的观念，即开始把"天""帝"和一些地位比较低级的鬼神放在一起祭祀，商王常常为此要杀掉大量牲畜和活人。周人灭商后，周公明确规定献祭时不许杀戮活人，使用牲畜的数量也大大减少，规定宰杀牛羊不得超过十二头。

与商朝人相比，周人更讲究把祭祀当成与上帝沟通的象征性心理活动，以培养道德敬畏感，不一定非要杀戮活体表达虔诚，觉得那样做无异于舍本逐末，容易荒废对人世间的责任。周代与商朝的区别就在于许多言行中的"巫术"成分大大降低，采用更加文明的礼仪制度去替代野蛮的习俗遗留。至此，"雅"既是周代的王道象征，也是一种文化的标识，"雅"与"不雅"成为区分"华夏"与"非华夏"身份的重要尺度。

/
"周礼"奠定了中国的精神底色

中国古代讲"礼"的重要典籍《礼记》中有一段文字专门解释了什么叫礼："夫礼者，所以定亲疏，决嫌疑，别同异，明是非也。"也就是说，"礼"就是辨别血缘关系远近，据此建立身份秩序的一套标准。按照"礼"的规定，离姬、姜两姓较近的族群要厚待一些，反之就排斥打压，血缘亲疏决定各个族群分别属于不同的文明等级，由此经常引发诸侯国之间剪不断理还乱的是非纠纷。

周朝建立后分封了不少诸侯,据说多达七十一国,姬姓就占了五十三人,一些非姬姓的族人,比如楚国人的祖先源自火神祝融氏族,与西周远祖比较疏远,不属于周室最初的亲戚圈子,自然在"礼"的秩序里容易被边缘化。有些地处边远地带的诸侯国不甘心一直被当作"华夏"之外的夷狄之人,不断通过发动战争为自己争取名分和利益,争取挤进被姬姓垄断的等级秩序。

"周礼"的一个核心思想是"尊王"。周王是位于中央的君王,诸侯是臣子,诸侯的责任是为周王拱卫四方,维护周朝的安全。"尊王"必须遵循一定的族群伦理规则,不是随便什么人都具备这个资格。比如,诸侯国君主不得混淆父子夫妻的名分,有些家庭关系混乱的诸侯(如楚平王娶了儿子的未婚妻当妻子,犯了父纳子妻的乱伦大忌)就没资格承担"尊王"的责任。即使某个诸侯国拥有很强的军事实力,如秦国、楚国和吴国都是当时很强大的国家,因为不属于周王的近亲圈子,也一度不被允许参加周王或华夏首领召集的盟会。当然,也可能出现某些特殊情况,春秋是乱世,如果周王遭遇威胁,那些身处华夏边缘的诸侯若能及时出手营救,就有可能被接纳为"中国"的成员。参加朝会的华夏圈子内部的诸侯国一般分别拥有公、侯、伯、子、男五等爵称,非华夏圈子的诸侯不在授予爵秩之列,但是如果表现良好,也有机会"进于爵",被授予贵族爵位。

周王要维系周礼秩序,其中一个重要举措就是不断举行各种祭祀活动,通过祭拜天地、祖先的仪式展示自己至高无上的地位。同时,不断提醒那些参与祭祀的诸侯明确自己的等级身份和责任,以便加强华夏族群的凝聚力。祭祀就是周而复始的一种崇拜仪式,需要制定规范与准则,目的是获得祖先和神灵的保佑,长久下来就形成了"礼"的雏形。所以"礼"最初来源于神秘的神祇祭祀活动。

华夏族群有一个远古流传下来的观念,认为祖先和英雄人物死亡,只有形体消失,灵魂并未随之逝去,仍生存于另外一个世界,只是不像活人那样直接看得见,于是对这些不死的魂灵萌生敬畏之情,由此形成侍奉祖先的风气。在商代,祖先与天神崇拜是混融在一起的,在商人的世界里,祖先与神的世界几乎没有什么分别,祖先活着的时候是人,死后就变成了神,都可以作为祭祀对象,因为他们认为,祖先与神祇都在保护着氏族、部落与国家的生存,承担着保佑延续氏族血脉的责任。

祭祀的仪式往往非常繁复,相当于做一套巫术法事。在商代祭祀由商王来主持,据说商朝三百六十五天每天都占卜祭祀。商王不但是人间的政治领袖,还是与上天沟通的"大巫"。他的周围聚集着一群为他操行巫事的人,古代文献里称这些人叫"巫史卜祝"。有人认为,先秦时代的那些君王,无论是传说中的人物还是真有其人,比如尧、舜、禹、汤、文、武、周公等,都兼有"巫师"的职能,往往集"王权"与"神权"于一身。这些"大巫"据说都有些特异功能,比如汤王会祈雨,就是有本事通过做法让上天降雨止旱。在古代农事中，干旱是对粮食收成的最大威胁之一，因此，是否有能力祈求上天降下甘霖，确实是衡量一个人是否拥有神奇能力的最突出证据。是否能行"巫事"，彰显出的是一种政治智慧，是否拥有这种智慧与掌握权力的大小有密切关系，一般说来，"做法"的能力越强，拥有的权力就越大。辅佐王者这个"大巫"的一些"小巫"，如"巫史卜祝"等职业群体，都必须学习一些天象与历数知识，并凭借这些知识去提前预测一些事情，为王者的政治与军事决策提供参考。这些"小巫"官职的大小大概也与他们的占卜能力成正比。

祭祀神人和祖先需要一些具体器物和程式化的东西提供支持，这就是周人所说的"制礼作乐"。商人祭祀不太讲究程序，至少祭祀规则没那么严格，到了周代以后，周王开始考虑怎么样使得祭祀更加条理化、规范化，特别是剔除商朝那些动不动就杀人的原始野蛮做法，这就是后人常说的祭祀礼仪的人文化过程。祭祀对象既然是祖先，那就必须按照血缘关系的亲疏远近把参与祭祀的人安排成有序的等级，分别设计出与之相应的仪式、服装和姿态，在什么场合穿什么衣服，站在什么位置，都有特殊的规定。我们说干什么事要讲究"礼数"就是这个意思。

从商朝到周朝，在祭祀形式上的变化主要表现在，周王不仅要维持一个神人"大巫"的形象，还要想办法让普通人都参与到祭祀过程当中，体会其中的蕴意。因此，周代完成了与西方宗教分道扬镳的一次重要转折，那就是想方设法把外在的仪式内在化，把它变成每个人内心都遵守的一套准则，对"德"的弘扬与解释就是实现这个转折的重要步骤。

我们评价一个人"有德性"，无疑是对其品格的高度赞誉。如果说一个人"缺德"，那肯定是因为他的品格相当低下。通过把对上天的尊敬转化为一种心理上的道德建设，是周人对文化做出的最大贡献。这和西方人的宗教思想演变路径恰好相反：西方人主张向外发展，内心的崇敬之情统统献给上帝，由上帝来安排每个人的生活和信仰；周人则主张向内发展，由内心的道德引领日常生活秩序的安排。

周公"制礼作乐"是从外在规范的角度确立道德的重要性，以便别亲疏、树尊卑、明贵贱、定名分，始终围绕着血缘纽带这个核心内涵展开；孔子主张"仁"，那是一种内心自觉服从"礼"的规训的学说，一个说"外"，一个论"内"，构成一种互补结构。这样一来，原本只是少数人垄断的"巫事"，一旦被揭去神秘的面纱，就被转化成能够广泛参与的人间俗事，比如"礼"最终变成了辨别君臣、上下、长幼、男女、父子、兄弟各自位置的伦理规则。因为每个人都有祖先，举行对祖先的祭祀就等于与个人生活发生了紧密关联，自然不会局限在上层王者的政治与军事事务之中，而是逐渐变成了理论上全民均可参与的一种仪式。当然，祭祀祖先成为普通民众的日常需求直到数千年以后的明清时期才成为可能，但周公对祭祀的规定和阐释毕竟为后来的民间化奠定了基础。

《礼记·礼运》中也谈到"礼"的人文含义，先王发明礼制是出于区分野蛮与文明的目的，有一段话是这样说的，先王原来生活在简陋的洞穴之中，不懂燃火做熟食物，只会生食草木和鸟兽之肉，过着茹毛饮血的生活，不会穿丝织的衣服，后来才懂得用火炙熟食物，知道修筑宫榭楼台，裁剪布帛，制衣遮体。从此知道养生送死要通过祭祀鬼神上帝，听从上天的回应，再安排人间君臣、父子、兄弟、夫妻的关系。也就是说，人伦秩序最终必须通过祭祀礼仪的举行才能得到妥善安置，这就是"礼"的核心思想。

还有一部记载礼仪的书是《周礼》，内容十分庞杂，大量篇幅都是用来解说礼仪等级秩序的具体内容，"礼"规定人们的言谈举止要符合一定的规范，不能想干什么就干什么。比如在丧礼中如何选择忌日和丧仪地点，参加祭祀的人应该站在什么位置，祭服的样式如何选择等细节都有讲究，也记载着像"投壶之礼"这样的仪式。"投壶之礼"就是宴饮时客人练习把箭投入酒壶的一种游戏。成套的礼仪设计使得"周文明"与相对粗粝原始的商文明划清了界线。

到了春秋末年，随着一些诸侯大国的势力持续增长，他们通过军事征伐确立盟主地位，周王室的权威不断下降。有人称当时的史书《春秋》几乎没有一天不记载战争，又说"春秋无义战"，没有一场战争是正义的，诸侯都是为争权夺利相互争斗不休。

　　春秋以后的战国时期，人们开始习惯走马灯式的轮换诸侯盟主了。从齐桓公、晋文公到楚庄王，他们轮流充当诸侯霸主。当时出现了一种说法，叫"诸夏"，不再单说"华夏"了。在战国文献中，已不再使用"华夏"一词，说明战国兼并剧烈，诸侯国的数量越来越少，有资格充当"华夏"身份的诸侯却越来越多，他们打着"尊王"旗号，却不一定经过周王亲自确认。这样做的一个结果是，"尊王"到底如何定义，常常任由势力强大的诸侯随意发挥和解释。

　　谈到这里，不妨略微总结两句。春秋战国时期有关"什么是中国"的问题大致包含两层意思：一是从地理界定上来说，"中国"最初就是周王室势力能够直接延伸到的邻近地区，周王通过分封近亲诸侯对这些地区予以间接管辖。随着周王权威的衰落，诸侯国只是象征性地打着"尊王"的旗号，这说明那时候的"中国"是围绕"周王"及其血缘关系网构造出来的一个概念，其范围的大小常常依据周边国家与周王关系的亲疏远近不断伸缩调整。二是"中国"之所以称为"华夏"，是从文化上给出的定义，周人通过"礼"来规范和约束与自己关系密切的族群，经由尊卑等级的划分超越了原始血缘关系。制定了各种礼仪规范后，周人就自信地认为，周朝的文明化程度已经大大超越了商朝，足以成为后世遵循的典范。

/
"天下"登场，中国有了方向感

周人自称是夏朝继承人，周朝自称"华夏"，如此看来，好像周人最早意识到自己身处天地中心。实际上，在周朝之前，殷人就曾经把都城河南商丘当作祖先宗庙所在地，起了个名字叫"中商"，这个"中"字被认为是"中国"这个叫法更早的起源。与此同时，殷人还产生了方向感，形成了以商都为原点辐射到东、南、西、北方向的"四方"观念。有了"方位"意识，古代"天下"观就开始萌芽了。古人仰望天空，俯看大地，得到的直观印象是，上天如同一顶巨大的帐篷覆盖在大地之上，把世界想象成了一个"天圆地方"的模样。

那么，有了"中国"，为什么还要有"天下"呢？它们到底有什么区别呢？简单概括起来就是"中国"像个"点"，而"天下"是个"面"。或者说，"天下"是自带方向感的"中国"。《诗经》中有一句话说"惠此中国，以绥四方"，这"四方"就相当于"天下"，与"中国"既处于相对的位置，又有着不可分割的联系。

在古书中，描绘"天下"最频繁的有两个词：一个叫"九州"，另一个叫"五服"，分别概括出"天下"的不同侧面，下面就让我们来看看它们各自的含义和区别是什么。

"九州"是"大禹"用脚丈量出来的

"九州"是古书中描绘"天下"最常用的一个词语，如果问"九州"到底有多大，恐怕从古到今没有人能够准确回答，因为古人对此的记载就分好几种，结论并不一致。司马迁在《史记·五帝本纪》中说五帝之一的舜把天下划分成十二个州，可是在《史记》的《夏本纪》里，司马迁又改口说"天下"分为"九州"。大致说来，一般古书称"天下"为"九州"的居多。那么，这个"九州"范围又是谁来划定的呢？传说是远古的一个帝王叫"大禹"用脚步给丈量出来的，这就是后人津津乐道的"禹迹"神话。"九州"指的是大禹行踪到达过的范围。《左传》中有一个说法叫"茫茫禹迹，画为九州"，说的就是这个故事。

"大禹"本身不是凡人，是位传说中的圣人，古人把他当作夏朝创始人。可是有人按照现代科学方法考证，"大禹"也许不过就是个类似虫子一样的动物，根本没什么神性，所以大禹规划"九州"的故事更像是编造出来的神话，无法按史料记载一一对号入座。据传大禹在世时正好遭遇洪水泛滥，他花了很大力气治水成功，洪水退去后的地区被他划分成九个"州"，这九个州的名字分别是：冀、兖、青、徐、扬、荆、豫、梁、雍，范围基本涵盖了现在黄河流域与长江流域的大部分地区。"九州"与战国后期秦、楚、燕、齐、韩、赵、魏七国的疆域大体上能够重合。

大禹遍地周游的踪迹最远到达过哪里并没有什么确凿的记载，但"禹迹"在古人的历史记忆中却犹如一幅文野分明的地图，大禹不仅治水、划分州域地界，还负责描述地理样貌、土壤分类、田地等级和规划纳贡物品和路线。凡是大禹步履到过的地方仿佛"圣迹"一般，标志着"文明"延伸抵达的边界，其他禹迹未达之地必定野蛮无序。

"禹步"还可能是一种萨满教遗留下来的祭祀仪式，巫祝作法时用不同空间象征"九州"，边走边念之际，换步移形，通过象征性地巡游九州来召唤神力，使得山川、神性与肢体动作合为一体。

"禹迹"仿佛具备某种特殊魔力，先秦一些生活在华夏边缘的诸侯国都拼命声称本国管辖的区域一定是"禹迹"到达过的地方，生怕被人家踢出这个范围，沦为野蛮人。这种担忧甚至一直延续到宋代，比如大家熟知的陆游著名诗句"但悲不见九州同"，"九州"泛指的是北宋版图，因为陆游生活在南宋，南宋统治的地盘被金国挤压在东南一片地方，北方被女真族占据，因此构不成一个完整意义上的"九州"。这句诗表达了陆游仍然在沿用"九州"代表"华夏"文明区域的传统意识。

有句古话叫"循名责实"。"循"是沿着某条思路找到一个合理的说法,"责"是在有了预设的名分基础上再去验证某个现象到底有多少真实度。换句话说,观察一个事物,可以先预设一个比较抽象的名称或概念,再想方设法寻找与它契合的证据。"九州"的形成表现的就是这么一个过程,"九州"在《尚书·禹贡》《周礼》《吕氏春秋》里都有记载,可是它的范围到底有多大始终没有一个固定说法,因为发明"九州"这个词的大禹可能不是真人,而是一个虚构出来的"名",但这并不妨碍后人根据这个传说构造出一整套对"天下"的认识。这里面包含"虚"和"实"两个不同层次的内容。

虚虚实实看"九州"

我们先来看看"九州""虚"的一面,"大禹"可能纯属虚构,然而却是古代圣王传说系谱里的重要一环,历史中的真实帝王常常喜欢自命是这个谱系的继承人,他们纷纷模仿大禹划分地理区域,《周礼·考工记》里讲古人修建都城叫"营国",这个"国"指的是一座"城",这座城方圆九里,有三个门,按照"九"的数字勾画出经纬界线,城邑的设计在《考工记》里依然只是纸面上的想象,不是地上的实景,却又像是"九州"的一个缩影。后来的人间帝王在筑城时大多迷信数字"九"的力量,不得不说多多少少是在模仿古书中的圣王举动。

古帝王常常表演与上天沟通的游戏

"九州"的命名有"虚"的一面，这与古代帝王与"天"的沟通方式有关，圣王特别讲究"承天受命"，声称权力是上天赐予的，不是人间的某个人授予他的，可"天"无形无象，漫无边际，难以捉摸，不像人类面孔那般清晰可辨，有模有样。"天"的模糊性恰恰成为人间帝王的权力是上天恩赐的最合适的借口，帝王完全可以通过大胆想象去捏造各种证据。帝王为了证明只有他具备与上天沟通的能力，往往不定期举办祭天仪式，其中一个比较重要的祭祀典礼就是"封禅"。"封禅"的排场看上去热热闹闹，其实没什么实用性内容，更像是一场皇帝个人与上天对话的无聊表演，在现代人看来纯属"迷信"。可是在古代，这场烦琐仪式昭示的正是君主对上天交往的垄断。

"封禅"仪式以泰山为中心，历代帝王常常会在东、西、南、北四个方向上寻找四个山峰与泰山配祀，构成"五岳"祭祀系统，以这四座山为坐标的边界和指示出的方向基本涵盖了华夏作为农耕民族的生活区域，游牧民族活动的地区不在"五岳"系统涵摄之内，明显划分出了"文明"与"野蛮"的界线。有趣的是，那些原本生活在"九州"范围之外的所谓"野蛮人"，在占领了中国之地以后，也要想方设法把都城纳入"五岳"笼罩的范围，以便获得"文明"资格，这就是"循名责实"的魅力。祭祀是帝王特权，只有掌握这个权力，才能通过报答上天的恩德，获得统治人间的资格，那些生活在"九州"之外的种族因为没有获得上天眷顾，自然低人一等，他们必须努力学习华夏族的礼仪，以便成为其中一员。

如此一来，原本完全处于自然荒野状态的这几座山川，一旦通过祭祀仪式被赋予"岳"的名分，就立刻被涂抹上了神秘色彩，变成了"名山"。"岳"既代表地理边界，也隐喻着人间帝王建立起了与上天神性的沟通管道。"九州""天下"的边界通过"岳"的祭祀程式明确下来，"人间"与"神界"的联系由此最终确立。

/
"九州"是一个古代经济地理专用名词

聊到这里，不知大家注意到没有，刚才我们只是谈到"九州"这个观念里比较"虚"的一面，讲的是古帝王大禹如何通过圈画地界建立势力范围。其实"九州"的"虚"里也蕴含着"实"。我们不要以为帝王对"五岳"这几座山的"封禅"祭祀仅仅是空洞无趣的个人表演，没什么实质内容，其实这场与"上天"的虚拟对话，已经暗示出农耕民族比游牧民族处在更优越的位置。农耕民族的帝王既然掌握着与上天沟通的特权，代表他有机会得到更多好处，具体说就是比游牧民族占据更丰沛的物质资源。了解到这层意思,我们才方便继续讨论"九州"观念如何具备"实"的一面。

这个"实"的一面具体表现在《禹贡》这篇文字详细记录的"九州"土壤与植被分布状况,以及记载的各州物产和到达王都的交通路线。如果我们打开后人根据《禹贡》描写绘制的九州地图,就会发现它依据山川河流的走势表现各州的分布情况,呈现出的是一个不规则的四方形状,里面像蛛网一样密密麻麻标示着各类信息,就像一个实用的网络导览图。在这幅地图中,"九州"在南北的分布并不均衡,北方有六个州,这几个州界线描画得相当清楚,人口聚居密度大,自然资源也比南方丰富许多,显示出经济发展领先一步。南方却只分布着三个州,大致涵盖了吴、楚、越三国和巴、蜀等一些小国,且国与国之间彼此界线模糊不清,说明南方经济发展程度明显低于北方。

从"实"的方面来看,"九州"的划分和设置便于"收税"和"纳贡"。古代都城属于帝王居住之所和政治中心,同时肯定也是生活必需品与奢侈品的集中地,理所当然需要各地诸侯源源不断地供应各种珍奇物产,以满足王室的多样化需求。一般来说,离王都较近的人民负有直接纳税的义务,离王都较远的非华夏边缘族群,往往定期或不定期地派遣使者,带着各类地方土产,长途跋涉前往王都奉献,这种纳贡带有象征性质,不会作为王室的主要经济来源。《禹贡》和《周礼》的《职方志》就比较详细地记载了各"州"的地方特产，比如扬州出产铜、锡和竹制品，荆州拥有大型木材和各类野生动物，如犀牛、大象和野鹿、象牙、皮革和羽毛等，各种珍珠、宝石也是楚国的重要贡品。燕国的特产是枣和栗子，赵国的猎犬和马匹最为有名，这些地方特产通过《禹贡》地图上标示出的四通八达的交通路线，源源不断地运往王都这个中心点。

秦始皇统一中国以前，诸侯国都是各自催赋征役，没有统一标准，这种状态是先秦时期推行"封建制"造成的。周王把自己的亲戚分封到各地建立诸侯国，诸侯国君主各自划定势力范围，各收各的税，各拥各的兵，相互之间互不统属，以致周王到春秋战国时代渐失威权，最终蜕变成了一个空洞的象征符号。秦始皇建立起中国第一个大一统王朝以后，开始推行"郡县制"，全国各地设置统一的地方管理机构，只要生活在郡与县范围之内的民众一律编入户籍，征赋收税，指派劳役，所有赋税最终全部交给中央政府，这些从事劳作的人叫作"编户齐民"。这就是"郡县制"与"封建制"的根本区别。

从秦代到汉朝实行的"郡县制"，基层乡村叫作"里"和"社"。最底部的单位是"里"。皇帝可以由上往下掌握每一个"里"的人口增减情况，包括生活在"里"中的家庭和产业的基本状况，再根据掌握的数字征收人头税，"编户齐民"是整齐划一收税制度的依据，普通民众一旦被纳入这个体系，从个体到家庭就都从属于帝国的行政系统，而不是像过去那样被封建血缘关系网络控制。凡是不纳税的地方都被看作"化外之地",是野蛮未开发的地区,这样就把是否"交税"与是否具备"文明"资格联系了起来,从此彻底终结了先秦诸侯国各行其是的分裂体制。"九州"规划中的理想通过"编户齐民"落在了实处,操作起来更加方便,或者说,"编户齐民"就是"九州"版图最接近"事实"的那一面。

/
"五服"是"天下观"的政治制度设计

"天下"观包含"九州"与"五服"相互联系却又有差异的两个面相,前面讲的"九州"强调的是自然资源如何分布,以及怎样征调这些资源为王室服务的这一面。下面我们来看看"天下"观的另一面"五服"到底是什么意思。早在商代就出现了"服"这个说法,"服"就是"事"的意思,商王按照距离远近任命王都附近或边地的诸侯担当经济军事职责。到周代更增加了"中心"与"四方"的双层方位设计与之对应。

"五服"之所以被当作"天下"观念的组成部分,是因为周王企图编织一个从里向外层层推展出去的政治等级网络,这个网络的原点就设在周王所在的都城,每个"服"之间间隔五百里,围绕与周王的亲疏远近分别构成了甸服、侯服、绥服、要服、荒服这五个等级次序。"甸服"离王都最近,负责提供王室需要的各种贡赋，相当于王室的粮仓；侯服、绥服属于诸侯拱卫王都之地；要服和荒服距离王都最远，被划归到野蛮人居住的"化外之区"，就是没有经过文明熏陶的荒凉地方，这些地区大多被当作流放犯人之地。这个网络状的圈层设计有着明确的军事防御意图，如果考虑到王都设在北方这个因素，"五服"的安排与"九州"中北方之州多于南方的格局是相互配套对应的，彰显出北强南弱的政治地缘态势。

单从常识上判断，每隔五百里设置一个"职能区"的架构只能是一个理想设计，因为没有人会严格按照这个纸面规定把"天下"划分成这么规规整整的模样进行管理，如果作为区隔"文明"与"野蛮"的边界，这种设计又的确是个比较切合实际的构想。"五服"制讲究内外之别，以文明程度的高下做标准，离王都位置越近，文明程度越高，反之就越低。周王室认为离自己越近的诸侯就越沾亲带故，他们受王都的影响越大，文明水平肯定越高，也最值得信赖，当然他们承担的义务和责任也最大，反之离王都遥远的地方文明水准肯定不高，责任义务也会相应减少，当时有句话叫"非我族类，其心必异"表达的就是这层意思。

"五服"中的"荒服"值得拿出来单独说一说。在古文献中，"荒"这个字一般指那些没有开垦的土地，或者说是农耕文明触及不到的地方。《山海经》在"大荒之野"这句里出现了"荒"字，在《离骚》中屈原则用"观乎四荒"慨叹中心与边缘地域的差别。类似"拓荒""垦荒"这样的描写不但隐喻着农耕文化对未开发处女地的渗透和改造，同时也意味着相对于其他少数族群而言，华夏族具备更高的文明程度。所以"荒服"只能被安排在"五服"最边缘偏远的地界，体现的就是这个思维模式。

有人曾经比较美国与中国在地理扩张政策方面的差异性。"中国"是由中心向周边扩展，美国则是由东向西推进。"边疆"对于美国人意味着机会、发展，对于中国人却代表着停滞、终结。长期以来，中国人并没有向边疆以外发展的内在驱动力。可见"向心"意识早已根深蒂固地植入了华夏文明的土壤。

/

"中国"无内外，"天下"是一家

无论"中国"还是"天下"，如果仅看外表，"九州"不过是古人标识地理风貌和交通路线的一幅带有想象色彩的地图，"五服"则是古人勾勒设计出来的一个政治地理同心圆模型，纯属臆造，无法验证。屈原在《楚辞》里感叹说，"九州"是怎么安置的呢？川谷之地为何是低洼的地方，大地的东西南北到底伸展到何方？真是让人琢磨不清啊。在屈原的心里，"九州"也许是个无限伸缩延展的形象，没有人知道它的真正边界在哪里。与此相反，古代的"中国"范围就要小很多，与"天下"相比，"中国"就显得更加渺小了，庄子形容"中国"与"天下"

就像谷仓里的一粒米，大沼泽里面的蚂蚁堆。

总结一下，古时候的"中国"更像是个大圆圈里的原点，按照古人的说法，这个原点就是周王和他居住的都城，既然在地图上只是一个"点"，自然占不了多大面积，就不能用辽阔来形容了。而"天下"就不一样了，观察"天下"首先要有方向感，我们现在常说"胸怀天下"，就是指站在高处从东、南、西、北四个方向去看周围世界，所以"天下"的范围比"中国"的范围要大得多，或者说"天下"包括了"中国"和周边诸侯国，也包括更加边缘的"野蛮"族群。这时，"中国"与"天下"的关联就像是"中央"与"四方"的关系。

在"天下"观中，我们如果再把"天下"的内涵做些细分，那么，在"九州"地图上能找到一些地理经济信息，比如哪里有什么特产，交通路线通向何处，离王都距离有多远，等等。在"五服"这个同心圆式的框架里，能看到坐落在不同等级里的王室、诸侯和夷狄的方位，他们的交往关系是怎么一层层重叠交集，再弥散分布开来，又如何像连环套似的相互缠绕在一起。

"中国"是围绕帝王居所构造起来的一套观念，比如它被周人升格为"华夏"，就是装饰营造出来的效果，表明周人最懂"礼仪"，更具文明气质，后来发展到一个政权要想获得足够支持，就必须拥有"道德"。关于这一层面，我们后面的章节会详细讲解。

"天下"观中的"九州"主要记录各地物产资源，以备王室安排贡赋收税参考，这方面的功能到秦汉统一以后变得越来越突出，因为"郡县制"下的"编户齐民"就是按户籍收税，凡是收不到税的地方都不归帝王管辖，那些地区原来属于"五服"中的"要服"和"荒服"，到秦汉以后仍然无法派遣官员直接管理，只能委托当地首领负责，用现代话来说，要服、荒服与甸服、侯服、绥服的区别大致构成了农耕社会与游牧社会之间的分界线。

"天下"也可以说是"中国"由点及面扩张而成，特别讲究一个"推"字。"中国"的本义稍加延伸就是以王都为中心，逐渐推移伸展到远方的意思。费孝通先生在《乡土中国》一书中，曾表示中国文化核心动能的发起与扩散端赖一个"推"字。他举例说，中国文化犹如一座池塘，文化的播散过程就像一颗石子丢在水里，激起阵阵涟漪，一波一波地向外推展。

中国的人际网络就像这池塘里的水波，每个人似乎都是中心，以此为基点和其他人形成联系，经常是你中有我，我中有你，费先生称这种彼此缠绕状态叫"差序格局"。与中国比较，西洋社会就像散落在田里的一捆捆柴草，几根稻杆扎成一束，几个集束绑成一捆，几捆合成一挑。每根柴也可以找到同把、同扎、同捆的柴，处在什么样的相应位置，分绑得清清楚楚不会搞乱，这就叫"团体格局"。"差序格局"指的是中国人日常生活中的人伦关系网络，类似的情况也经常在"天下观"中得到印证。

在"中国"与"天下"观念中,"帝王"相当于池塘里的那颗石子,一旦投到水里,就激起一波波纹理,这些波纹一层层向外扩展,每层就相当于各个"服",从"诸夏"的"甸服"一直波及"要服"和"荒服",波纹相互之间区分得并不是那么清楚,边界也不是那么绝对清晰,亲疏关系远近遇到特殊情况时常发生变动。"诸夏"族群也许因不符合道德要求,重新被发落贬斥到野蛮地区。相反,那些夷狄之人聚居的地方也可能因接受教化而跃升入"华夏"区域,成为中国大家庭中的一员,这就是"中国"与"天下"共同秉持的"内外无别""天下一家"的理想信念。

/
古代的"夷"和"夏"是怎样区分的

前面我们聊了不少"中国""华夏""天下"这类观念是怎么形成的,那么,既然"华夏"是周王和亲戚们合伙搭建起来的一个封闭小圈子,异姓诸侯都被安置到了什么地方去了呢?"华夏"圈子内的诸侯又如何与他们相处呢?大体来说,生活在"华夏"外层空间的异姓诸侯,由于与"华夏"族群的生活方式差异较大,一直被蔑称为"蛮夷戎狄"。

据古书记载,这些"华夏"周边的"夷狄"大致分布在四个方向,东方称"夷",南方叫"蛮",西方是"戎",北方为

"狄"。他们不断发动劫掠战争，持续对"中国"构成威胁，北方之"狄"游牧习气浓重，进攻战法行踪莫测，无奈之下，"华夏"族只能筑起长城收缩防御。生活在南方山地中的"蛮"族，对铁器、食盐和布匹多有需求又无力生产，只好通过零星接触"华夏"族居住的城邑，形成农产品和手工业品的贸易交换网络。

在儒家经典《春秋》中，这些族群与"华夏"族总是被描述成敌对的两极，双方最难相处。但也有些南方的异姓诸侯，只要高喊几句"尊王"口号，表示效忠周王，就有机会成为其中一员。比如，占据两湖和江南地区的楚、吴、越三国，后来都被封了爵位，周王最终还是没把他们完全当外人对待。那些生活在更加边远地带的族群，要想挤进周王为首的小圈子就不那么容易了。

古书中有一个口号叫作"尊王攘夷"，大体是指尊崇周天子与排斥异族对诸夏地域的渗透，就像一枚硬币有正反两面一样。"尊王"之义前面已经讲了很多，所谓"攘夷"具体指的是齐桓公、晋文公两个诸侯集结北方其他诸侯充当霸主，联合打击"蛮夷"之国的故事。越是到了春秋战国的后期，周天子的支配力就越弱，诸侯对"中央"权威的承认只是象征性的，导致各诸侯国都想抢夺霸主之位，相互之间攻伐不休。于是"尊王攘夷"变成了诸侯之间争夺领导权的招牌和口号。

最有名的一个例子是"唇亡齿寒"的典故，故事讲的是晋献公想借道虞国攻伐虢国，宫之奇劝虞国君王不要答应，理由是两国关系就像嘴唇和牙齿一样，虢国亡了，虞国就像牙齿失去了嘴唇的屏障，肯定难以自保。虞国君王的回答是只要我虔诚敬神，神肯定会保佑我，不会发生任何意外。宫之奇说，神只保佑那些拥有德性之人，对敬献实物根本不感兴趣，可是到底"什么是道德"实在是人云亦云，只好任由诸侯们随意解释。如果晋国攻取虞国，他就会抢先向神发誓严格按道德行事，神是无法拒绝的。果然晋国借道虞国攻灭虢国后，顺道就把虞国给灭了，最终擒拿了这位愚蠢的国君。

这个故事显示，春秋战国时期，周天子借用"道德"或"德性"威名号令天下已成如烟往事，每个诸侯都惯于打着道德至上的旗号进攻他国。在四分五裂的春秋战国时代，"中国"是一个以洛阳为中心的地理概念，众多诸侯实际上各揣私心谋利，纷纷窃取"道德"制高点，肆无忌惮地征伐他国，结果"尊王攘夷"的口号迅速蜕变为一件华丽的道德外衣，最后"王"未必尊，"夷"未必"攘"，"中国"仅仅作为周天子有限的地理和权威象征符号被轮流使用着。

也许有人要问，"华夏"族群与"蛮夷戎狄"到底有什么不同？两者的最大差别可以归纳为两条：一条是"华夏"族靠农耕技术养活自己，吃的是田里种的粮食，"蛮夷戎狄"行踪经常飘忽不羁，靠放养牲畜或捕鱼狩猎过着居无定所的生活，不习惯稳定聚居在城市里；一条是"华夏"族较早就知道火的用途，懂得怎样把生鲜食物做熟，"蛮夷戎狄"只会生吃肉类，不知火为何物。

《礼记·王制》中有一段话毫不掩饰地用习俗差异划分族群的优劣："东方曰夷，被发文身，有不火食者矣。南方曰蛮，雕题交趾，有不火食者矣。西方曰戎，被发衣皮，有不粒食者矣。北方曰狄，衣羽毛穴居，有不粒食者矣。"其中出现了两个关键词，一个是"不火食"，另一个是"不粒食"，"火食"的意思是吃熟食，"粒食"是指吃耕种的粮食，只有具备这两项技能才有资格当文明人。

华夏的先祖原来居住在简陋的洞穴之中，不穿丝织的衣服，只会赤裸着身体到处奔走，直到懂得用火的好处，走出洞穴进入房屋，修筑宫榭楼台，使用布帛制成衣服，后来又发明了文字，文明才慢慢萌生和演化起来。据说周王的祖先叫"后稷"，"后"意指"君王"，"稷"指的是粮食，表明这位祖先是一位农业神。

"礼乐文明"就建立在农耕技术的起源与发展基础之上。只要没养成"火食"和"粒食"的习惯，就不配做农耕时代的正式居民，也没资格成为"华夏"族群中的一员。即使到了后来宋朝与金朝对峙的时代，宋朝派人出使地处北方的金国，金太祖完颜阿骨打摆国宴招待，食品大多生熟参半，主食是半生不熟的夹生米饭，配料是用生狗血伴着腌制的葱和韭菜，这顿国宴摆出的"狗血生食"在宋使眼中简直污秽不堪，成为女真人仍然处在野蛮阶段的铁证。

在农田里干活儿的人，比较喜欢稳定地生活在一个地点，他们平常居住在四四方方的一座座城邑里,周边围着城墙,喜欢安定平稳的生活节奏,这样的人群比较容易控制。游牧之人长年追逐水草,漂泊游荡;南方山民靠射猎禽兽为生,不著户籍,不服徭役,不纳赋税,如此活泼好动的人群难以监测管理。《汉书·匈奴传》中有句话贬损荒蛮之地,说"其地不可耕而食也,其民不可臣而畜也",大意是"夷狄"居住地区大多土地贫瘠,不能耕种,或者生长的全是牧草,只宜放牧,不会种地就不能成为收税对象,这样的民众当然不愿做王室的臣民,不好驾驭。

相反,习惯在某个固定地点从事农耕劳动,同时又喜欢居住在城里的"华夏"族群很容易就圈划出一个个界线分明的地理空间,把自家亲戚统统聚拢在一起抱团过日子,打造出相对稳定的宗族共同体,然后再想办法把这股聚居的力量辐射到周边地区,进行分层治理。

"蛮夷戎狄"和"华夏"族相比,在穿衣习俗上的差别也很大,他们披散着头发,裸露着肩膀,行动快速迅捷,保持着在森林里奔跑捕猎的习惯,不像"华夏"居民喜欢把头发收束起来,平时穿着遮体的长袍,走路节奏舒缓,慢慢悠悠。双方互相看不顺眼,往往就表现在这些生活细节方面。孔子夸奖周穆王的后代管仲治理齐国有功,就感叹说如果没有管子辅佐齐桓公称霸,那我们这些华夏子弟,早就沦落到披头散发、袒露左肩,像夷狄那样生活了。

民国初年,有位学者叫傅斯年,写了一篇很有名的文章,叫《夷夏东西说》，他认为，"商"和"周"当初都是"夷"。从地理态势上讲，夏、商、周三代只有东西之分，并无南北之限。商周分属东西两个系统，从争斗到融合。广义的"东夷"范围包括今天中国的山东、东北和朝鲜半岛、日本列岛等地区；狭义的"东夷"是指居住在山东、环渤海地区及淮河下游一带的民族。商朝的地界相当于狭义的"东夷"。周武王灭商以后，把帝都往东迁移，逐次占领商朝旧部，可能意识到必须与殷人遗留下来的制度划清界限，武王开始考虑挪用夏朝经验，营造出自己独特的"雅"文化。

经过一番经营，一些商朝遗留下来的臣民开始渐渐接受周人的训化。一个突出的例子是，鲁国原来是商朝的地盘，后来居然被看作礼仪之邦，商朝遗民孔子对周礼更是赞赏有加。我们知道，孔子说过一句话叫"郁郁乎文哉，吾从周"，表示虽然因为商朝被灭心里时常隐隐作痛，但是依然欣赏典雅实用的周代文明。可见，周人把鲁国当作了"用夏变夷"的样板，用现代话讲就是鲁国成了文化改造成功的典范，由此可见周朝对雅文化的构造有多么成功。

有了文化优越感，周朝文人开始越发自信，他们把年代前推，编造了一出尧舜禹三代"华夏"与"东夷"共同执政的动人故事。戎狄之国的君王各怀心思，他们虽不能模仿华夏族编造宗族谱系改变身份，但随着时代不断发生变化，遵守周礼的尺度却慢慢开始由他们说了算。

周朝拼命树立起"华夏"文明优势以后,"蛮夷""戎狄"的形象从此越来越妖魔化了,一律被贬低成"豺狼"之辈。管仲说得很极端:"戎狄豺狼,不可厌也;诸夏亲昵,不可弃也。""豺狼""诸夏"按"人""兽"标准划分成截然对立水火不容的两大集团,一边是永远不能信任的野兽,一边是相互无法拆散的同胞。

是否拥有"礼乐文明"从此被看作区分"华夏"与"夷狄"的标准,围绕在"中国"四周的蛮夷戎狄并没经过华夏先王从穴居血食、披发文身到钟鸣鼎食、装饰典雅的蜕变过程,更别提从事敬天法祖的高级祭祀活动了。周代流传着一种说法,叫"国之大事,在祀在戎",国家只有两件最重要的事情值得特别花心思去办,一个是祭祀,另一个是战争,一个代表"文",另一个代表"武",祭祀上天的重要性居然摆在了军事行动的前面。蛮夷戎狄如果不懂得这套规则,当然与华夏族群无法沟通共存。

"中国"的演化有一个从东西向南北转移的过程,"华夏"中心最先起源于中原一带,以后迫于北方民族的压力,日益向南迁徙。事后看来,南方之"蛮"不如北方之"狄"对华夏政权的威胁大。南方"蛮夷"大多与"华夏"族的城邑靠的较近,居住地点相互交错重叠,他们虽然早期过着穴居狩猎的生活,但一部分人已慢慢学会了"华夏"农耕技术。古书中有"生番""熟番"的提法,"生番"一般指那些拒绝被纳入华夏收税系统的人群，"熟番"指的是愿意移民到接近华夏族群居住的区域，或者是那些与汉人混居，比较能接受农业定居习惯的蛮族民众。

"华夏"与"夷狄"的关系，其实并不像后人想象的那样势不两立。夏代以前，古书中记载了西部"华夏"与"东夷"集团的战争，"华夏"祖先炎、黄二帝与代表东夷的蚩尤在涿鹿这个地方展开了一番激战，"华夏"先帝虽获胜利，却并未确立对"东夷"的绝对文化优势。我们知道，夏朝建立之前的"三帝"尧、舜、禹中的"舜"就是"东夷"之人，却是夏朝创始人"大禹"的先辈，他通过禅让登上王位，证明华夏与东夷之间曾经发生轮流执政的故事，传说中的禅让制度可能暗示"华夏"与"东夷"两大集团一度共同治理天下。后人有一种说法，"舜"和"周文王"都是"夷"，只不过"舜"是"东夷"，"文王"是"西夷"，当然这只不过是一个比喻。

"夷"可变"夏"，"夏"可变"夷"

"华夏"一族拥有共同血缘关系，如果换个角度看，这种关系网的存在并不是完全封闭和排外的，只要接受了周公制定的文化标准，夷狄就可升格为华夏成员，本来属华夏关系网之内的人如果不持守礼仪规则，也可能堕落退化到蛮夷的境地。

有一种说法称："中国而夷狄也，则夷狄之；夷狄而中国也，则中国之。"意思是说，中国人如果活成了夷狄的模样，就会遭到鄙视。相反，夷狄如果表现得像中国人一样文明，那么就应该像对待自己人那样包容他们。夷夏身份随时可以相互转化。

文明的标准有很多，"汉字"的统一使用可能是个关键因素。按照这个标准衡量，位居西北的秦国和地处江汉流域的楚国本不属于华夏地区，秦有北狄的血统，楚有南蛮的嫌疑。近代还有学者说今天的湖南人有蛮族的血统，不属于纯种的汉人，可联结他们的共同纽带就是使用汉字，这同样是"文化"高于"血统"的一个证明。

"夷"与"夏"之间的界限在哪里，自古以来一直存在争议，周人通过关系的远近亲疏来判断是野蛮还是文明，一条标准是能否"尊王"和懂不懂"周礼"。有人坚持认为，"蛮夷"天生长在荒蛮之地，他们的文化是低级的，必须接受周人的礼仪训练才能转化成文明人。文明与野蛮的隔阂受天然地势的限制，华夏臣民不应该越过地理界线随便跑到野蛮人那里去活动。孟子打了个比喻，只听说鸟从深谷里飞上乔木，却没听说过鸟从乔木奔向谷底。意思是夷狄就像那只鸟一样，向往周人代表的文明，只存在从黑暗走向光明这一条路，绝不会选择相反的方向重新投入黑暗之中。(《孟子·滕文公章句上》)

对待夷狄的态度，孔子比孟子稍微灵活一些，他说："远人不服，则修文德以来之，既来之，则安之。"(《论语·季氏篇第十六》)对待蛮夷不需主动进攻,或者硬生生闯入原住民地区强行改变原有习俗,破坏他们的生活节奏。即使被迫在蛮夷之地停留,也不会影响对礼仪的遵守。华夏文明依靠的是人伦道德的自然魅力,慢慢吸引夷狄的注意,如果他们愿意融入其中再想办法接纳和令其安顿下来。周朝总是突出"华夏"文明向蛮夷之地的单向传播,很少承认会出现相反情况,似乎"蛮夷"永远处在低位。如果换一种角度观察,那些身份模糊,难以归入纯粹华夏血统的"夷狄"却很早学会了灵活利用夷夏边界的开放性,为自身谋得实际利益。

夷夏之间的开放性在东周时期就有表现,一些原本属于华夏核心圈子的诸侯,因为犯下不尊周王的错误,就有可能被贴上"新夷狄"的标签,那些原本被看作"夷狄"的诸侯像楚、吴、越等国,反而因"尊王"获得爵位称号,进入华夏行列。东汉大学者何休说:"中国所以异于夷狄者,以其能尊尊也。"(《春秋公羊经传解诂》昭公第十)只有学会尊崇周王和尊敬长辈才有资格当"中国人"。春秋时期,吴国北上取得中原盟主地位以后,受到各路诸侯的尊敬,被称为"吴子",说明某些"夷狄"经过教化也能仿效华夏一族的"尊尊"习惯,摇身变成其中一员,从此打破夷狄不能入主中原的惯例。后来那些觊觎华夏权力的"夷狄"也都会利用春秋时期夷夏身份转化的故事,洗刷自己不文明的底色。

秦国人身份原本与西戎有关,秦国统一中国以前就已经萌生统治华夏中心地区的想法，秦王总觉得中原徒有文化优越的名号，本来是靠亲戚关系聚拢在一起的诸侯小圈子却经常互相打来打去，实在担当不起政治中心的角色。据说有一个叫由余的游士被戎王派遣出访秦国，面见秦穆公时，秦穆公向他表达了心中的一个困惑，他无法理解，中国凭借诗书礼乐执政，却总是多年混战不堪，丝毫不顾同宗同种的情谊；像秦国这样被视为戎狄的国家，又靠什么来治理呢，岂不是太困难了吗？

由余回答说，中国陷入混乱是因为到处弥漫着骄淫之气，上级滥用法度督责下属，生活在低层的人抱怨上级对自己不仁不义，上下政策不一致造成治理失序，各种不满一天天酝酿累积起来，篡夺杀戮之事到处发生。秦国表面被当作戎狄对待，情况却大不相同，上级用醇厚的仁德态度对待下属，下级心怀忠义侍奉君王。掌控一个国家就像打理一个人的身体，从这个缩影能够窥见一国治理的新气象，这才是"圣人"统治国家的境界。由余的回答说明，只要遵行华夏制定的礼仪，秦国与某些华夏圈子内的成员相比丝毫不逊色，并不用管是否真是周王的亲戚。秦王朝建立后自认华夏传统继承人，为了洗白戎狄身份，反过来积极为防御北方匈奴的入侵筑起了长城。

"夷夏"进退标准的制定最初并不是考虑文化的先进与否，冲突反而更多发生在生活方式的选择上，比如习惯定居还是游牧，成为划分华夷界限的一个重要尺度。汉朝与匈奴搏杀数十年，匈奴采用牧民的游袭战略，只以短期劫掠为目的，没有占据城市长期居留的打算，汉朝人尽管兴师动众，聚集庞大的军队和财力，对匈奴的战争也一度占据上风，却如大炮打苍蝇，占不了多大便宜。可是在汉人眼里，匈奴始终是文化等级低于华夏的野蛮部落。战国以后，秦朝建立起第一个大一统王朝，在礼乐建设方面没有下过多少功夫，主要贡献是建立起郡县制度。郡县制设计针对的是那些定居城乡采用农耕技术的华夏人群，一旦他们被纳入这个体制内，就标志着脱离了野蛮状态，那些不服从郡县制管理的族群自然就被划入夷狄。农耕游牧的区别与是否奉行周代礼仪成为古代划分文明等级的重要依据，这就是古籍中常提及的"夷夏之辨"。

/
"中国"的版图会因族群迁移变大变小

"夷夏之辨"是一种古代的文明等级论，曾遭遇几个无法解决的问题。一是"华夏"被刻意塑造成唯一的文明来源，其他族群一律被斥为夷狄，处于文明的低端位置。"华夏"文明就像一条由高往低单向流淌四方蔓延的河流，夷狄文化只可能汇入这条主流之中，绝不可能出现夷狄文化反向倒流支配华夏文明的情况，也不可能出现夷夏文化双向对流的现象。二是除华夏族群之外，"夷狄"是否有资格入主中原，也是一个长期争论不休的话题。按理来说，中国历史上有蛮夷血统的帝王不在少数，魏晋南北朝和五代十国时期，北方政权几乎全部落入非汉民族手中，唐朝李氏君主的血管里流淌着鲜卑族的血液早已不是什么秘密，鲁迅就曾说过一句话："唐室大有胡气，明则无赖儿郎。"（鲁迅：《致曹聚仁》）前半句说的就是唐朝帝王的"夷狄"血统；元代和清代的皇帝更是铁板钉钉的北方民族。三是如果在地理范围上坚持"华夏"等同于"中国"，那些不在"华夏"亲戚圈子内的"蛮夷戎狄"往往长期被排斥在"中国"范围之外。在这种情况下，"中国"范围就会变得越来越小，可是一旦"蛮夷戎狄"入主中原，原来被"华夏"族群排斥在外的所谓化外之区又会重新划归"中国"。因此，古代"中国"版图的伸缩与"华夷"关系远近常常纠缠在一起。一般来说，古代"中国"统一版图的疆域越大，夷夏之间的边界就越模糊，反之则越清晰。汉唐与清代中期被后世称作"盛世"，其中一个重要特色就是这几个朝代均把不同民族纳入了宽广辽阔的版图当中。

北方"夷狄"一旦自认是"华夏"一员，往往会主动撇清与过去身份的关系。秦始皇登上皇帝宝座，立刻下令修长城以自保，另外一个目的就是要切断与北方匈奴的联系以避嫌。不过，唐朝皇帝选择了另一种处理方式，决定不受华夏身份的限制，也不因自带胡人血统而有丝毫自卑感，大唐疆土扩及中亚地区，胡汉杂糅的风气成为常态，根本不需要长城作为阻挡外敌入侵的屏障。明太祖高举"驱逐胡虏，恢复中华"的旗帜，重新启动修筑长城的计划，故意强化"华夏"传人的意识。但满人入关后，清朝把蒙古和新疆纳入大一统疆域，长城的军事防御功能自然废弃，康熙皇帝曾自豪地宣称，蒙古部落就是大清帝国最好的屏障，长城究有何用？

因此，"夷"和"夏"的分界大多取决于哪个族群胜出来当皇帝，如果是"华夏"族人掌权，常常喜欢自诩是周代"礼仪文明"的继承人，从而强化儒家道德的优越感。而具有"夷狄"血统的统治者喜好反向而行，总是在琢磨为什么不能对"华""夷"文化兼采并收。唐朝皇帝有鲜卑血统，唐太宗曾得意地说，自古都"贵中华，贱夷狄"，我可是"爱之如一"，表示对华夷两端毫无偏袒之心，"夷狄"前来依附就像子女投靠父母一样。他的这番话是想表白自己并不想纯粹继承儒家定义下的"华夏"文明，似乎也没有把"中国"置于天下中心的打算，而是对各类文化采取兼收并蓄的态度。

一个沾带夷狄血统的帝王是否具备把不同文化揉捏拼贴在一起的雅量，是否能成功转化"华夏"传统，孵化出一种新元素，往往决定"华夷"关系朝什么方向发展。

例如，佛教曾经被当作外来夷狄的学问长期遭到排斥，唐朝皇帝中却有多人热衷佛教，习学佛法，反而相对比较忽视儒学教育。初唐时期，武后、唐中宗喜欢来自西域的一种叫作泼寒的裸体胡戏。表演泼寒胡戏时，人们戴着野兽面具，袒露上身，伴着琵琶、横笛、大小鼓的演奏，互相泼水取乐。据说唐中宗曾亲自登临洛阳城南门观赏，李白、李贺这些大诗人都曾迷恋胡姬的舞姿，写下了"胡姬貌如花，当垆笑春风"的诗句，以至引起正统儒家士大夫的反感。

唐中叶以后，安史之乱爆发，胡人出任首领的藩镇对唐中央构成巨大威胁，唐朝皇帝终于醒悟到不能一味纵容佛法任意泛滥，儒家士大夫趁机掀起一股复古主义思潮，重新唤醒儒学教化的意识。著名儒者韩愈发表了《原道》一文，重提儒家思想的重要性，力主排佛主张，开始反省和纠正唐中期盛行的"用夷变夏"的舆论偏向。大诗人元稹写了一首名叫《胡旋女》的诗，抨击胡旋舞是妖胡迷惑唐明皇的计策。这一时期，夷夏之间的分界又重新转向了严苛。

另一个例子是，尽管唐朝王室祖先混杂着胡人血统，与北方戎狄之间存在天然的亲近感，但是否定居和游徙同样成为唐朝区分文野之别的重要标准。唐代经济贸易和文化交流远达中亚地区，无论建筑风格还是衣食住行均带有明显的胡汉杂糅风格，来自北方和西域的那些"夷狄"之所以被唐代皇家所包容，就是因为他们大多与华夏族混居在城市之中，带来了各种宗教信仰和西方商品。长安城里住满了来自大食、回鹘、突厥、粟特等西域地区的商人，外国人常居人口的比例一度高达1/3，胡人的言行做派渐渐影响到汉人的生活习惯和审美品味。唐代一些北方籍贯的秀才不喜读书，专爱舞枪弄棒，炫耀武力。李朝皇室的王子甚至以说突厥语为荣。儒家的妇道规矩在唐代也得不到严格遵守，朱熹就曾评价说："唐源流出于夷狄，故闺门失礼之事，不以为异。"(《朱子语类》卷一百三十六）可见胡化程度之深。

/
宋明之际的夷夏观

宋太祖削平五代残留的藩镇割据势力，采取强干弱枝之策，屯重兵于京师，表面上实现了大一统局面。北宋士大夫书生意气特重，热衷阐释儒家经书《春秋》中有关"尊王攘夷"的微言大义。不过北宋与南宋儒家对"尊王攘夷"的解释侧重点并不相同。北宋虽然遭遇辽金政权的威胁，在一段时间内疆域还能勉强保持宏阔完整的规模，因此北宋儒者比较偏爱阐扬《春秋》"尊王"这一脉说法，对"攘夷"这一层意思并不敏感，基本不做极端发挥。直到宋徽宗和宋钦宗两位皇帝被金人俘虏到北方，南宋儒者对《春秋》的解读旨趣才突然发生转向，特别强调其中"攘夷"一面的重要性，这与南宋朝野上下对军事实力越来越不自信的自卑心理有关。据文献记载，宋军与金军有一次交战，金军居然以十七名骑兵，把前来围堵的两千宋军打得大败，创造了 1:118 的悬殊战例，由此可见，宋军兵力羸弱到了什么样的程度。

记得笔者少年时代阅读《说岳全传》《杨家将》这些话本

小说，总是为岳飞与杨家将的盖世武功所倾倒，好像他们与辽金对峙从未打过败仗，都是不世出的民族英雄。前几年看到一则消息，对岳飞到底是不是民族英雄出现了争议，连小学课本的内容也因此受到了影响。其实，这个争议的出现说明宋朝与辽金的冲突不能完全用当代思维加以评价，因为宋代还没有出现现代意义上的民族国家。那时候的历史观仍然建立在夷夏冲突的背景之下，岳飞既然是"尊王攘夷"口号在南宋的践行者，把他看作宋朝的民族英雄当然没有问题，但是如果放在清代多民族"大一统"观的框架里，岳飞是否还能被当作民族英雄就会遭到质疑，因为岳飞的军事打击对象就是清朝的祖先，同时女真人占据的北方区域在清朝也已经成为"大一统"疆域的有机组成部分，现代中国的基本框架正是建立在清朝统治的基础之上。如果在现代国家的评价体系内彰扬岳飞"驱除鞑虏"的英雄形象，显然不合时宜。

可是，如果我们把目光回溯到南宋时期，在南北华夷政权相互交战势如水火的情况下，岳飞被尊奉为那个特殊时代的华夏英雄又具有相当合理性。因为南宋军力羸弱，屡战屡败，只有岳飞等少数几个将领支撑着大宋的半壁江山，而宋朝代表的是"中国"，与代表"夷狄"的辽金政权对峙抗争，就相当于为延续华夏文明而战。

《春秋》贬斥异族的"攘夷"排外思想，在南宋被推向极端，此时大量出现专以丑化诋毁北方非华夏族群的言论。在南宋人看来，"夷狄"的本性不可改变，不能因为他们学习了中原汉族文化就自以为变成了一个文明人。忠于南宋的遗民郑思肖在《心史》中就直接谩骂北方民族统统居住在"毛人国""猩猩国""狗国""女人国"之中，与中国人完全不是一个种类。这些异类即使学习了中原礼乐文明，也照样摘不掉头上挂着的"非人"标签。郑思肖形容北魏皇帝拓跋珪实施汉化政策，就像牛马穿上了人类的衣裳，做的纯粹是表面文章，《春秋》中"夷狄入中国则中国之"灵活进退原则，对于郑思肖这种极端排外者而言丝毫不起作用。

南宋时，"中国"的版图急剧缩小，北方领土大部分被金人夺去，由此产生的焦虑感几乎动摇了宋朝立国的合法性。因为从"大一统"角度观察，南宋小朝廷偏据在江南一隅，政治文化格局相当狭小，北宋政权引以自傲的广阔土地大量流失，南宋朝廷又不思进取，并无明显收复北方失地的意图。让南宋帝王最为尴尬的是，在汉人眼里纯属"夷狄"的金朝人不但开始模仿城市化定居风格，而且在制度建设上极力效法华夏传统，这是经历了魏晋南北朝夷夏反复对抗之后发生的新变化。

辽金南下征讨与汉唐时期匈奴、突厥发动短促奔袭劫掠的性质完全不同，辽金皇帝对城市的管理越来越向长期定居的模式转移。同时开始在制度建置上有组织地与华夏文明接轨，如金朝效法宋朝科举制开科取士，用阴阳五行理论为政权辩护等改革举措，就明显受到中原文化影响。金朝皇帝海陵王设置中央机构，采纳了汉人中书省和六部制官僚体系。金章宗颁布的规章《泰和令》虽保留了不少女真人的习惯法，但核心理念来自唐朝法律。"令"是指那些具有指导性质的规条，并不是严格意义上的"法律"，但从《泰和令》的内容里可以清晰看出哪一些规条受到了华夏文明的影响。

金朝遵行汉家礼仪对南宋统治造成了巨大冲击，因为一直被宋朝儒家当作野蛮人的女真族用实际行动实现了当年孔子所期盼的"夷狄入中国则中国之"的和谐愿望，而且部分实现了孟子所说的"吾闻用夏变夷者，未闻变于夷者也"的目标，使得本来早已丧失"大一统"地缘政治制高点的南宋皇帝，进一步有失去道德文化优势的危险。南宋新儒家拼命传承儒学"道统"的努力，可以说与此心理失衡的状态有相当密切的关系。

明代儒家更是把这种失衡心态延续了下去，出现了大量妖魔化北方少数民族的言论。比如方孝孺就说过，先王对待夷狄就如同豢养禽兽一样，根本不把他们当中国人看，如果夷狄统治了中国，天下人岂不是都要全体变成禽兽。这就像犬马之类的动物占据了人的位置，哪怕是三尺儿童都有资格拿棍棒驱赶他们。（方孝孺：《后正统论》）明末清初的大学者王夫之则在地理环境对习俗差异的影响上大做文章，声称"地界分，天气殊"（王夫之：《读通鉴论》卷十四），夷狄与华夏之人生长的地域不同，华夏与夷狄之人身上散发的气味引起了气质差异，自然产生贵贱之别，这个界限是不可混淆的。

另一位学者黄宗羲坚持夷夏有"内外"区别，双方界限分明，绝不可能相互转化，他的话说得很决绝："以中国治中国，以夷狄治夷狄，犹人不可杂之于兽，兽不可杂之于人也。"(《留书·史》，《黄宗羲全集》第十一册）这显然违背了《春秋》夷夏之间互为进退的原则。在中国史书中，宋明两朝都是汉人主政，所以习惯连称"宋明"，宋明之间恰好夹着一个蒙古人统治的元朝，在对待异族的态度上，宋明新儒家延续了鄙视北方民族的极端立场，其背景是宋明两朝军事力量在与北方少数族群的博弈中同样落于下风，共同具有挥之不去的创伤记忆。"尊王攘夷"的古义在宋明一直偏向"攘夷"一端，少有回旋余地，大概与遭受北方民族长期压迫的心理阴影无法彻底得到排解有一定关系。

与唐代相比，宋朝对异族文化包容度大大减弱的一个明显现象是对佛教的排斥力度逐步加剧，树立儒教正统变成了儒家士大夫的主流使命。"攘夷"论的流行与当时重新塑造"中国"形象的过程相匹配。当然，这并不等于说，宋明时期对"什么是中国"的定义没有变化。到了清代，对"中国"的论述再次发生逆转。道理很简单，满人以异族身份入主大统，同时又成功收服了西北、西南少数民族聚居区，统治版图比明朝扩大了一倍以上。满人只在统治内地时运用儒家教化手段，在其他地区实施的是更为复杂的多元治理技术。比如为避免满人受到江南汉人奢靡风气的过度熏染，清朝帝王特别强调要保留入关前的"满语骑射"之风,酌情延用过去的满洲传统控制东北旧部,藏传佛教"政教合一"的治理风格同样被挪用在管理西藏和蒙古地区,在新疆继续任用旧贵族伯克管理地方事务,等等。这种"承认的政治"成为满人入主中原以后的必修功课。

"中国"的边界随着汉人与少数民族"夷夏"身份的互换不断消长伸缩。清朝仍遵循华夏祖先遗留下来的古训,只是不再延用宋明士大夫夷夏势不两立的极端思维,开始回归到"中外一家"的正统框架。这并非意味着清帝主动放弃儒家"道统",只不过他们在古典儒家教义中更多融入了有利于"大一统"治理的内容。汉人与夷狄势不两立的"夷夏之辨"思想只是到了近代才被革命党当作反满武器重新加以利用。

/
从"天下"到"国家"观念的演变

在"天下"观的秩序里,位于中心的是帝王,但每个人也能以各自为原点,一波波地由己推人,由近及远,建立对世界认识的整体面貌。从王朝视野观察,是从君主辐射向蛮夷戎狄;从民众角度看待,是从个人推及亲戚朋友。无论是"九州"还是"五服","天下"的空间设计都是一圈圈地无限推展到不同地域的各个角落,圈层之间彼此界限模糊,仿佛没有尽头和终点。

"天下"观并非没有遭遇过挑战，当自许为华夏中心的汉人王朝被夷狄包围袭扰，甚至被取而代之的时候，"天下"就会呈现出一种纷扰散乱的碎片化态势，导致"一统"局面分崩离析。比如，中国历史上魏晋南北朝和五代十国时期，宋朝与辽金政权争锋的时代，明代与东北满洲政权的长期对峙都被儒家士大夫当作"天下"观发生剧变的非常态事例。满人经过多年征战，建立清朝以后，终于实现了多民族共同参与的"大一统"局面，直到西方人用枪炮轰开了中国的大门。

中国人初遇西方人，往往习惯从其陌生长相入手，把他们与历来打过交道的夷狄生硬划归成一类，一律看作"夷"的变种，如称英国人是"英夷"，处理与西方的外交事务叫"夷务"，结果在遭遇欧洲坚船利炮的多次打击后，用老眼光看世界的办法迅速失灵，逼使清廷朝野不断改弦更张，拿出新的对策应付来自海洋彼岸的"新夷狄"。

国人在认知西方时如何使用"夷"字经历了一个变化过程。鸦片战争以后，先是清朝被迫同意与英国交涉的外交文件中不得使用"夷"字。1860年以后，清帝的上谕中"夷""夷务"一概由"洋""洋务"取代。一些抱着开放心态的清末士人开始摒弃"夷夏之辨"思维，逐渐正视西方全面挑战的积极意义。中国近代思想的启蒙先驱魏源就反对把"夷蛮羌狄"的身份标签随意贴在西方人头上，他指出这些标签原来是指不接受"王化"教导的"残虐性惰之民"，对待那些本国之外的"有教化之国",就不宜再延用这些侮辱性称号。因为本国之外也有"明礼行义,上通天象,下察地理,旁彻物情,贯串古今者",这些人是"瀛海之奇士,域外之良友",岂能统统蔑称为"夷狄"。(《海国图志》卷七十六,《国地总论下》)

另外一个较早自觉认识西方的人叫徐继畬,他用中文写出了概述西方地理大势的名著《瀛寰志略》,这本书的手稿中处处写满了"夷"字,如书中英吉利一节仅有2429个字,"夷"字就出现了21次。《瀛寰志略》的正式刊本同一节增加到7620字,"夷"字却一次也没出现。可见,这批最早开眼看世界的知识人已经意识到必须摆脱"夷夏"对立思维的长期束缚。

尽管如此,晚清部分头脑灵活开放的知识人虽然已不把西方等同于"蛮夷",却仍拘泥于传统思维惯性去衡量判断中西文化的优劣,甚至运用"五行""八卦"理论比附双方关系。比如徐继畬就引"五行说"论证西方科技为什么遥遥领先,他从东西南北中五个地理方位出发,确定欧洲是西方,获得金气滋养,擅长制造器具,理所当然技术发达先进。如果用"八卦说"审视西方位置,道理是相通的。《易经》中的"八卦"象征天、地、雷、风、水、火、山、泽八种自然现象,徐继畬将"八卦"描摹成八个不同方位,即东、西、南、北、东南、东北、西南、西北,形成八卦方位说。按罗盘指示方向,欧洲方位在西北,天地之气由西北直通东南,一直贯穿到中国。比较诡异的是,徐继畬认为火器是中国发明的,欧洲偷偷拿去模仿,只是改造升级得更加精妙而已；欧洲文明的先进不过是受到中国文化原创力的启迪，才得以发达进步，如今这股力量又有东移的迹象，中国文化复兴从此再现希望。

在魏源、徐继畬这些早期启蒙先驱之后，中国知识人开始思考怎样改变传统"天下"的认知框架，学习如何正确树立现代"国家"观念。

中国"国家"意识的真正形成要追溯到甲午战争发生以后。陈独秀在1904年发表《说国家》一文，回忆在甲午战争爆发十年之前，自己念书不过是想"骗几层功名"，光耀门楣，哪里知道国家是个什么东西，"到了甲午年，才听见人说有个什么日本国，把我们中国打败了。到了庚子年，又有什么英国、俄国、法国、德国、意国、美国、奥国、日本八国的联合军，把中国打败了。此时我才晓得，世界上的人，原来是分做一国一国的，此疆彼界，各不相下。我们中国，也是世界万国中之一国，我也是中国之一人"。

中国近代"国家"与"国民"观念的形成，并不是一种从内部自然生发出来的思想。在与西方持续不断的交互碰撞中，中国人"自保""自存"的焦虑心态不断被强化。当年出使西方的外交官曾纪泽曾经在1887年写了一篇题为《中国先睡后醒论》的文章，首先提出如何唤醒沉睡中的古老中国。采取主动姿态与西方角力这个大问题。

1899年，中国的变法先驱梁启超在日本创办《清议报》，用"睡狮"来隐喻落后的中国,声称"睡狮"只有成为"国民"才能真正觉醒。在他看来,"国"与"家"相对应,"国"是"公","家"是"私",只有挣脱小家的束缚,成为一国之民,才能获得解放。据此看来,源自"自卫"心理的"国家观"一开始就没有把个人解放摆在重要位置,仍习惯用"国家"整体的名义作切入点展开思考。与此同时,"国家"与"天下"被摆在了对立位置。"天下"专属皇帝一人,"国家"是全体民众所有,梁启超呼吁民众摆脱受"天下"观规范的臣民身份,成为现代国家的"公民"。

"国家"与"国民"是一体两面的表达,"国家"这个政治共同体由"国民"组成,至少在名义上"国民"在"国家"内部人人平等,不应存在等级差异,这与古代王朝"天下观"中皇帝与臣民的关系有着根本区别。梁启超还区分了"部民"与"国民"这两个概念,过去中国人聚族而居,在一个小范围里生活一辈子,这种"部民"生活方式决定了他们不可能意识到在家庭、家族、家乡之外还存在着另外一个更宽广的世界,只有跳出自己周围熟悉的关系网络,参与到"国家"事务当中,才能成为"国民"的一分子。只有打破原来"知有天下不知有国家""知有一己而不知有国家"这两个习惯性思维,才能摆脱旧王朝的臣民身份,真正成为一个"新民"。

在诠释"国家"如何发挥作用的晚清舆论中,那些改革先驱者嘴里所说的"天下"是与"国家"相对立的旧词汇,具有贬义。现在我们常说要"胸怀天下",这个"天下"已经包含了现代国际关系视野，"天下"是全球各个现代国家的总称，早已不是古书中所描述的那个"天下"。

1903年，有一份叫《浙江潮》的革命报纸，就把中国人不爱国，归罪为深受"天下观"流毒的腐蚀侵害，其中说道："恒不以我之中国视中国，而以君主之中国视中国；且不以中国人之中国视中国，而以天下人之中国视中国。"你看，"天下"在这段话里与"君主"统治下的"中国"并列放在一起，却与作为现代"国家"的"中国"完全对立。在有些人眼中，"世界"与"国家"相比成了负面名词，因为"世界"的内涵不够"国际化"。正如杨度所说："中国数千年历史上，无国际之名词，而中国之人民，亦惟有世界观念，而无国家观念。"（杨度：《金铁主义说》）这句话里的"世界"相当于古代的"天下"，因为与"国际"对立，才被批评落伍，不合历史发展大势。可见那时候只有"国家"才是最时髦最先进的名词，值得学习和使用。

晚清知识人对"国家""君权""民权"的认识处于非常复杂纠葛的状态，至少出现过"主权在民"与"国家主权论"两种相互分歧的学说。以孙中山为代表的革命党人要求彻底推翻君主统治，真正实现"人民主权"的民主目标；以梁启超为代表的立宪派则主张君主权力不可过大，但不宜全部废除，应该以国家宪法为中心界定主权的范围。革命党认为君主体制与现代民主国家水火不容，必须彻底取缔；立宪派却认为君主制度与现代国家宪政足以兼容并存，君主作为传统文化的象征符号必须保留，只是不负担行政责任，具体事务均由议会内阁承担，坚信完全能够通过立宪程序协调好君主与现代体制的关系，最终在中国实现民主政治。

晚清之际，"国家"取代"天下"的知识论述，表面目的是希望旧式王朝能从"天下"束缚的枷锁中挣脱出来，但并不关注从实质意义上让个人获得解放，仅仅只是希望个人走出传统家庭压制的阴影，投入王朝之外的现代国家政治共同体之中，为其服务、奋斗和牺牲。

/
到底"中国"该不该有君主

前面说过，"夷夏"对立的思想在宋明比较流行，清朝中叶以后却沉寂无闻，有人可能要问这到底是什么原因。中国东北地区曾长期由女真人占据，他们在关外建立满洲政权以后，又称满人，在明代士人眼中仍属于"夷狄"，所以清朝皇帝入关后对前朝遗留下来的夷夏之别观念一直特别敏感，不断使用各种手段防范镇压。乾隆年间兴起的文字大狱特别多，目的就是要全力剿灭敌视满人的言论。

清末以来，伴随西方思想大潮的冲击震荡，中国与世界的关系不断发生变异，此时清朝皇帝早已自许是华夏正统继承人，频繁入侵的西方人反而变成了威胁中国的"新夷狄"。随着晚清政权日趋衰落，反满情绪不断暗涌成潮，一个难题摆在了革命党人面前，要想推翻存活了二百多年的大清政权，就必须找出一个真正能够打动人心的理由，毕竟大多数中国人似乎已经习惯被满人统治了。

经过摸索，革命党人终于找到了有效的鼓动办法，那就是重新发掘和包装明鼎革时期的激进反清言论。比如大量重新印制出版顾炎武、黄宗羲、王夫之这些清初大儒的著述，或者偷偷发行《扬州十日记》《嘉定三屠》等描述满人屠杀汉人的禁书，当作唤醒反满意识的信息媒介。居住在日本的革命党和留学生不断通过传播革命报刊宣传革命思想，某些杂志在军队和受过一定教育的民众中持续发酵扩散，晚清编练的新军中不少人正是受到这些书刊的影响才参加了辛亥革命。清朝统治后来一夜崩塌与革命党人"反满"言论的成功扩散有极为密切的关系。

为了挑动对清朝统治的刻骨仇恨，革命党舆论宣传的一个关键点就是丑化满人形象，孙中山在与友人来往的书信中直接使用"虏""寇"等字眼贬低清朝统治者。刘师培甚至把"内夏外夷"的主张当作"中国立国之基"，反复声称："中国之国本何在乎？则华夷二字而已。"（刘师培：《两汉种族学发微论》）继承的还是宋明极端仇视异族的言论。刘师培还对华夷之间边界不断向南移动表达不满，说秦汉时期的华夷边界大抵停留在长城一线，魏晋华夷分界徘徊在大河地带，宋代汉人与金人对峙后，华夷界线南退到了江淮地区，造成华夏与夷狄混居局面，他担心百年之后汉人就会全部沦为夷种，被彻底消灭干净。

晚清革命党人章太炎的一些文章，如《与康有为论革命书》《讨满洲檄》及青年革命家邹容的《革命军》都刻意模仿宋明时期对待北方民族的激进态度。在邹容的眼里，清廷就是："所谓曰夷、曰蛮、曰戎、曰狄、曰匈奴、曰鞑靼。"章太炎干脆骂起来，说："东胡群兽，盗我息壤。"他为《革命军》写序言专门说道，"光复"的意思就是"驱逐异族"，满人仅仅是一些动物，完全没资格和汉人等同看待，理应遭到蔑视。如果是同类族群改朝换代相互替代，那叫"革命"，如果是异族抢夺了华夏政权，那叫"灭亡"，"中国"既然被胡人所灭，推翻清廷就应该是一场"光复"行动，不算"革命"。（章太炎：《讨满洲檄》）

革命党重写"国史"，特别突出"黄帝"是汉人始祖，满人和其他少数民族不在"黄帝"历史谱系之内，有一篇文章直接表示："要把我汉族谱系，考得详细，那异族，一概把他撑出万里长城。"（白话道人林獬：《国民意见书·甲辰年国民的意见》，《辛亥革命前十年间时论选集》第一卷）

革命党夸大满汉矛盾的激情论说果然刺激起了高涨的反满热情，却不一定符合清朝末年的实际情况。满汉矛盾在明末清初最为激烈，康雍乾统治时期，清朝皇帝同时推行满汉分治与满汉融合的双向并进政策，至少表面上看是力求照顾满汉双方的利益，经过多年交锋磨合，汉人逐渐适应和接受了满人的统治政策。

在官员构成上，在晚清任职的督抚大员中汉人的数量居多，州县一级的官僚更是几乎全部由汉人担当。至少在中层官僚任命的这一层次好像已经没有太过明显的满汉冲突迹象。晚清推行新政改革，大多数政策更是由汉人封疆大吏主导推行。

从思想脉络上观察，革命党"反满"思想大体是在重复宋明"夷夏之别"的旧有主张，并没有增添太多新的内容，辛亥革命以后，在讨论如何规划中华民国疆域时，这套过于激进的反满论述很快遭到了质疑和挑战。

中华民国建立之前，早期革命党人章太炎和孙中山都一度表示，未来中国国家疆域大致相当于明代内地十八行省范围，这与清朝大一统格局下的多民族共同体架构完全背道而驰。但革命党人突然意识到，如果坚持明代的疆域观和僵硬的反满观念，将面临国家分裂的危险，这种担忧逼使革命党人不得不调适和修正原有的建国纲领，重新思考如何接纳更多民族参与国家建设。

在如何协调立国规模与民族关系上，清末最为活跃的两个党派立宪派与革命党之间存在巨大分歧。立宪派坚持"中华"是个地理概念，在空间布局上对不同民族具有很强的包容性，"中华"指的是"领土上的国家"，仅仅用血缘标准单独界定"中国"概念是极不明智的。汉人尽管在文明程度上高于其他民族，但并不应排斥多民族共享繁荣的权利。

立宪派极力淡化"国家认同"与"种族认同"之间的紧张关系，这与清初统治者对各民族如何共存相处的思考是相当一致的。清廷用"中外一家"的口号淡化民族冲突，立宪派则主张以"国家认同"协调和制衡各族群内部的文化认同。因为如果不承认多民族具有生活在同一空间内的平等资格，用"夷夏之辨"的旧思维对待汉族以外的少数族群，必然激起民族之间的对立和仇恨。如果谁还敢坚持这个看法，很可能变成分裂国家的罪人，即使这个"领土"已非昔日的"大清帝国"。可以说，如何平衡"夷夏"两者的关系是革命与立宪两党反复争论的话题。

晚清时期，以往把"文化"和"疆域"脱钩论述，同时强化夷夏之别的观点，早已被清初"大一统"观的实践模式所取代，与立宪派温和平稳的言论相比，革命党为了鼓吹革命的正当性，尽管论辩态度激情四射，煽动力超强，却仍然单调乏味地沿用宋明夷夏对立的陈旧思维，难免缺乏说服力。翻检当时两派论战记录，革命党显然在论说逻辑的合理性方面完败于立宪派，只不过因为辛亥革命在瞬间仓促发动，居然一战成功，才暂时掩饰了激进反满理论的苍白无力。

辛亥革命以后，面临复杂的中外冲突新局势，晚清革命党排满言论的缺陷立刻显现了出来。当时建立中华民国所面临的最紧迫问题是，清代皇帝不仅拥有实际政治权力，而且作为一个文化符号，对促成各民族凝聚在一个政治共同体之内具有象征性的统摄作用。皇帝被打倒以后，中国开始渐渐步入新型现代国家的行列，摆在面前的首要难题是，在国家治理方面到底应该采取什么样的步骤和策略？如果仍然重复排满论调，中华民国就无法凝聚起多民族的力量共同建设新国家，同时也面临国土分裂的潜在危险。

/
"中华民族"观如何挑战古代文明等级论

革命党人显然不愿意承担分裂国家的罪名，中华民国建立伊始，第一任临时大总统孙中山就把生活在中国境内的主要族群概括为汉、满、蒙、回、藏五大民族，公开打出"五族共和"的旗号，《中华民国临时大总统宣言书》对什么是"五族共和"有一段清楚的说明："国家之本，在于人民。合汉、满、蒙、回、藏诸地为一国，即合汉、满、蒙、回、藏诸族为一人。"各民族只要共同生活在同一个现代国家疆域之内，就能团结得像一个人一样。

"五族"全部在一起和谐共存才算得上"领土之统一"，这就意味着，除汉人统治的十八行省外，原属清朝藩部的各地区也应同样划归中华民国管辖。在同一个国家内部，五族处于平等地位，至于是采取西方国家的民主联邦体制，还是允许不同民族彻底分离出民国，自行建立完全独立自治的政体，当时并没有立即达成共识，而是经历了一番反复论辩的曲折过程。

清朝刚刚灭亡，一部分蒙古王公就率先提出地方自治的要求，理由是蒙古受清朝二百多年统治压迫，普通民众大多信奉喇嘛教，清朝皇帝在位时曾经被封为"转轮王"和"文殊菩萨"，名义上也是喇嘛教信仰的庇护者。民国建立，清帝退位，皇帝喇嘛教的尊号自然不复存在，民国政府既然主张各民族平等互利，似乎理应满足蒙古族独立自治的愿望。部分蒙古王公趁机向民国政府请愿设立"自制区域"，组织自治团体，甚至提出蒙古应模仿加拿大相对其宗主国英国所拥有的类似独立地位。

面对这种离心倾向，孙中山采取两面出击的论述方略，一方面重申中国多民族统一的大方向不可动摇；另一方面宣称各民族一律平等，共享民国权利，刻意淡化和压抑汉族文明的优越感。1919年以后，第一次世界大战引发了中国人强烈的忧患意识，对外抗争御侮的现代民族主义呼声持续高涨，孙中山公开放弃了"五族共和说"，反过来高调提倡汉族同化论，号召在汉族统一领导下，各民族团结起来共同抵御帝国主义入侵，建设中华民国。他在一次演说中提到："今日我们讲民族主义，不能笼统讲五族，应该讲汉族底民族主义。或有人说五族共和揭橥已久,此时单讲汉族,不虑满、蒙、回、藏不愿意吗？此层兄弟以为可以不虑。彼满洲之附日,蒙古之附俄,西藏之附英,即无自卫能力底表征。然提撕振拔他们,仍赖我们汉族。兄弟现在想得一个调和的方法,即拿汉族来做个中心,使之同化于我,并且同为其他民族加入我们组织建国底机会。"(《中国国民党本部特设驻粤办事处的演说》,《孙中山全集》第五卷,中华书局1986年版)这篇演讲流露出一股"大汉族主义"的味道,颇有回到宋明"夷夏之辨"旧路子的迹象。话虽如此,自此之后,却再也没有人敢公开宣称中国疆域不应包括满、蒙、回、藏等少数民族,也再没有人重提辛亥革命前的激进种族言论。

1924年,国民党召开第一次全国代表大会,大会宣言提出了"民族自决"和"自治"的主张。一般认为这种观点受到美国威尔逊和苏联列宁有关民族自决理论的影响,但国民党仍坚持汉族主导下的民族平等原则,对"民族自决"的解释显然与联邦制和单一民族独立建国的主张有根本区别。可见,革命党人的主张有一个从早期"排满论",中间经过"五族共和论""民族自决论",再回归经典"大一统"论述的转变过程。

稍加总结,反满言论在近代突然短暂流行,有可能是革命党为颠覆清朝统治采取的伪装策略,并不是一贯奉行到底的僵化理论。这与近代知识界对"什么是中国"的认识不断发生变化有关。费孝通先生认为,近代以来,对"什么是中国"的讨论已经转移到"什么是中华民族"这个新话题之上,"中华民族"意识的形成也有一个从"自发"到"自觉"的演变态势。把中国"自觉"看作一个民族共同体,完全是在与西方抗争时出现的新事物,但作为一个"自在"的民族实体,却是在中国几千年历史演变中慢慢形成的一种潜意识。"自在"的意思是说,中国人早已萌发了多民族共同体的思想,只不过表现出的是一种不自觉的存在形式。"自在"与"自觉"大有区别,在旧有王朝框架下,作为"臣民"或"藩民"的民众始终处在懵懂的"自在"状态,在现代国家的统治框架下,人民清醒意识到自己是"国家公民",这是"自觉"选择的结果。

我们不妨换个说法来解释,现代"中华民族"观念的产生是现代"中国"概念形成的基础和理由。首先,近代中国的复兴思想是从种族"救亡图存"的意识中萌生出来的,中国受到西方不断欺凌刺激,产生了严重危机感,首要考虑的问题就是如何在列强虎视眈眈的威逼压迫之下存活下来。晚清时期,不仅汉人必须"合体"为一,而且各个零散分布的少数族群也只有凝聚在"中国"这个现代民族共同体内,才有自救的可能。梁启超曾率先使用"中国民族"这个概念,把"中国"与"民族"连带关联在一起,组合成一个词组,表达的就是这个意向。

立宪派认为,"中国"不是靠"血统"而是靠"文化"凝练而成。满、蒙、回、藏等少数族群只要进化得法就不至于被遗落在外，应努力与汉民族团结在一起建立"新中国"。这样的思路与先秦古典经书中"尊王攘夷"的灵活性解释基本相通。

不难发现，"什么是中国"的古典意识向"中华民族"观念的转化，与立宪运动、革命风潮相互激荡呼应，共同促成各民族积极思考和应对如何成为合格的现代"国民"这个大问题。孙中山就曾用"中华国族"这个指代词，呼吁各民族在"国家"意识的统领下团结起来。国民政府定都南京后特别强调五族合体就是"中华民族"，就是"国族"，特别昭示出"国家"与"民族"之间的紧密联系。

在这一思路的引领下，对"中华民族"共同体的认同与对"现代中国"的国家认同最终统一了起来。在当时政党政治斗争越来越激化的大背景下，对"中华民族"的认同与对政党的忠诚之间逐渐被画上了等号。抗日战争时期，面对日本侵略的日益深入，如何界定"中国"更成为一个敏感话题。公共舆论一致认为，在这个特殊时刻，凡属"中国"区域内的各民族都应该暂时放弃自己的族群身份，全部融汇到"中华民族"伟大的抗敌旗帜之下，突出展现"中国"疆域和族群融合的一体性。

晚清以来对"中华民族"观念的各种争论实际上是在回应汉族与少数民族之间如何和谐共处的问题，这种新时代下相互融合的构想与抵抗外国侵略的民族主义号召紧密联系在了一起。在"中华民族"概念形成的复杂过程中，国民党领袖和各类文人学者频繁使用"国族"一词,说明不同族群无论是自我认知还是联合团结都要服从建设一个现代国家的总体目标。从古到今,"天下观"的历史演变有一个从奉行"尊王攘夷"原则到构建"大一统"理念,再到南北分裂后被迫强化"夷夏之辨"的文明等级论,最后发展出现代统一"中华民族"观的复杂漫长过程。

第二章

为什么古代帝王都要立"正统"

我们随便打开一本古代历史书，比如《二十四史》中的任何一部，第一印象肯定满眼都是些王室秘闻与朝堂琐事，我们可能会发出疑问，怎么这里面记载的全是皇帝干了些什么什么，他与朝廷内外的官员关系怎样怎样。正如近代大思想家梁启超形容的那样，通篇看到的仅仅是"帝王家谱""断烂朝报"，怎么就没咱们老百姓日常生活的一点影子呢？进一步要追问的是，历史到底是记载皇帝的政绩重要还是应该留下老百姓的生活记录？

其实，因为古时缺乏记录工具，最早的文字只能用小刀刻在龟甲或者牛胛骨上面，这样稀少的留名机会，当然只会由君王专享，所以凡是被记载下来的文字，大多与"王事"有关。商朝甲骨文记录最多的是王者的"占卜"，推测做某件事是吉是凶。后来出现了材质更耐久的青铜器，象形文字就被刻在青铜器上面，这样保存时间更长。和甲骨不一样，青铜器有时用来盛装食物和酒，有时又被当作"礼器"做祭祀之用——祭天仪式假设上天就像一个人，可以随性吃喝，在青铜器里面放置食物就是为满足上天这方面的需求。在今人看来，这样做似乎有些滑稽可笑，当时却是最重要的王事活动，丝毫马虎不得，老百姓根本无缘参与，因为帝王正是通过各种仪式显示自己拥有上天授予的唯一权力。

当时围绕皇帝祭祀活动，周围还簇拥着一大批服务人员，负责主持祭天仪式，他们被认为有沟通天地和人间的特殊能力，这个职业统称"巫祝"，有些像咱们今天说的"跳大神"的。记录帝王告天言行自然是"史"的职能，这个"史"不像后人想象的那样只负责撰写历史著作，而是重点记载君主与上天交流时到底发生了什么。在祭天典礼和宴会上奏乐，则是"师"的职责。"巫祝"的地位不高，主要职能还是为帝王日常祭祀活动装点门面。由此我们可以理解，中国古书的绝大部分内容为什么都在记录和讨论君主与官僚的言行举止。

据现代史家考证，"皇帝"这个称号是从秦始皇开始出现的，"皇帝"从古代的"圣王""三皇五帝"中各取了"皇"和"帝"两个字，凑成了"皇帝"这个称号。表示从秦始皇开始才真正结束春秋战国纷乱争斗的局面，实现了统一天下的大业。秦始皇称帝以前，诸侯列国名义上尊奉"周王"，实际上"杀君三十六，亡国五十二"，相互之间一直打打杀杀，不过总的趋势是"国"越打越少，最终在秦朝归于一统。

"皇帝"这个头衔相当于把远古"圣王"的所有桂冠都集中戴在了一个人头上，这真是超自信的一个做法，无奈秦朝单靠暴力征伐攫取天下，又一味依赖严刑峻法残虐人民，最后为此付出了惨重代价，仅仅维持了十几年的"大一统"局面就迅速崩解。这让后来的统治者不得不意识到，一个政权的获得和维系并不是理所当然顺理成章的事情，不是谁想当皇帝就一定具备相应的资格，即使当上了皇帝，这个位子也未必一定能坐得稳当。

一个人要能当皇帝，首先需要证明自己的血统出身是纯正高贵的。如果某个登上皇位的君主恰好出身低微，臣子们就要想办法为他间接伪造出一个高贵的出身证明，比较便捷的途径就是与古代的"圣王"攀上亲缘关系，进入前人早已为他们规划好的"世系"，或者借助某种神秘力量证明皇位的获得受到了上天支持。

在满足以上条件之后，首先要修改王朝年号，表示与崩溃的前朝不属于同一个时间历法系统，没有同流合污的嫌疑；其次就是要改变旧朝的制度，包括服饰穿戴必须换成与前朝不同的样式和颜色。汉高祖刘邦登基前仅仅是个底层小吏，总觉得自己出身不够高贵，在身份上有些吃亏，所以汉朝的方士和儒生专门编造出了一个"高祖斩白蛇"的故事。故事说刘邦当小吏的时候，有一天晚上喝醉了酒赶夜路，正好碰上一条大蛇拦在前面，高祖趁着醉意拔剑斩了这条大蛇。刘邦斩蛇后感到困倦，昏昏睡去，正好后面有一个人经过，看到死蛇旁边有一个老婆子在哭，问她为什么哭，她说我的儿子是白帝之子，变成一条大蛇挡在路上，刚才被赤帝之子杀死了。这人路过刘邦睡觉的地方，把这番话告诉了他，刘邦这才恍然大悟，得知自己原来要当皇帝，周围人知道刘邦不是一般人，于是开始对他敬畏起来。

汉朝人编造这个现代人看起来荒诞不经的神话故事，就是为了要说明，哪怕是生活在底层的一个卑微小人物，都有可能当上皇帝，只不过你必须具备常人没有的一些条件，这就是皇帝要树立"正统"观念的缘由。由此我们也就比较容易理解，为什么古代中国的早期思想大多喜欢围绕着君主的神秘出身大做文章。

当然，立"正统"的程序是非常繁复的，不仅仅是编一个神秘的出身的故事就万事大吉，那么究竟要用哪些程式来证明一个帝王具有当帝王的条件呢？下面笔者一一来为大家讲解。

/
中国古人的字典里没有"未来"这两个字

中国与西方记载历史的方式存在着根本差别，西方人习惯"向前看"，中国古人却总是"向后看"。西方人书写历史一定先要找到一个源头，就像发现河流的水源在哪里一样，然后沿着这个起源地向前寻找水波前行的流向，直到放眼望见一条蜿蜒曲折的线性轨迹奔腾入海，海洋就是大河奔赴的终点。与此相似，史学家可以把历史源头作为"起因"，借此寻找下一步的"结果",再进一步把"因果"关系拉成一条直线,就能推测出未来是什么样子。西方世界发明了一个清晰的历史演化线性公式:源头(起点)→因果(中介)→未来(终点),这个公式被赋予了一个如雷贯耳的名字"进化论"。

与西方相比,中国古人的头脑里只存储了对"过去"的记忆,没有"未来"的概念。在他们的印象里,历史越古越好,包括远古"圣王"发明的制度、礼仪和生活方式,大多被后来朝代当作效法的榜样。古人写历史也习惯带着向后看的眼光和态度,他们总是对最原始的东西感到好奇。远古有两个黄金时段常常被他们挂在嘴边不断提起,一个是尧、舜、禹三代圣王主政的时期,另一个是夏、商、周这三个前后相续的朝代,这两个时期加起来不妨称作"前三代"和"后三代"。

"前三代"令人羡慕是因为"圣王"干出过一些后人难以企及之事,比如大禹不但治理了洪水,还规划出了"九州",创立了传说中的夏朝。"后三代"之所以闻名是因为周朝礼制兴盛完备,可作为后世学习的楷模。总之,所有开天辟地的辉煌故事都是"圣王"在当主角,后人只要照猫画虎按着办肯定错不了,没人再奢望还有什么新的发明创造,顶多做点修修补补的工作,不用添加什么新内容。至于记载历史的书籍,古人好像觉得先秦诸子留下的那几本已足够用了,秦汉以后出现的大量典籍似乎全是为了读懂这几本书做的注释,没有任何原创性,至少著述人自身也是这么定位的。比如《春秋》《周易》《周礼》这些古典经书，或者《论语》《老子》《庄子》等诸子先贤作品，都具备同样神圣的意义。

这些书被叫作"原典"，是因为其中记述的人和事足以让后人反复玩味效法。中国帝王最为得意的自夸术就是说自己的统治非常接近圣王"三代"，如果觉得还到不了"三代"的水准，那就把时间稍微推后一些，比如清代乾隆皇帝就声称模仿的是"汉唐盛世"，目的还是尽量把效仿对象回溯到更为遥远的帝王。在他看来，论黄金成色，汉唐两朝虽然比"三代"逊色不少，但毕竟仍勉强算是"过去"的辉煌年代。一旦历史书写的目标指向"过去"，而没有"终点"，那么历史就永远不会变成一条直线发展的逻辑，而更像一个不断循环的圆圈。一个帝王要想获得"正统"资格，就必须持续向"三代"这个闭环圆圈的起始点迈进，以便确认在这个运动周期里面到底处在什么样的位置，于是，一个周而复始的循环历史观被发明了出来，这就是"五德终始说"。

/
"五德终始说"与朝代的循环往复

中国古代帝王在判断统治是否正当时往往要揣摩上天的动机与旨意，皇帝谕旨打头必须要写的那四个字"奉天承运"指的就是，人间君主的任何举动只有尊奉上天命令才会得到好运。

所谓"运"是个很难说清楚的概念,"运"的流动兴替与某种宇宙秩序的构成有关,遵循着一些特定规则,在时间的流程中不断发生变化。

中国古人很早就形成了自然环境与人类生活互相感应的观念,比如用"日月"比喻"阴阳"转换,用数字归纳自然现象,如"二""三""五""九"等都是搭建时间与空间感觉的关键数字,再把这些数字一一对应推衍到人间。古人描述空间的概念如"九州""五服"的数字前缀"九"和"五"也都相应契合古人对时空的认识。

古人选择什么样的数字往往与他们的日常经验有关,比如"五"这个数字就涵盖了许多生活样态,兵书《孙子兵法》中有一个说法,声音、颜色、味道等这些人类感知对象,基本用"五"这个数字就能穷尽,如用"五色""五声""五味"等描述就够用了。大千世界的万物不过是"五种"要素的不同排列组合而已,"五行说"的发明也大致出于这个想象。

古人感知的宇宙世界由金、木、水、火、土五种元素组成,即使发生变化,也不过是这五种元素的排列组合顺序发生位移的结果。古人有一个看法,无论"二""三"还是"五""八""九"组成的数字系统都是可以相互转换的,如"阴"可以转化成"阳",反过来也一样;"九州"与"五服"描画的只不过是同一空间的不同侧面,大致能够相互重叠替代。

"五"这个数字最早用于描述世界是由哪几种元素构成,

后来被一个叫邹衍的人挪用，他用一套办法观察君主获得政权的程序是否正当。邹衍相信，人体与自然的关系是水、火、风之间发生共鸣互动的结果，对这些因素活动周期的掌握和调节对身体健康有利。同时，这种关系也可以放大延伸到政治权力与自然秩序方面，形成类似同构的状态。

"五行"元素构成循环往复的变化，决定着人与自然按照什么样的秩序进行活动。金、木、水、火、土这五种元素不一定直接和自然界中的具体事物一一对应。有人认为"五行"配合的是宇宙的五个行星，这是从命理占星学的角度做出的推测，还有可能与东、西、南、北、中的地理方位有关，也许随着风向移动会出现不同的环境变化。对"五行"学说起源更加合理的解释应该是这些元素与农业生产活动有密切关系。农业作物的生长需要一些基本条件，如土壤、水分、栽培技术、金属器具的使用等的相互紧密配合，金属器具需要经过火的淬炼和锻造才能在开垦土地中使用，这与古希腊哲学家恩培多克勒提出构成世界的基本要素是水、火、土的观点有相通的地方。

金、木、水、火、土这五种元素形成相互克制的关系，如金克木、土克水、水克火、火克金，这是从农业生产的朴素经验中归纳出来的一种判断。如植物从土壤中汲取养分（木克土），金属工具可以砍伐树木（金克木），火焰可以锻造金属器具（火克金），水能浇灭火焰（水克火），土具有覆盖阻止洪水蔓延的作用（土克水），如此交替循环不已。

"五行"学说最引人注目的地方在于把五种自然元素挪用到历史演化的观察之中，并一一衔接对应，形成了一种循环论式的历史观。一个具体的例子是把黄帝时代类比成"土"，夏朝大禹时代类比成"木"，商朝以"金"为标识，周代居于"火位"，接续的下一个朝代一定是"水"，因为水可以灭火。可见"五行"的说法与"三代"更替的主流演变框架相适应，历史就是这样周而复始循环往复地不停推演下去。

邹衍认为，在每一个特定历史时期称王的人都必须具备一种"德"，这种"德性"与金、木、水、火、土中任何一种元素相互对应匹配，一个君王登基后，必须选择"五行"中的一个元素，比如"火"或"木"作为王朝德运的象征符号，才算获得"正统"。

邹衍用"五行"之间的循环制约关系比拟时代变化与王朝更替，目的是梳理和确认新王朝与过去朝代相比到底处在什么样的位置，皇家举行的各种典礼上所使用的礼服、旗帜、道具的颜色都要与这个朝代所推崇的"五行"要素协调搭配。根据汉朝人的说法，秦朝建立时就借用了"五行"学说，认为周为"火德"，所以秦朝接续周朝应该是"水德"，到了汉代又循环回去，恢复到"土德"的位置。

秦朝自称是"水德"，喜欢用"黑色"做礼仪的主色调。这是显示王朝居于正统地位的一个重要举措。在宋代以前，每个朝代立国都要考虑在"五行"之中处于何等位置，否则就有失去正统的危险。不仅"五行"的循环排序与"正统"性质有关，而且象征代表的颜色也是"正统"体系的表现形式之一，特别能够昭示出某个王朝采取的主导政策到底具有什么样的特征。比如秦朝选"水德"，在后人看来就比较偏于"阴"的一面，服色选择黑色，则流露出肃杀之气，秦朝主政的整体风格趋向紧束严苛，被后人讥讽为滥行暴政。汉朝采"土德"，土色尚"黄"，与汉初尊崇黄帝与采纳黄老之术有密切关系，主政风格趋于舒缓宽松，走的是减刑宽禁，崇尚德治的路线，这与"五德终始说"采取阴阳文质互补的原理基本协调一致。

邹衍构造出这套"五行"历史循环体系呈现出的是"阴"和"阳"的对峙关系，对阴阳关系的感悟源于自然界光明与阴暗、刚强与柔弱之间的对比和转化。我们不妨把它看作"五行"运转模式的简约版本。"五德"与"阴阳"理论相通，只不过更加细化。如《周易》主张用阴阳两极就可以包容天地之间的各种要素变化，所谓"一阴一阳谓之道"，是一种根本性的原理。这个"道"最早是从古人感知冷热、阴晴、黑白等实际生活经验中归纳出来的，再进一步联想推及男女、上下、左右、尊卑等人间等级秩序，这些关联也是在"九州"这个圣王设计的地理空间之内发生的。

阴阳又可析分成八类，即"天""地""雷""风""山""泽""水""火"，这八类现象幻化出"八卦"，一旦与人事对应衔接，就可据此判断吉凶祸福。这与"五德"配"五行"，"九州"配"五服"的结构相当一致,只不过一个是从自然地理的要素中归纳提炼出王朝转换的基因,另一个是从王都中心点出发推及四方或八方,辐射范围的远近标志着"三代"统治区域能够扩张到什么程度。说得更明确一点,"五德"与"五行"的循环往复总是围绕君主权力的更迭展开,完全以"三代"之间的转换为效仿模板,时间变化与空间转移高度叠合。

还有一种说法是,朝代更迭兴替遵循着"文"与"质"交替运动的节奏,不同朝代总是在质朴与文雅的相互演化中寻找平衡。有的朝代在制度建设和政治举措上采取简约朴拙的政策,往往给人清明俊朗的印象,却又常常被讥讽为过于鄙陋无华,缺乏鲜活动人的色彩。有的朝代在礼仪文明的规定和执行方面过于烦琐冗闷,王朝的整体气质趋近肃穆威严,由于管理过度严苛,缺少活力,极易诱发民怨沸腾,最终导致统治难以为继。比较明智的做法是,当某个王朝的整体政治氛围显得过于沉闷刻板时,用"文雅"精致的风格去冲淡中和,当某个王朝过于追求烦冗奢华的享受时,不妨反过来增添一些简约朴素的色彩加以抑制。

/

"回向三代"与"文质互补"

由"五行"排列的次序决定王朝的正统位置,是早期中国王朝建立历史正当性的一个重要步骤。夏、商、周三代的历史臻于完美，被称为"黄金三代"。这三个时期的制度与文化建置既然已趋完善，以后的时代状况必然会日趋低下。历代帝王要想获得"正统"地位，主要就是看他对"三代"模仿得像不像，而不是对新王朝制度的构想设计有多么新颖。"回向三代"的思维是一种"向后看"的历史观，与"五德终始说"的循环论相互配合。

在实际的历史叙述中，夏、商、周"三代"其实并非像后世想象的那样完美无瑕，只不过"三代"的表现可以相互弥补缺陷，在斟酌损益的动态变化中寻求发展的平衡。《礼记》中有一段话解释得很清楚："子曰：夏道尊命，事鬼敬神而远之，近人而忠焉。先禄而后威，先赏而后罚，亲而不尊。其民之敝，蠢而愚，乔而野，朴而不文。殷人尊神，率民以事神，先鬼而后礼，先罚而后赏，尊而不亲。其民之敝，荡而不静，胜而无耻。周人尊礼尚施，事鬼敬神而远之，近人而忠焉。其赏罚用爵列，亲而不尊。其民之敝，利而巧，文而不惭，贼而蔽。"

这段话的大意是说，夏代的帝王比较接近民众，不太相信鬼神祭祀能带来什么好处，人与人之间相处得较为和谐忠厚，相互释放着亲切善意。统治者对人民先施予福利再树立威信，以赏赐为先，如觉无效再施加刑罚。夏朝的缺点是民众过于质朴单纯。商朝的殷人在鬼神祭拜上下了不少功夫，主张先侍奉鬼神，再亲近人事，惩罚总比赏赐优先，便于树立威严，亲近鬼神贱视人命，殷商废墟中出土了许多人殉的尸体，即说明殷王统治的苛酷一面。既然把敬畏权威看得特别重要，人与人之间的感情就显得寡淡疏远，人民没有经过耻辱感的训练，社会容易陷入无序状态。周人尊崇礼仪规范，敬奉鬼神却又保持距离。按照等级订立赏罚标准，恢复了人际之间的亲密关系，但由于周代制礼作乐的程序过于精细烦琐，民众学会了投机取巧的本领，民风容易变得油滑狡黠。

也有人把"三代"特质归纳成一个前后相续的历史公式，具体表述为"夏尚忠，商尚敬，周尚文"，历史的演进过程应该是"由文返忠"，最后要退回到一种原始古典状态。另一个略显简化的表达叫作"文质论"，大体上把"三代"变化归纳为质朴与文雅风格交替互动的演化态势。表面看上去仍有些历史循环论的味道，大意是如果某个朝代过于简朴无华，就用典雅的礼仪加以修正。相反，如果某个朝代过于奢华无度，就应该返归朴拙去抑制奢侈的蔓延。

先秦时代的古典论述中，有关"尚文"与"返质"的言论非常丰富，双方各执一端，势力不相上下。如孔子就倾向于"尚文"的周代，羡慕这个时代讲究礼仪规则，人民生活得彬彬有礼，所谓"郁郁乎文哉，吾从周"指的就是此。但老庄哲学推崇"拙"，希望保持事物本来的品质，主张用"无用之用"的态度对待复杂多变的人生，这是"返质"言论的另一个极端状态。在先秦观念中，"文"与"质"没有高低之分，而是"一文—质"循环往复,相互损益,完全视某个时代的现实状况而定。

《论语》中孔子有一段话表达得很明白:"质胜文则野,文胜质则史。文质彬彬,然后君子。""质"是内在本质,"文"是外在修饰,如果质朴太过会显得粗陋鄙俗,如果文饰太重看上去又会过于精巧雅致。"文""质"无论哪一方面占据绝对优势都不是好事,如果能做到把两者协调起来才是最好选择。"文质彬彬"就是不偏不倚,让双方处于恰如其分的均衡状态。可见"质"并不一定比"文"弱,谁占优势完全看当时的统治者到底需要得到什么,没有绝对的好坏之分。"文"与"质"的交替出现常常与中国历史上"一损一益"的现实状态密切配合,其中充满了变数。"质"往往与"损"相应,"文"又大致与"益"相当。如果一个朝代礼仪过于繁缛,需要适当删减时,文人就会频繁发出"返质"的议论,反之,若社会发展过于质朴简陋,缺乏华贵雍容的气象时,又会有人呼吁增加一些"文"的内容。

秦朝建立以后,孔子心仪的周代之"文"就没有受到任何重视,因为秦朝推行法家的治国方略,儒家思想无人关注,根本用不上周代的礼仪制度。另外,秦政滥用苛酷细密的法律规条,对社会进行无缝衔接式的网络化管理,近于苛察无度,搞得人人神经高度紧张,至少从表面上看,秦朝虽未采取周代礼仪,但施政过程又似乎延续了其注重仪式感的烦琐特质。正因看到了这个矛盾，后人判断秦朝灭亡的原因之一就是因为"文敝"。汉初奉行"黄老之学"，力求恢复简朴单纯的生活方式，也是对"质"的一种返归。西汉初年，在经过一段休养生息之后，汉朝皇帝慢慢意识到实行儒家提倡的周代礼仪是维系长治久安的重要手段，汉武帝以后儒家对周礼的尊奉逐渐出现回归的迹象，汉代统治随之也重新进入了"文治"轨道。

每个帝王要树立"正统"，首先必须研判历代王朝到底处于"文质"兴替谱系中的哪个具体位置，然后再决定改制导向。甚至到了唐代，大诗人白居易还在用"文质损益说"警告皇帝。个别朝代也出现了一些奇怪的变化，比如，魏晋时期文士的放诞之风被认为不够"质朴"，浪荡不羁的言行太过蔑视礼法，但"礼法"是和"文"联系在一起的，放诞风气本来应该被当作弃"文"的表现，在魏晋却改变了含义，被当作一种变形的过度"文雅"之风遭到批评。

"三代"观念长久成为历代帝王树立"正统性"的象征符号，实际上是要回答"什么是完美社会？"这个关键问题，也蕴藏着他们对理想王朝的期待与想象。结果却是，即使把"三代"全部拆解开来细细审视，也无法找到一个没有任何瑕疵的完美时期。"三代"中的每个朝代都呈现出一种"非质即文"的特点，其中一项主要特质最为鲜明。于是对完美社会的追求目标就被设定在如何尽量保持"文"与"质"的相互制衡，这也是"正统论"的题中应有之义。

与现代历史观习惯运用进化思维有所不同,"黄金三代"并非越往后就越美好。后代与前代相比并不是一种递进关系,比如周代就不一定比夏、商这两个朝代更加美好。但"回向三代"也并非完全是一种"退化论",好像从周代一路狂奔倒退回夏代就万事大吉了。这种历史观讲究的是用不同时代的制度优势去弥补当下统治的不足。比如在"三代"这个概念中,夏代远离鬼神,注重亲密人际关系的培育,属"亲而不尊";殷商强调敬奉鬼神,借祭祀树立国主的威权,却难免忽略民众的生命尊严,是"尊而不亲"。周代用礼仪规训身心,却又导致社会生活秩序的安排过于烦琐严密,落下"文敝"的话柄。

"文质论"是对"回向三代"理想的一种现实解释方案,它与西方历史观非此即彼式的书写原则不同,也不是今人普遍接受的一种直线递进的演化图式,但也绝非是对远古黄金时代不加辨别的盲目向往,不应该被简单贬低为一种历史"退化论"。"文质论"是历史演进的平衡理论,通过分别斟酌透视"三代"的长短优劣,设计出适合现实操作的变革方案,这种纠错路径当然不是固定不变的。例如,汉初倡导"以质救文","质"却从未被僵化地理解成汉代一以贯之的特征,因为在汉朝后期,"文"的倾向性又渐渐表现了出来,与前期偏于"质"的历史导向相比,构成了均衡态势。

"五德终始说"在汉代是怎么体现的

邹衍是战国时期的人,当他开始编造"五德终始说"的时候,并没有多少人真正信服,觉得不过是蛊惑人心的一套迷信理论。即使在统一中国以后,秦始皇也认为没必要花力气去论证为什么自己能够当上皇帝,他深信秦朝统治将世世代代延续下去,轻松实现万世一系的目标,根本不需要在"五行"循环周期中努力寻求一个位置。

汉朝皇帝的想法就不一样了,刘邦推翻了历史上第一个实现了大一统伟业的秦王朝,不免感到心虚,生怕别人议论这个盖世功劳居然出自一个无名小吏之手。不妨想象一下汉高祖的处境,我们会想当然地以为,既然刘家已经牢牢取代了秦始皇的位置,似乎只要通过大造舆论,指责秦政无道,横征暴敛,搞得民不聊生,把秦朝彻底污名化就足够了。然而在汉帝看来,仅仅掀起一股政治大批判浪潮显然是不够的,论证清楚刘家与那些古"圣王"相比,到底有何特异之处是完全必要的,必须要想办法让世人相信,为什么是刘家而不是别姓人家有资格取而代之。你也可以说这是刘家皇帝的自尊心在作祟。"五德终始说"的发明至少满足了刘氏皇帝的这份虚荣心。

"五德终始说"被蒙上了一层强烈的道德伦理色彩,仿佛自然季节的更替，天地山水的变异，无时无刻不在映射出世俗人间的善恶循环，这与汉朝帝王通过批评秦政无道，据此建立统治正当性的企图密切相关。试想，只有在"五行"体系中给秦朝安排一个特殊位置，同时又指控秦始皇暴虐失德，就可以从反向证明汉朝大得民心，理所应当取而代之，自然在"五行"序列里应该合理占据另一个位置。在"五行"循环系统中，秦朝属于"水德"，汉朝处在"土德"之位，按照生活常识应该是"土克水"，汉朝统治的正当性就用这种办法确定了下来。

汉朝树立"正统"还面临一个棘手问题，那就是如果承认秦朝接续的是周朝的"木德"，汉代接续秦朝的"水德"，就等于承认秦朝是与周朝并列的"圣朝"，这显然无法让人接受。因为邹衍在发明"五德终始说"时只考虑历数的运转周期，没有明确对"五行"排序的规则加入道德褒贬判断。所以当时就有人主张汉朝应该越过秦朝，直接上承"三代"圣王谱系。

为了满足这个愿望，西汉末年，一个叫刘歆的官员发明了一种"新五德终始说"，这个学说的新颖之处是在原有"五德终始"循环谱系里，嵌入一个叫作"闰位"的理论。简单地说，就是在"五行"的正式体系之外，专门为秦朝设计一个附属位置，它低于"五行"中其他正式成员，显示秦朝虽然表面上仍处在"水德"之位，但已不属于"正统"的常规序列。

在这个新框架里，汉代改为"火德"，上承周代的"木德"，而将隶属"水德"的秦代排入闰位，这样就把汉朝的"正"与秦朝的"不正"区别了开来，汉朝人就是用这种办法来羞辱秦朝的。

与邹衍不同，汉朝人在"五行"的循环周期里融入了道德评判机制，把秦朝驱逐出了"五行"循环的正式序列，目的就是防止秦朝升格为与"三代"并列的"圣朝"，从而显示汉代比秦朝统治更具合理性。

/
帝王立"正统"还需要"改正朔"

汉帝登基要做的事情固然很多，但最需要完成的核心事项就是"改制"，他必须接受上天指令，对旧朝制度进行大幅度调整改造。汉代大儒董仲舒说"新王改制"至少应该包括"改正朔，易服色，制礼乐"这三项内容。其中头等大事是"改正朔"。从世俗角度说，"改正朔"就是改历法，因为华夏王朝是农耕社会，民众平常的饮食起居受自然周期变化的影响很大，为了保持日常生活的稳定，历法必须经常修订。

中国古代历法采纳阴阳结合的原则，阴是按月亮朔望定"月"的数字，以太阳绕地一周定"年"的数字，推算下来两者前后相差十余天，对这些差异的观测决定了任何王朝都必须频繁修订历法。我们这里所说的"改正朔"不是指民间意义上的冬去春来，日月轮转，而是指与王朝统治相适应的历法制定。

帝王首先确定历法中的"正月","正月"一旦被确认,一年之中其他月份的位置也就随之而定,正如王位一旦定下来,那么天地、山川、百官、民众的位置就都能按次第安排妥当一样。

先秦史籍《春秋》就已表明"改正朔"的重要性,《春秋》叙述鲁国史事,首篇记载"隐公,元年,春",随后写的是"王正月",这个"王"字可不是指刚刚登位的鲁隐公,而说的是"周王"。鲁隐公作为诸侯国的君主只是周王手下的臣子,这样记录日期其实有着特殊含义,意思是隐公虽然刚刚上位,但在记载时间时还得遵从周王颁布的历法,不能自行其是。这里的"正月"指的是周王历法系统中的时间。改朝换代就是另外一个姓氏的人当了皇帝,修订历法意味着新的王朝正式开始了,用这个标准与旧王朝作出区分。

那么,"正朔"改动的规则又是什么呢?董仲舒提出了一个"三统说"的方案。"三统"大意是说夏、商、周这三个朝代各有一套记录时间起始的历法系统,提供给后来的王朝效法。夏朝把每年正月当作一年的开始,商朝选择的是十二月,周朝是十一月,这就是"三正"。那么肯定有人会问,为什么三代分别选择三种不同的月份作为一年的起始呢?到底哪一种最为合适?周朝人把冬至这一天当作一年的开始,因为"冬至"白天时间最短,按道理应该是岁末了,以后白天会逐渐变长,给人印象是春天马上就要到了。可是气候却迟迟不听安排,变得越来越冷,人们觉得一年的开始应该与气候变暖的节奏符合才对，所以就一直往后推，商朝于是选择十二月，夏朝最终选择正月为一年的开始，这个时间正好进入春季，与实际气候的变化比较吻合。

这三个时间节点分别对应黑、白、赤三种颜色。十一月冬去春来，万物开始复苏，较宜选择赤色与之对应；十一月至十二月是土地蕴育生物的萌芽阶段，颜色尚白；正月春天各类植物破土生长，颜色尚黑。"三正"既标志着四季的交替往复，同时也是政治秩序周而复始不断更新变化的表现。"三正"的提出绝不是对自然界气候演变的单纯复制，而是隐喻夏、商、周三代的循环更替，借此表达"新王改制"有可能做出的不同选项。

"改正朔"还有一个目的，那就是实现"大一统"的目标。什么叫"大一统"呢？"大一统"这个说法最早出现在《春秋》中，《春秋》开首时间记录的是"隐公，元年，春，王正月"，可是这个月没有记录任何事情，从三月起才开始记载史事。按照过去的说法，这样记史故意隐晦了鲁国在这个月发生的历史事件，以显示鲁国尊奉周王，元月非周王的活动不记。

一本专门解说《春秋》大义的著作《公羊传》从这句记载中解读出好几层意思。第一，"元年，春，王正月"的"元"字，代表鲁隐公开始执政的年份；第二，"春"代表一年的开始；第三，"王"指的是"周文王"；第四，为什么先记"王"后讲"正月"，因为这是"周王"独有的时间，诸侯不得私有；第五，把"王"

与"正月"联系起来,就叫"大一统"。后来这五种相关的联系被叫作"五始",五种起始的事物被写在了一起,就形成了"时间大一统"的观念。"新王"登基,一定要确认选择什么样的"时间"作为王朝开始的起点,以方便做历史记录。

/
"祥瑞"降临与"天命"感召

在帝王眼里,"天"和人一样有喜怒哀乐,高兴了,可以降下一些吉祥的征兆,让人感到欣慰,生气了,也许会故意策动一些天灾,让人觉得难受。地上的君王当然希望能够一直博得上天欢心,可在他们的人生经验里面,获得这种机会的可能性似乎微乎其微。于是从西汉末年开始,有一些想延续祖先辉煌或者谋权篡位之人干脆通过制造神秘现象来证明自己就是上天宠幸之人,大量祥瑞吉兆的记录集中出现在这一阶段的经史典籍之中,反映出的就是这种心理。西汉帝王认为,一个人要获得天命垂顾,并不能完全依靠智力、才华和勇气,还得依赖神秘力量的支持。否则,那些辅佐汉高祖刘邦夺取天下的功臣猛将如韩信、张良、萧何等人,以至于同时代的西楚霸王项羽,哪一个不具备攫取王位的资格,刘邦之所以从中脱颖而出,正如后人所论是"天授,非人力也",肯定蒙受了上天特别的恩宠,成为"神武而有征实"的代表。

"天授""神武"的证明源自不断呈现的吉兆祥瑞，没有这些神奇东西做佑护，即使顶着帝王头衔也难以令人信服。先秦就有过这样的例子，当年齐桓公称霸后想跑到泰山举行封禅仪式，向上帝夸耀自己"九合诸侯，一匡天下"，完成统一大业的功劳。管仲赶紧出来提醒说，尽管主公您的功劳很大，可是没见天上的凤凰飞下来，也没看到麒麟出没人间，没有这些代表吉祥的动物出现，说明还不够封禅的资格。

汉代皇帝当然需要类似"赤帝斩白蛇"的神话不断加持，坐上皇位才觉得安心。同样道理，汉光武帝刘秀也是最终遇到上天赐下授命符书才敢称帝。史载刘秀在与王莽鏖战时，下属有四次劝进，希望他尽快称帝，其中一次诸将迫不及待地警告说，王莽的主力已被击溃，此时刘秀拥兵百万，占据天下 2/3 的疆土，如果再不称帝，恐怕会寒了跟随他四处征战的将士们的心，削弱刘秀集团的凝聚力。刘秀居然仍不为所动，可就在此时，刘秀曾经在长安的一位同窗强华从关中赶来，献上了一个叫"赤伏符"的神秘东西，上面写着："刘秀发兵捕不道，四夷云集龙斗野，四七之际火为主。"这几个字被解读成"四七"即二十八，自汉高祖到刘秀起兵，中间正好间隔 228 年，"火为主"即汉为火德。这个解释虽然看起来十分牵强，可架不住群臣纷纷认为这个符命的意义超过了周武王路遇"白鱼"的故事。传说周武王渡江有白鱼跃入舟内，被认为是称王的征兆。不管这个符命看上去多么荒唐可笑，刘秀却终于决定登上天子之位。由此可见，拥有民心、德性和军事实力只是称帝的必要准备，并不足以号令天下，只有受到上天神秘力量的佑护，才真正拥有了登基的充分条件。

东汉皇帝刘秀到底是否真相信符命的功用我们不得而知，但他想利用这些预言为汉朝"正统"贴上更多保护色的微妙心理倒是不难理解。有些大臣就没猜透这位皇帝的心思，如刘秀就问过老臣桓谭如何使用谶言，即一些预言文字来定位的事，桓谭回答说从不读这些荒谬的东西，气得刘秀差点砍掉他的脑袋。另一位大臣尹敏比桓谭聪明，刘秀派他去修订图谶，他说这些都不是古代圣人写的预言，而是当代人胡编乱造的东西。刘秀不听，尹敏只好故意乱编了两句预言"君无口，为汉辅"，让刘秀去猜。"君"字下面没有"口"就成了"尹"字，这则预言暗示尹姓人要辅佐汉朝称帝。尹敏说皇上你看，按照这个预言的指示，不是明摆着应该给我个大官做嘛，嘲笑这种小儿科式的东西随手就能编出来，不能当真。这明显是在调侃刘秀迷信图谶，演的是一出中国版"皇帝的新衣"，当然惹得刘秀很不高兴，尹敏也免不了失宠的命运。

汉代以后更有人把历代帝王接受祥瑞感应后称王的事迹编排出一个谱系，这些祥瑞大多与某个神奇动物有关，黄龙、麒麟、白虎、凤凰都能带来吉祥运气；祥瑞也与某些星历气象的异常变动相关联，如汉高祖入秦，星象上出现了五星聚集东井的奇观。黄帝受命时，出现了《河图》，舜禹统治天下时，有凤凰翱翔空中，汤称王时有白鸟佑护，周文王登基，一只红嘴鸟叼着丹书前来祝贺等都是些著名的祥瑞段子。至于皇帝到底信不信这些"瑞应"，后人难以判断，很有可能只是一场场愚弄百姓的宫廷表演。先秦儒家宗师荀子曾经说过一句话："卜筮然后决大事，非以为得求也，以文之也。故君子以为文，而百姓以为神。"（《荀子·天论》）"文"就是文饰装扮的意思，"君子"不是说知识分子，指的是皇帝之类的最高统治者和官僚阶层，大意是君王把祭祀占卜当作文饰的手段，他们判断老百姓是真信鬼神，所以不妨利用他们的迷信心理。对"瑞应"的态度与此相当类似，都像是故意做给老百姓看的政治表演。

/
汉唐帝王特别惧怕"天谴"

前面说过，皇帝成功上位除自身具备足够的政治实力外，还要依靠神秘力量的襄助。上天在他们的眼里是拟人化的人格神，有喜怒无常的性格，必须小心伺候才有获得正统的机会。这就意味着老天爷并不总是高高兴兴，有求必应，它的心情常常阴晴不定，发起火来照样不留情面，日食、地震、火灾、水灾、干旱就是上天宣泄愤怒的表现，也是上天降临到人世的惩戒。这就是"天谴论"流行的背景。

在汉代，遇到天降灾难的时刻，皇帝必须下"罪己诏"，向全体臣民发布自责的公告，表示犯了过失，理应遭到上天责罚。比如，汉宣帝曾经遇到凤凰降临的祥瑞，但也曾因地震下诏罪己，总共发布过四次"罪己诏"；公布诏书之后就要装模作样地吃起素食，还要象征性地搬出寝宫以示悔过，以此谦卑的态度回应上天对自己施政的不满。

当然，皇帝对天谴表达虔敬的态度同样起着鼓励臣民上书言事的作用，开放一定的舆论空间，允许讨论君主统治的成败得失，给一些士人提供了进言机会，其中最有名的"天谴论"发明者就是汉武帝时期的大儒董仲舒。

我们知道，董仲舒是解读《春秋》的专家，他写了一本书叫《春秋繁露》，把《春秋》中出现过的自然界异常现象集中汇编在一起。他不仅记录灾害表现，而且把这些现象的发生与人事活动关联起来，认为两者之间存在不可分割的联系。有一次，他在应对汉武帝的询问时说，自己读《春秋》，每当遇到天与人交互影响的情况时就会感到害怕，因为原来看上去好像纯粹是自然界发生的异常现象，孔子却记录下来，当作上天不满世人的证据。灾异发生的程度犹如上天对人世作出的价值评判，对那些施政不佳或不断作恶者发出谴责的信号。天降灾难是为了警告君主违背了天意，君主的所作所为需要通过上天的判断受到检验，双方不断互动呼应，就造成了"天人感应"的奇观。

董仲舒还说，大自然发生的各种现象表面上散漫无序，其实背后均受到阴阳法则的支配，"阴"代表"恶"，"阳"代表"善"，两者持续交互循环。自然界显示的大小、强弱、上下关系投射到人间就变成了父子、君臣、夫妇、兄弟的尊卑等级秩序，不可随意更改，如果违反或颠倒了这种次序，就是"恶"，必然遭到上天惩罚。与此同时，董仲舒还认为，维护这种秩序不能单靠刑律责罚吓唬人，而是要施以良好的道德训练，"任德不任刑"，这明显是站在儒家立场上发言。

"天人感应说"的确抓住了皇帝急于获得天命的心理，汉武帝在询问董仲舒治国对策时，开门见山地问了两个要害问题。一是我要效法古人，因此想知道"三代"圣王接受天命的途径是什么。"三代"既然这么伟大，圣王接受上天旨意必然有特异之处。二是灾异现象到底因何而起。董仲舒的应对从"畏天灾"这个视角切入，他说国家治理如果出现问题，上天就会率先降临灾害当作谴告，皇帝再不知反省，自然界就会闹出更加怪异的动静，如果还不知改进，最终会吞下失败的苦果。这是上天仁厚之心的表现，地上的君主只有经过不断勤勉学习，细心体察，增加道德修养，才可达到上天眷顾的标准。人君懂得反省自己的过失，加以变通改进，就能消解灾异带来的祸害，终止因失道导致治国失败的命运。

在回答完汉武帝对灾异缘起的疑问之后，董仲舒紧接着进言，如果要想成功效法"三代"，获得天意授权，只有一个办法，那就是必须学习周朝的礼乐文明，不能模仿秦朝依靠酷法治国的暴政。因为秦政走到了"阴"的一面，是邪恶的榜样。应该反其道而行，多多奉行道德教化的原则，有序步入彰显"阳"的一面的轨道。他比喻说，"天道"就像阴阳运转，"阳"是"德"，"阴"是"刑"，"阳"常指夏天万物生长的美好时光，"阴"犹如冬天万物萧索不生的严酷时节，如果顺从天意奉行德教，人君就像生活在夏天一样舒适惬意，否则就是违逆天意，必然陷入灾难频发的凛冽冬天。

有人形容，董仲舒谈"天人感应"如同一种"神道设教"，表面上把所有灾难的发生都归结到皇帝不善待民众，遭到上天报应，实际目的是想借用儒家道德约束皇帝的言行，以达到进入皇家政治决策核心的目的。这与那些出自燕齐地区曲学阿世、专门靠卖弄诡异预言起家的方士，或者利用灾异谋取私利的行为还是有些差别。

据史载，汉代皇帝下达的罪己诏书确实受到了儒家强调道德自律的影响。《史记》中记载了一段汉文帝发布的"罪己诏"，其中针对日食这个怪异天象，汉文帝自责"不能理育群生"，就是不具备良好的道德表现，因为"天下治乱，在朕一人"，全天下的百姓都在看着皇帝一人的态度，故而皇帝应该自省以安抚民心。

天下之罪皆归皇帝一人之身的看法在《论语》《墨子》《淮南子》这些古代经典里面时有显现，但是遇到具体问题时采取的处理方式却有不同。在董仲舒之前，古人有一种臣子为王者讳的习惯，他们认为，君主地位至高无上，即使有了过错也应该想尽办法为他遮掩粉饰，不可大肆张扬。即使发生灾异，主掌与上天沟通的巫祝之官一般也会建议采取嫁祸给身边大臣的办法，为君主消灾避难，行动也是无声无息、无人知晓。

公开发表"罪己诏"的做法却恰恰相反，就是要在全体百姓面前承担失德的责任，无论是周边的大臣还是普通百姓犯下的错误都由皇帝一人承担，这确实是儒家思想熏陶的结果。儒家讲究的是立德树人，做天下民众的表率。皇帝位处九五之尊，儒家自然会首先选择这位最高统治者作为第一个教化对象，然后推己及人，成为全天下的典范，大家自然照着至尊的榜样行事。皇帝立"正统"有天意的安排，同时也必须有个人道德的自觉，这就是儒家给皇帝提出的要求，有一种谋求长治久安的谨慎考量在里面。相反，那些装神弄鬼的方士总是想编造一些离奇故事骗取皇帝的信任，就显得太过功利。

"天人感应论"总是关注天象与人事的关联，好像这种联系一贯表现得立竿见影，但在一些人看来未必具有说服力，所以历代反对声音从来就没有消歇过。东汉思想家王充就说过，灾异与人事经常各自发生，并无相互感应的道理。可惜王充这个人太过书生意气，他没有准确把握皇帝相信"天谴"的心理脉搏，因为即使每次灾异发生与政绩实施的好坏并不一定有关，但在众目睽睽之下，皇帝也得摆出一副沉痛自责的样子，才好博得舆论同情。"罪己"俨然成了一门公关技术，变成了皇帝必修的表演功课。令人感到奇怪的是，唐宋以后，"天谴论"的作用在慢慢消失，倒是那些令人赏心悦目的"祥瑞"和承天受命的仪式表演仍然是历朝皇帝难以割舍的喜好，后世仍然不断有人编造类似的政治神话取悦君主，逐渐演变成了一种官场习气。不过从总的趋势而言，"天谴论"最后还是被新儒学的价值观所渐渐取代。

/
政治预言的神秘力量

汉朝创建者出身低微，总觉得光环不够，坐在皇帝的位子上不能让人信服，于是特别喜欢借助各类神秘的外在力量论证登上王位的合理性，伪造各种祥瑞和"天人感应"说的发明从此成了彰显帝王权威的惯用手法。除此之外，皇帝获得"正统"声誉还须另一个重要步骤，那就是想尽办法也要把自己编排进远古圣王的谱系，至少在血统出身上必须打扮成来历不凡的模样，这就像舞台剧表演要扮上彩妆一样。那么，谁来扮演化妆师的角色呢？汉代皇帝最终选中了孔子。众所周知，春秋时期，除短暂的做官经历之外，孔子大部分时间都在乡下教书，只是个民间私人教师。可是到了西汉，孔子却被打扮成汉代皇帝登基制法的神圣人物，这到底是怎么一回事呢？

打开一些汉代文献，汉帝的秘书班子是这样包装皇帝形象的：把汉高祖刘邦纳入一个从远古到汉代的"圣王"脉络。根据古史中"三皇五帝"的传说，汉代儒家大致梳理出八个"圣王"，依次排列下来是黄帝、颛顼、喾、尧、舜、夏禹、商汤、周文王，这八位"圣王"大都是传说人物，儒家秘书班子特别想把刘邦安排在周文王之后，变成第九位受命帝王。无奈前八位的身上都笼罩着炫目的神圣光环，又都握有上天恩赐的信物。证明他们具有在人间行使权威的能力，唯独刘邦身上缺少这层神秘的保护色。

思来想去，儒家创始人孔子被选中作为专门为刘家调制涂抹神圣油彩的"预言师"。孔子从一介布衣突然拥有了如此神力确实有点出人意料。孔子虽在道德教育方面素有口碑，完全当得起"圣人"名号，却始终没当上"圣王"，同样无法安置在八个"圣王"谱系当中。这种"有德无位"的状况看起来有点令人尴尬。汉代儒生后来终于想通了，为了抬升孔子的地位，他们发明了一种二分法，并解释说，孔子并没有觊觎王位的野心，只是一门心思想着怎样为汉朝皇帝服务，因为只有他掌握着预言刘家登基的能力，后人认为这是在皇权之外构建了另外一套权威体系，并起了一个名字叫"道统"。

刘氏皇帝坐着王位，管理官僚机构，掌握着"政统"——指一套融合观念和权力的政治系统，"政统"和"道统"从此形成了一种并列关系。这说明汉儒虽然貌似甘心为帝王服务，却仍想着为先师孔子争得一个与皇帝平起平坐的名分，为他戴上了一顶"素王"的桂冠。"素"是"空"的意思，并不意味着孔子拥有什么实际政治权力，仅仅表示孔子虽无王位，却在思想文化方面拥有"王者"的地位。

在儒家的设计中，持"道统"者管立法，握"政统"者去执行，是既分立又合作的关系。当然，这种"道"与"治"的分工大多是表层现象，皇帝的势力往往会越界渗透到"道统"支配的领域当中，把"道统"的制作权紧紧抓在手里，最后"道"与"政"的分离对抗常常走向"道治合一"的局面，儒家士人最终还是无法摆脱皇权附庸者的命运。

为了论证孔子是"圣人"，汉帝周围的儒家秘书班子可没少费功夫，他们把主要精力花在制造谶纬之书上面。这里简单解释一下什么叫"谶纬"，"谶"是指"预言"，"纬"就是对经书的解读，这两方面结合起来就是把原来的经书文字改写成充满预言味道的各种神话故事。谶纬里面的孔子形象完全不是一个凡人，他做起事来处处带有某种神秘的"仪式感"。其中一个故事说到孔子写完《春秋》和《孝经》，沐浴斋戒后带领七十二弟子面向北辰星站立，曾子怀里抱着记载预言的《河图》和《洛书》，孔子向北辰星拜谢告天，声明制法文献均已齐备。霎时间，天地结合处腾起一片白雾，一道彩虹降落下来，化作一块三尺长的黄玉，上面刻有文字，孔子跪拜朗读："宝文出，刘季握，卯金刀，在轸北，字禾子，天下服。""宝文"是蓬莱山上的神树，代表一种祥瑞，刘邦字季，卯金刀，指的是"刘"字，禾子是"季"字的拆分，这几句文字说出的就是刘邦要当"新王"的"预言"。有一个细节是曾子手捧《河图》《洛书》，这两件宝物原来可是"圣王"才拥有的东西，现在却落到了孔子手里，说明孔子在遥领上天旨意方面具有和"圣王"同等的资格。

这样，皇帝就被成功包装进"圣王"的谱系中了。

/
帝王自带"神迹"光环的故事应运而生

与此同时，汉代儒生制造的纬书还不断赋予"圣王"系谱一些共同的"神迹"，比如某个"圣王"自带感生、异貌和受命这三种神话经历。这些"神迹"都被模仿复制到了孔子和刘家皇帝的身上。

所谓"感生"就是无性生殖的意思。所有"圣王"都没有人类父亲，"圣王"之母或者直接感应上天，或者借用某种神秘力量诞生下某位"圣王"或"圣人"。比如位列三皇之首的伏羲之母华胥氏，就是因为踩中了上帝的大脚印，生下了伏羲；"五帝"之首黄帝的母亲附宝是因为感应了神秘的闪电生下了黄帝；舜的母亲是因"大虹"的刺激而生产。与这些类似，刘邦同样非人父所生，纬书中把刘邦的出生说成是他母亲与蛟龙交合的结果。

所谓"异貌"，顾名思义就是"圣王"的长相与凡人不同，具有神人一般的体貌特征。比如伏羲长成"龙身牛首""龙唇龟齿",身高达到九尺一寸,完全不像个人样。神农的身高也达八尺七寸,面貌长得像牛头龙面。纬书中记载的"五帝"形象都带有"非人"的特征,最普遍的外貌是"龙颜",就是相貌长得像"龙"一样。有了这些记载作依据,司马迁在《史记·高祖本纪》里面才照猫画虎地把高祖刘邦描绘成了一位"龙颜""美髯"的超凡人物,他的左腿上还排列着七十二黑子。有人认为这些怪模怪样的"圣王"形象是从古代神话半人半兽的氏族图腾演化而来。比如《山海经》就说轩辕是"人面兽身",可见"圣王"的各种"异貌"都大有来头。

无论是"圣王"还是"圣人",手里都掌握着上天赐予的权力信物,证明他们足以担当"新王"的使命。这类信物最重要的有两个:一个是《河图》,另一个是《洛书》。《河图》和《洛书》上面到底画着写着什么,早已无从查考,重要的是,经过上天一连串恩赐仪式的加持,这两个信物成为王权受命最有分量的象征。

恩赐仪式显得特别隆重是因为必须经过天帝委派的龙马、神鱼、凤凰、神雀等奇奇怪怪的神兽把《河图》送到某个"圣王"手里。《洛书》则是上天派遣神龟驮在背上,沿着洛水长途漂流而来。

王者受命的故事讲起来真是五花八门,如纬书记载秦王出咸阳,天上突然爆出一串响雷,一团火苗化为白雀,嘴里叼着"丹书"落于秦王的车驾,上面写着秦国将称霸天下的预言。"丹书"就是《洛书》,这次是从天上飘落下来,原来驮《洛书》的神龟换成了白雀,象征意义其实是一样的。还有一个记载,说黄帝得到的《河图》,是一条大鲈鱼驮来的,鲈鱼的鳞甲上写满了文字。

这类通过权力信物获得天命授受的故事无论细节是否经得起推敲,对汉朝历代皇帝的影响都极其深远。刘家可以根据这些神话强化掌权的正当性,异姓贵族当然也可以依葫芦画瓢,借助上天赐予的信物,觊觎皇位,以此改变刘氏一家一姓永久坐拥天下的旧格局。如王莽篡汉前就声称得到一枚白色的石头,这枚神秘石头上圆下方,与众不同,上面用丹书明确写着王莽得到了上天赐予的"符命",应该替代刘家当皇帝。王莽就像一个"符命控",据说手头握有不下十几种"符命",如丹石、铁契、石龟、石书等,不一而足。前面提及汉光武帝刘秀同样借用"赤伏符"的预言称帝,号称自己有资格恢复刘家当皇帝的惯例。

至此大家可能会产生一个疑问,既然汉高祖刘邦都已位列"圣王"谱系,也具备了各种感生、异貌、受命的资历,为什么还需要将孔子打扮成圣人出场为他们抬轿子、当吹鼓手呢?原因有两条:

一是汉朝的开创者文化素养不高,甚至屡次出现鄙视儒生的言行。汉初文帝推行"黄老之治",主要精力都放在休养生息,恢复经济，重建政治秩序上面，没有精力考虑汉朝"正统"如何建立这个关键问题。直到汉武帝当政才开始意识到，刘家的统治要想延绵长久，就必须彰显汉代接续前朝统治具备的合法性。儒生与方士得到重用，儒学被纳入官学系统，都是为汉朝建立"正统"做准备。刘邦被塑造成第九位"圣王"，也是汉代儒生刻意经营的结果。

二是汉朝创建者虽被集齐了感生、异貌和受命三种"圣王"资历，却唯独无法说明为什么只有刘氏家族才有资格替代前朝"圣王"继位。换句话说，有了非凡相貌和上天符命的安排，还需要想办法证明前朝"圣王"的权力为什么偏偏会轮转到刘家而不是落入别人之手。刘家人不能大言不惭地跳出来自吹自擂，夸耀身上拥有权力的光环，理所应当成为"圣王"的继承人，他必须选择一个鼓吹手来完成这个任务，帮助策划"新王"登基和改制的大纲领。作为汉武帝的政治顾问和改革设计师，董仲舒当然希望为"新王"预言改制的权力能够顺利移交到孔子手中。

可是新的问题又随之出现了，如果孔子原来只是一名普通的民间教师，他怎么有能力承担这么重要的职责呢？为了填补孔子仅仅是凡人这个漏洞，汉代儒家与方士联手，模仿"圣王"神话，编造出一系列山寨版的孔子感生、异貌和受命故事。在"感生"这个环节，纬书说孔子母亲在野外梦见黑帝与她交合，醒来后生下了孔子，这个情节与"圣王"无父降生的神话极其相似。

孔子的相貌也与常人不同，纬书形容他"立如凤峙，坐如龙蹲"，颜面像龙，手掌如虎，还有什么"眉十二采，目六十四理"之类让人摸不着头脑的玄学描绘。孔子最与常人不同的关键特征是胸前刻有"制作定世运符"这几个字，明确表示负有特殊使命，那就是作为黑帝之子，因天命所生，虽然不能继承周朝而拥有天下，却专门为刘家制法而来。

孔子另一个"受命"神话是"西狩获麟"，纬书中说，有一天孔子梦见丰沛这个地方突然升腾起一团红色烟雾，赶忙叫上弟子颜渊和子夏前往察看，他们驱车到了楚西北地界，正好看见一个小孩子打伤了一只麒麟的左前脚。孩子用一堆柴禾把这只麒麟隐藏了起来。一看到孔子过来询问，只好掀起柴堆，那麒麟看到孔子，嘴里徐徐吐出三卷书册，宽三寸，长八寸，每卷上有二十四个字，内容写的是"赤刘当起"的预言："周亡赤气起，火曜兴，元邱制命，帝卯金。"大意是说代表木德的周朝灭亡后，轮到位居火德的汉朝继之而起，"元邱制命，帝卯金"这句话，前三个字是指孔子名"丘"，出来担任制法之责，后三个字说刘家要当皇帝。孔子捧起这三卷书，宛如"圣王"接受《河图》《洛书》的仪式，唯一的区别是"圣王"一般由神龙、神龟、大鱼、凤凰充当使者，传递天意，孔子则靠麒麟接受制法的符命，麒麟是周代的祥瑞之兽，暗示孔子本应继周代当"圣王"，但是因为麒麟被小孩打伤了，导致孔子虽有高贵的道德却无法获得王位，所以后世尊称孔子为"素王"，只能掌握"道统",承担"思想之王"的责任。

至此我们大致应该明白了,儒家创始人孔子之所以被尊为"圣人"而不是"圣王",是因为汉朝皇帝不好意思直接跳出来吹嘘自己有资格与"圣王"并列,或自封为"天子",只好把孔子推到前台,扮演与上帝沟通的高级"巫师"角色。孔子及其继承人无论被尊奉到什么程度,最终仍是为王权获得"正统"地位服务的,不可能拥有完全独立的社会地位和思想自由。尽管如此,历代由儒生组成的士大夫阶层仍然经常利用"道统"继承人的身份,遵循孔子的教导,持续不断地对王权的各种不当行为发出批评声音,构成了"道"与"势"的持久对抗态势。

/
皇帝立"正统"的规矩在宋代以后改变了

汉朝皇帝推翻秦朝统治登基后,总是为是否有资格当皇帝感到惶恐,缺乏必要的安全感。方士和儒生揣摩准了皇帝的心思,刻意编造出许多汉代君主承天受命的神话故事,把汉帝刘邦这个凡人成功抬进了"圣王"殿堂。"五德终始说"就是为此目的发明的一套思想体系。汉代以后的帝王大多以此为标准评估本朝的运势。

然而,"五德终始说"一直存在着一个致命缺陷,那就是它预设每个朝代都必须按照金、木、水、火、土的交替运行规则不断循环演化，这就意味着，无论哪个王朝的皇帝都不可能万世一系地统治下去，到了某一时刻，他肯定会被另一个姓氏的帝王所取代，这显然无法满足刘家希望无限延绵家族统治的野心。西汉后期，王莽就是利用了"五德终始说"的这个漏洞为篡位大造舆论，东汉光武帝反过来同样利用符命预言重新夺回了刘家政权。

魏晋南北朝和隋唐时期虽然仍不时有君主模仿汉朝帝王寻找在"五行"运转中的位置，但是这类理论越来越难以引起人们的兴趣，到了宋代终于有人站出来公开质疑。北宋王安石就喊出了"天变不足畏，祖宗不足法，人言不足恤"的"三不"口号，表示灾异现象不用惧怕，祖宗之法不须仿效，人言议论不必理会。北宋大儒欧阳修专门写了一篇《正统论》，其中有一个观点是这样说的，自古以来，那些称王称帝的人主要依靠足够的道德修为，或者特别善待百姓，才有资格承受天命，这种德性是慢慢长期累积起来的，怎么可能提前在一个固定的循环系统中预支某个位置？那些方术预言家一会儿说这个皇帝应该登基，一会儿又说那个皇帝应该失位，显然毫无根据。

正是因为洞察到了"五德终始说"的不合理之处，欧阳修提出要获得"正统"必须具备两条标准：一是要"居天下之正"；二是要"合天下于一"。前一条说的是任何帝王掌权都要堂堂正正，具备高尚德性；第二条是说帝王要想获得"正统"就必须占有足够辽阔的疆域，这两个条件缺一不可。欧阳修提出的标准改变了汉朝树立"正统"必须借助神秘外力的旧规矩。

　　汉朝的正统观假设帝王受到上天特殊垂顾,受命统治人间,不需要在主观上做出什么努力。董仲舒倡导"天人感应说",尝试用灾害的外力压迫威慑帝王承担责任,检讨施政得失,却并没有要求帝王在塑造道德人格方面做出任何承诺。欧阳修却坚持每个帝王都要不断检讨自己的言行是否符合儒家制定的标准,这样一来,"统"的正与不正就与帝王是否能够做到道德自律挂起钩来,而不是被动受到神秘预言的支配。

　　在欧阳修的眼里,凡是不符合这两条标准的王朝都没资格进入"正统"行列,他称这种现象叫"绝统"。比如西晋、三国和五代时期,或是君主道德有亏,或是国家四分五裂,都不能叫作"正统"王朝。概括起来,欧阳修的"正统论"更加注意帝王如何通过道德修养争取世道人心的支持,不太在意某个王朝的君主是否天生具有高贵的血统来历,这就是"居天下之正"的新意之所在。

　　"正统"中的"道义"内涵被反复强调,还反映在区分"正统"与"霸统"的讨论当中。北宋人章望之就认为,只有凭借功德获取天下的尧、舜、夏、商、周、汉、唐、宋这几个时期可以称作"正统",靠暴力夺取政权的王朝如秦、晋和隋朝,只能叫作"霸统",意指这些朝代的帝王没有推行"德政",因此不能获得"正统"的好名声。

　　需要略加澄清的是,南北宋士人对"正统"的理解并非一致。北宋儒家如撰写《资治通鉴》的大儒司马光就坚持，只有实现了"九州合为一统"的状态才能称得上"正统"，否则即使贵为天子，也是有名无实。这是把"合天下为一"的空间统一性摆在了首位，至于那些处于分裂时代的政权到底有没有"正统性"，意见分歧很大。比如东汉以后分裂为魏、蜀、吴三国，到底谁应居于"正统"之位，历代一直争讼不休，没有定论。东晋史学家习凿齿将刘备建立的蜀汉立成"正统"，晋朝接的是蜀汉的"统"。而《三国志》的作者陈寿认定北方的魏国才是"正统"，因为蜀汉只占据了四川一部分，地盘太小，属于偏安政权，所以不具"正统"资格。

比较有趣的是，在对待魏、蜀、吴三国谁是"正统"的问题上，南北宋士人的认识差异很大，朱熹在《资治通鉴纲目》这部著作中谈到三国史事时，就把蜀汉当正统，与北宋司马光在《资治通鉴》中视曹魏为正统的情况大异其趣。后人分析原因时说道："温公（司马光）为北宋臣子，北宋建邦中土，其国势类乎魏，故温公《通鉴》，以魏为正统。朱子为南宋臣子，南宋建邦江左，其国势类乎蜀，故朱子作《纲目》，以蜀为正统。"（张宗泰：《通鉴论正统闰统》，载饶宗颐《中国史学上之正统论》）道理在于，司马光生活的北宋，帝在北方，尚有些"大一统"的模样，在书写三国这段历史时，自然偏向于同情占据北方的魏国；朱熹则把盘踞四川的蜀汉挪移想象成南宋以自况，因为两者都是僻居南方一隅，无"大一统"气象，蜀汉承载的是汉家王室的遗命，南宋则被想象成"道统"的直线单传而不绝,两张面孔摆在一起既相似又相怜。

北宋建立初期,虽然遭到辽金的反复入侵,但开疆拓土后占据的地域范围并不局促,国势勉强还能当得起"大一统"名号,他们把魏国当作"正统",收藏的是那段北宋初年占据大片疆土的辉煌记忆。当南宋彻底沦落成偏安政权以后,按钱锺书先生的精妙比喻,宋太祖当年那张卧榻更从八尺方床收缩而为行军帆布床了。躺在行军帆布床上的人自然不敢奢望有"尊王"的体面,却又心有不甘,于是才想起用妖魔化辽金异族的手段,把他们都想象成野人怪兽,来勉强维持那早已脆弱不堪的文化自信心。

那些仍然怀抱恢复北宋一统旧梦的新儒家,当然很容易与困居西南的蜀汉政权发生共情。这种失落心态更促成他们扎紧与金朝对峙的边界樊篱,在对外战争不断受挫的情境下,更加强调坚守道德伦理的重要性,经常催发出一种莫名的悲情与感动,以弥补疆域萎缩带来的心理失落感,笔者称之为"文化心理补偿机制"。

南宋儒家声称独自构筑了一条由先秦到宋代的"道统"谱系,同时又声称这个谱系只有汉人才能独享,把其他少数族群统统划归进了野蛮人序列,彻底排斥在外。有人说南北宋儒家的区别是北宋重"尊王",意思是那时候宋王还有点天下共主的气象,南宋偏"攘夷",那是因为国土过于狭小,不得不高喊道德口号来掩饰自信的缺失。

宋人特别重视道德修养还表现在北宋欧阳修编纂《新唐书》时，开始有意识地把《旧唐书》中有关灾异天谴的文字全部删除掉。这样做的理由是，如果统治者每次遇到灾难都要与施政效果一一对应检讨，那么这个统治者就会变得懒惰消极，不负责任，只是装模作样地做出一番改正错误的姿态，被动敷衍一下了事。灾难一旦过去，就会故态复萌，仍然无法深刻反省自己的过失。

欧阳修的疑虑并不是没有道理，如果一个君主的日常生活大部分时间都处在无灾或少灾的状态，只满足于遇到突发事件才反省自己，这样岂不是有为君主开脱责任的嫌疑，鼓励他们即使犯了错误却不必悔过。如果把上天看作像人一样有个性、有意志，可以随意决定人世间的命运的对象，那么除用灾难示警之外，似乎没什么好办法来抑制君主步入邪恶之途。

既然如此，欧阳修建议换个思路，在他看来，"天"并不具备人的意志和性格，只遵循自然的法则运行，无法绝对控制人的言行，如此一来，"天"就从主宰世界、威力无穷的人格神，一下子跌落到了看不见摸不着的混沌状态。这个面目模糊不清的"天"到底是什么？其实就是自然蕴育出的一种神秘的"理"。这个"理"体现的不是神圣意志，而是必须经过人的主观能动去认知的对象。一个君主不能在遭遇灾难时才被动反省，而是应该时刻通过提升道德修养去发现这个"理"。只有找到这个

"理",才可能使自身与"天"的规律协调一致。

从此之后,中国思想史发生了一场翻天覆地的变化,从被动接受"天人感应"开始迈向寻求"天人合一"的新境界。这个转折发生的直接后果是,既然皇帝不再按照"五德终始说"的循环规则安排与"圣王"接续的位置,当然也就不会相信灾害的降临就是上天对君主发号施令。恰恰相反,君主出现过失完全是自身道德修为达不到儒家的要求。"天"在人性自我反思的过程中越来越失去权威,变成了一个模糊的背景。原来那些靠解释天意喜怒骗取帝王信任的儒生方士纷纷改弦更张,另谋他途。宋代以后,儒家一个重要举措就是清除那些掺杂在圣贤书中的怪力乱神故事。

/
好谈"大一统"的清朝人

前面说到,欧阳修为"正统"树立了两条标准,第一条是"居天下之正",统治者需要具备道德自省的能力;第二条是"合天下于一",帝王必须拥有广大统一的疆域。第一条其实是专门为宋明新儒家的崛起做准备的,他们通过编织出一个自先秦到宋代的儒家"道统",垄断了"什么是道德"的解释权。只有汉人才配说明这个"道统"到底是什么意思,什么人有资格在里面占据一席之地,其他少数族群从此被排斥在"道统"之外。在宋明新儒家的评价体系中，北方的辽、金政权和东北的满人集团肯定没有传承"道统"的资格，他们据此建立起了貌似强大的文化心理优势。

然而，每当议论起欧阳修所标榜的"正统"第二条标准时，宋明新儒家却又无不感到心虚气短，因为从北宋到南宋，帝国统治的地盘一直呈现日益缩小的态势，宋朝的西部和北部长期被西夏、辽、金政权所包围，南宋后期更是连遭女真人和蒙古人的打击，勉强困居在江南一带狭小地域直到灭亡。明代后期几乎完全复制了南宋政权的落魄窘态，北部一直受到蒙古残部的袭扰和满人势力的巨大威胁，早已失去拓展疆土的信心，大多数时间处于苟延残喘、得过且过的状态。因此，宋明两朝从皇帝到士人大多避谈欧阳修"正统观"的第二义，避免触碰无法拥有汉唐般辽阔疆域这条敏感神经。

在中国古代"正统观"的最早论述中，"一统"本应成为第一要素。《史记·秦始皇本纪》中有一句话概括秦始皇的政绩，说他议"海内为郡县，法令由一统"。自秦朝兼并六国，"大一统"就成为一个王朝获得"正统"地位的最重要根据，汉代以后更是建立了"政教合一"体制。东汉经学家何休有个对"大一统"的解释，他说："夫王者，始受命改制，布政施教于天下。"（《春秋公羊传注疏》卷一）意思是说，王者接到上天的指令，奉命改造旧制度，把政治与教化秩序统合在一起后，才具备"大一统"的资质。

第二章　为什么古代帝王都要立"正统"　　111

到了汉代,"大一统"又增加了一层意思,那就是王者必须使思想统一于某个中心,汇集在以孔子为首的儒家思想旗帜之下,不得另搞一套体系。西汉王吉概括说:"《春秋》所以大一统者,六合同风,九州同贯也。"(《汉书·王吉传》)"六合同风"是指政教被统摄于一种风气之下,"九州同贯"指的是疆域整合划一,两者大致相互匹配。只不过自汉朝以后,各个朝代的疆界一直处在分分合合的状态,有学者估算,中国历史上分裂的时间要比统一的时间更加漫长,这就迫使大多数帝王无法选择"统一"作为"正统"观念的第一选项,只能刻意寻求"正统"的其他要素作为建立政权的合理思想支撑,比如强调是否具备优秀道德来弥补疆域缺失的困境。宋明新儒家打起了"攘夷"旗号,拼命贬低北方少数民族的文化地位,即是出于这个目的。满人入关后首先需要面对的就是这份宋明新儒家的文化遗产。

与宋明朝廷在军事表现上的孱弱无能不同,清朝帝王四处开疆拓土,逐渐把蒙古、新疆及西藏这些边陲地区统统纳入帝国版图,重新建立起了具有"大一统"气质的新王朝。如果以中国历史上实际控制的最大疆域范围估算,乾隆二十四年(1759)平定天山南北准噶尔部之后,清朝才真正实现了一统天下的目标。清代以前,汉唐虽有帝国之名,却面临北方匈奴、鲜卑和突厥的不断袭扰,藩镇之乱导致唐朝最终分裂崩解。宋朝与辽、金一直呈南北对峙之势。元代开疆拓土,势力远达中亚，但大多数地区依赖羁縻模式进行松散管理，并不具备实际控制效力。明代居然让蒙古一部的瓦剌掳走了皇帝，重蹈宋朝徽、钦二帝被俘的覆辙。尽管明太祖把"驱除鞑虏、恢复中华"，实现"大一统"的口号高喊得尽人皆知，却更像是纸上谈兵。与前朝相比，清帝似乎更有资格自许实现了历代帝王梦寐以求的"大一统"目标。

清代"大一统"步骤的实施却经历了异常艰难的过程。入关后，清朝统治者面临的最大挑战是，满人以异族身份统治中国，在宋明新儒学的"道统"谱系中，他们是无法获得"正统"地位的。如果不能解释清楚为什么满人能够同样获取原本汉人独享的最高权力，就无法彻底摆脱文化自卑感，汉人经常讥讽满人不过是浑身沾满膻腥臭味的野蛮民族，只是依靠蛮霸之力侥幸夺得天下，与汉人的"王道"统治不可同日而语。

为了证明满人与汉人相比，同样有资格获得"正统"，清朝皇帝发起了一场声势浩大的舆论造势运动，他们急于让世人相信，定义"什么是正统"不能仅仅依靠宋明文人空乏无力的道德说辞，只有实实在在占据足够广大的空间，才是获得"正统"地位的先决条件。儒家道德修养如果没有"大一统"的治理实力做基本保障，那也只不过是某个偏安政权行将就木前的自我安慰罢了。

清朝皇帝心里明白，要想在短时间内改变汉族士大夫对满人缺乏教养的印象无疑非常困难，因为宋明以来的士人阶层已经形成了某种固化偏见,他们坚信,但凡属于非汉人的异族均没有能力也不应该成为华夏族群中的一员。满人入主大统是对这个传统规则的破坏,自然要痛加口诛笔伐。如果要尝试对这类僵化思想发动有力反制,就必须从宋明儒学内部寻找思想破绽,经过批判修正后为己所用。把"大一统"思想当作建立"正统"的第一要义,正是操戈于儒家内室的一个重要步骤。在清帝的授意下,清朝士人拼命论证"大一统"观本来就是汉代儒家发明的杰出思想,结果却被宋明理学家故意篡改糟蹋,在很长一段时间里湮没无闻,所以有必要把这个尘封多年的历史观重新打捞发掘出来,加以重点宣传。

有趣的是,清朝的几个皇帝对儒家思想的评价并不一致。比如康熙帝就特别推崇宋明理学,他的想法很简单,要想赢得汉族文人的支持,就要摆出一副谦虚学习的姿态,哪怕是刻意模仿也要表现得认认真真,有模有样。到了他儿子雍正帝执政的时代,情况发生了变化,因为这时候突然出现了一件谋反大案,这件案子的起因是,湖南乡绅曾静受到江南大儒吕留良"攘夷"思想的熏陶,断定满洲皇帝出身夷狄,根本没资格统治中国,于是策划鼓动川陕总督岳钟琪起兵反清。这时候,离满人入关已近百年,雍正帝惊讶地发现,汉族知识界仍然秉持着宋明新儒家排斥异族的顽固立场,这才觉得康熙帝是好心办了坏事。为了彻底消除"夷夏之辨"的残存影响,雍正帝亲自设计了一场特殊审讯,以皇帝的至尊身份,与狱中囚徒曾静反复辩难长达一年之久，最终冲破了曾静的心理防线，使他彻底放弃了仇视满人的立场。

曾静案的成功裁断使得雍正帝的后继者乾隆帝意识到，如果真想建立举世公认的清代"正统"，就必须彻底清算宋明理学中对满人统治不利的叛逆思想，同时也不能彻底脱离儒家传承的脉络另起炉灶。乾隆帝采取的办法是反向超越宋明时期，回到更为遥远的汉代，极力证明汉代经学遭到了宋明理学的歪曲。其中一个最核心的举措就是重新恢复和提倡"大一统"思想，明确表示清代皇帝正是汉代历史观的合格继承人，这个举措的最大贡献是真正实现了"六合一家"，这与汉代名臣王吉赞颂汉帝"六合同风"的表述非常相似。

纵观中国历史，宋代以后，把"大一统"观从纸上谈兵的文字想象转化为疆域的实际统治，最终是由两个非汉人政权完成的。一个是蒙古人统治的元朝，另一个是满人掌权的清朝。元清两朝立统均首重疆域空间的广大，而不重"五德终始说"的时间循环，把"大一统"观作为建立"正统性"的首要依据。元朝文人陶宗仪在《正统辨》这篇文章中曾说："然则论我元之大一统者，当在平宋，而不在平辽与金之日，又可推矣。"夸耀的是真正把北方辽金与南宋领土全部收归于统一疆域之内的功绩。同时陶宗仪也说"道统者，治统之所在也"，其中流露出受宋代"道统"论影响的深深痕迹。

清代在阐释"正统论"时同样具有承担"大一统"使命的

自觉意识，如雍正曾点评道："汉唐宋全盛之时，北狄西戎世为边患，从未能臣服而有其地，是以有此疆彼界之分。"可是到了清代就完全不一样了。"自我朝入主中土，君临天下，并蒙古极边诸部落俱归版图，是中国之疆土开拓广远，乃中国臣民之大幸，何得尚有华夷中外之分论哉！"（《大义觉迷录》）表明清朝版图已远超汉、唐、宋等朝的规模，喻示着只有清朝才具备恢复以"大一统"为正统观依据的能力。可见，"正统观"的演变如同一面多棱镜，折射出的是不同时代帝王的实际政治需求。

《大清一统志序》中有一句话称清朝"幅员袤广，古未有过焉"。意思是从古至今，从来还没有一个王朝像清朝这般拥有如此辽阔的土地。还有一些惯于拍马屁的文人如史学家赵翼，甚至提出了一个地缘政治学理论，大意是说从唐朝开元、天宝年间算起，"王气"的兴衰是由一条"地气"迁徙的路线决定的，那时的长安地气蕴积丰厚，呈现出一股到处开疆拓土的强势气象，后来却因"王气"黯然，每况愈下。直到满洲从东北崛起，才实现了"王气"从西北向东北的转移，重新迎来了中国历史的大变局。（赵翼：《廿二史札记》卷二十，"长安地气"条）

赵翼的"地气说"改变了以往文人奢谈"正统"必以"南北"政权对峙为基本参照系的做法，这套历史观常常把"江南"当作文化中心，背后蕴藏着汉人对北方少数族群的歧视心态。一旦确立东北与长安一样同属"王气"发源地，就等于打破了汉人文化的核心垄断地位，对"什么是正统"的理解，也随之转移到阐释"大一统"重要性的新方向上来。与重新塑造的"大一统"标准相比，"江南"虽然仍被当作文化中心，从此地传播开来的宋明新儒学，却已不再成为清朝官方意识形态依靠的唯一思想来源。

另外一个明显变化是，清朝统治者大力宣扬"圣人不必出于一地"的思想。据古书记载，古代传说中的"圣王"或者"圣人"一般都出生在西北和中原一带。自秦代至宋明，历代帝王也把关内关外的区隔看作阻断汉人与夷狄来往的天然屏障，严守夷夏樊篱的界线，慢慢形成了浓厚的"地域歧视"思维，凡是在关外出生的君主，哪怕他们占据中原的华夏起源之地，也没资格进入内地圣贤殿堂，获得"正统"地位。

曾静谋反的念头，也是源自夷夏分际如阴阳两隔，不可混淆，夷狄即使夺得天下，照样不配当"中国人"这个根深蒂固的传统观念。雍正帝反驳的理由是，如果"圣人"只能选择关内之人，那么万一某个汉人皇帝号称继承的是圣王血脉，实际从不勤勉执政，是不守道德的昏君，那么，这种天生的"血统论"岂不成为荒淫无道君王的护身符了吗？我们还有什么必要为这种昏君辩护，难道只因这些君主先天拥有一个华夏民族的身份？雍正帝又质问道，如果一个"外国人"入承大统却励精图治，严守圣贤制定的道德标准，却仍得不到汉人士大夫的认可，这难道真的公平吗？雍正帝的这番质疑无疑戳中了汉人士绅阶层的思想要害。

经过一番激烈的内心挣扎，曾静终于承认，盲目借用宋明夷夏观去评判清朝统治完全是由于目光短浅，不知圣人诞生，原本不必严分东西南北，关键在于是否有能力融合不同族群为一体，为各民族发展寻求共同利益。清帝通过论证圣人不必出于一地的观念，洗白了满人的"夷狄"身份，为清朝获取"正统"制定出新的游戏规则。

/
"大一统"观支配着中国人的思维

"大一统"观被世人公认的思想价值，在于对统合广大疆域领土十分有利。从满足皇权自尊心的角度来说，一统天下十分风光体面，也可借此验证自身权力达到了巅峰。康熙、乾隆帝在各种文告上谕中不止一次宣称，这是清朝远超前代的伟业，无人能及。这番自信言论看上去似乎颇有道理，不过也有人质疑，过度"统一"势必带来加强思想控制，人们难免要为此付出不自由的代价。

清朝曾发生过多起文字狱，一般人单纯认为这是满人皇帝迫害汉族文人的举动。如果换个角度观察，文字狱的频发与"大一统"思维或多或少都有一定关联。宋明两朝的统治者极力排斥少数族群，在宋明新儒学占主导地位的语境下，一旦涉及民族关系就只能谈论"夷夏"之间的对立。

满人入关后高举"大一统"旗帜,首先必须在历史书写方面清除汉人以族群差异划分敌我边界的僵化思维。乾隆帝督导纪晓岚编纂《四库全书》,大量删除"虏""胡"等侮辱少数族群的字眼,表面上似乎有净化夷夏对立思维的作用,有利于建立多民族共同体的一统事业,却也篡改删削掉了大量真实记录,掩盖了不少历史真相。

"大一统"观对世道人心的束缚还表现在培养了稳定高于一切的政治思维,甚至不惜以牺牲舆论和人身自由为代价换取社会的暂时安稳局面。"大一统"思维在清初就已展示出收编不同意见的强悍能力。比如那些晚明遗留下来的士人一度坚持"夷夏之辨"的陈旧观念,把满人等同于野蛮人,极尽侮辱之能事,似乎与清朝皇帝势不两立,没有妥协通融的余地。可是在反思明朝为什么灭亡这个问题上,明代遗民与清朝统治者恰恰站在了同一立场之上,形成了诡异的趋同效应。

晚明遗民纷纷认为,明朝之所以灭亡是因为士人在思想上像个巨人,在行动上却如侏儒。罪魁祸首就是明末活跃在基层的各种讲学社团,不断招徕各地名儒学子,到处空谈心性之学,在治理国家方面却拿不出什么具体有效的实施方案。清朝统治者从"朋党"网络横行导致政治衰败的角度批评晚明讲学风行,与明代遗民的反思路径并无太大区别。

面对清朝的强势统治,明末清初士人的心理状态是相当复杂的，在他们的心目中，满人所表现出来的"尚武"精神一方面显得野蛮强悍，缺乏文明教化的洗礼；另一方面，充满原始质朴情调的满族特性又呈现出简捷有效的经世致用风格，不能不说具有一定吸引力。至少对晚明江南汉人知识阶层的奢靡柔媚之风是一种纠正和补充。所以，清初汉人遗民的反清情绪经过一段时间的短暂宣泄之后，就在官方舆论的巧妙引导下被悄悄化解了。

第三章

儒法思想：
从寻求差异到彼此互补

前两章我们重点介绍了中国人所处的空间位置，以及古代早期世界观形成的一些问题，无论是"天下""九州""五服"，还是"正统""大一统""星野"，这些概念均出自古人对宇宙的认识，也就是古人的宇宙观。在世俗社会，古代圣王按照血缘关系远近构想出了一套人间等级秩序。但从这一章开始，我们将更多地讨论先秦最有影响力的两个思想流派——儒家与法家是怎样阐述自己治理天下的构想的。如果说以往探讨的中心议题是君主与上天沟通的手段与途径，或者协调人与天地关系的方法，那么这一章我们将关注中国古代社会人与人之间的相处规则是如何建立起来的。

人们常把中国社会形容为一个"熟人社会"，在发生纠纷时，本应通过法律处理的事情，古人往往习惯依靠身边的亲情关系网络来解决，并不太需要官方法律程序介入。这看似是个人偶然做出的决定，实际上却非常符合中国数千年传统积累下来的思维和行事习惯。中国古人的任何言行表现都必须服从熟人之间交往的需要，所谓"思想"就是日常生活经验的归纳和提炼，也是儒家最引人注目的世俗特征。先秦儒家并没有形成抽象的形而上学解释体系，儒家先师表达的想法几乎全部依赖他们平常的处世原则和个人感悟，努力回答的都是诸如一个人怎么对待父母、兄弟、夫妇、朋友这些极为琐碎平凡的生活问题。古代思想的书写体例不过是先师与弟子的对话记录，或者是后人总结下来的圣人格言。

钱穆先生对中国思想的特点曾有一段精彩的概括，他说："我们中国人一向不大喜欢说，某人的哲学理论如何好，或某人的思想体系如何好，却总喜欢说某人的德行如何好。德行在人生中的意义与价值，更胜过其思想与理论，这一层意见之本身，即是思想。"钱先生又说，中国人谈人生真理，不大喜欢讲信仰，最喜欢聊体验。体验是实实在在表现在自己身上，当下就可以得到验证的，要不信都不行，然后在可证可验的事物上求充实、满足、推扩和进步。这就是为什么中国思想的书写总是像格言的汇集，零零碎碎，各不相顾。好像是些平浅武断神秘的经验之谈。所以，有人怀疑中国一向没有哲学，也没有系统严密的思想，其实，这是中国人把行为实证与语言思想融合成一片，相顾并进的结果。（钱穆：《中国思想通俗讲话》，生活·读书·新知三联书店，2013年）

/
周代礼制秩序如何塑造儒家观念

要了解儒家创始人孔子的学说，必须明白一个道理，那就是孔子首先是周公思想的复述人与继承者，其次才是儒家的创始人。这个判断出自孔子说过的一句话："郁郁乎文哉，吾从周。"周武王的弟弟周公为周朝建立后的管理发明了一整套礼仪制度，他坚信，通过繁复华贵的祭祀仪式能够博得上天的欢心，对周朝的统治大有好处。周礼诞生于周公举行的告天仪式，其中包含一套复杂的典章规则，是在延续了商朝成法的基础上又有所更动革新。商朝人祭祀的目的是与鬼神沟通交流，更像是一场巫术表演。周代祭祀的目标开始从祭拜上天转移到敬奉祖先，形成了以血缘宗法为核心的新型祭祀体系。

商代祭司阶层分成祝、宗、卜、史等几种职业类型，早期中国的官制没有形成精细的专业分工，这些祭司大多隶属与祭祀相关的组织和执行机构。有人说最早的"儒"出自"王者之官"，是一种"术士"，位属高级公务员，甚至有人考证出"儒"就是巫者头上戴的一顶帽子，这至少说明"儒"是祭祀仪式的执行者之一。至于"儒"到底与祝、宗、卜、史哪个具体职位相对应，因缺乏史料，很难做出精准判断。如果说古帝王是祭祀这台大戏的主角，那么"儒"至少是调度灯光布景和渲染气氛的舞台设计师之一。

但也有人发现，"儒"与商周时期那些为王者预测吉凶的巫人术士还是有些区别的，"儒"不但关注"天"与"地"的关系，还在祭祀仪式中慢慢开始重视"人"的作用。汉代的扬雄就说过，在天地之间充当中介的人只能叫"伎"，能够同时沟通天、地、人三重关系的联系人才配称"儒"，说明"儒"已经具有了二重性。一方面他要执行帝王交给的神秘任务；另一方面还同时负责与人相关的世俗祭祀活动，其中最重要的一项内容就是"祭祖"。在远古时期，祖先一旦离世即被认为进入了鬼神世界，尊奉祖先与祭祀鬼神虽不是同一回事，性质却有相似之处。

儒家坚信，通过祭祀死人能为活人的生活提供有益的心理安慰。孔子就觉得"鬼神"是一种"气"的存在，众生死亡以后，化身为"气"，活人虽然无法看到，却能感受到"气"在身体周围运动，承受活人对它的崇拜，这种活人与死人之间的感应过程成为举办祭祀活动的理由。在后人的印象里，孔子好像不太愿意谈论"鬼神"和"死亡"，《论语》中，孔子一直在强调"未知生，焉知死"，"不语怪力乱神"，但孔子说出这些话的时候，恰逢春秋礼崩乐坏的特殊时期，并不代表早期儒家忌讳讨论鬼神之事。因为"儒"本就起源于祭司阶层，他们的言谈话语不可能彻底回避这些神秘主题。

那么，周公到底有什么精彩思想值得如此大费周章地彰扬呢？王国维先生对此有一段精妙解释。他在《殷周制度论》中断言，中国政治与文化的剧烈变革，就发生在殷周鼎革之际，

商、周两代的制度从此发生了根本改变,其转折大体表现在两个方面:

一是商朝人的信仰仍然处在自然崇拜阶段,天神的性格喜怒无常,人们只能顶礼膜拜。周人虽然同样敬畏上天,却开始更多融入人世间的价值判断,例如突出强调道德在崇拜神灵过程中发挥的主观作用,而不只是被动无脑地盲目信奉,无条件地相信鬼神的力量和人在祭祀中的主动参与是殷周信仰体系的最大差异。

二是周人设立了嫡长子继承制度,嫡庶之别表现在嫡子为大宗,庶子为小宗,嫡子继承父亲的资产,在政治领域中的表现就是封建宗法制度的诞生。在这个制度支配下,周王根据嫡庶亲疏的远近分封诸侯之国,让他们各据四方,形成上下尊卑的差别体系,并根据等级高低安排不同的祭祀礼仪。诸侯对天子而言是小宗,各诸侯之位同样由嫡长子继承,对其他众子来说又是大宗;卿大夫之位由嫡长子继承,其关系向下类推就是相对于诸侯是小宗,对本族而言又是大宗,这样一级压一级,层层环套,构成严密的血缘圈层关系,这就是周公"制礼作乐"的要义之所在。"礼"的亲缘关系与政治约束体系配合对应,周王是大宗主又是政治首领,被赋予双重权威,亲缘关系的凝聚组合是区分尊卑高下的根据,大宗、小宗关系支配下族人的权利义务与统治权、财产权的分布与安排相互交织在一起,不得擅自僭越违反。

周公的主要功绩，就是把天子、诸侯、卿大夫、士庶妥当安排进一个"道德团体"之中，制定相应的礼仪标准来加以管辖，形成严密的等差次序。从此中国进入了一个以人际关系为主导的社会发展新阶段，走上了以道德代替宗教的道路，这与西方教权与王权分立的政治演变模式迥然不同。

在周公制礼之后，周朝人心目中的"天"已不仅仅是殷商时代那喜怒无常、凛然可畏的"神格"存在，它还具备一种拟人化品质。也就是说，"天"可能根据人的善恶表现施加赏罚奖惩。这样一来，周人对"上天"的膜拜就不是简单屈从它的威力，而是要时时检讨自己的言行是否符合世俗世界的道义标准，以避免遭到上天的责罚，这就是"皇天无亲，惟德是辅"的意思。

周公最重要的发明是以"德"配"礼"，"礼"不是单纯调动身心情绪去盲目崇拜某个神灵，而是要检讨自身的内在品德是否符合上天的期待和要求，加入了神灵对个人行为和品性进行褒贬评价这个新因素。周公以前，夏、商两代不能说没有设立过鼓励民众遵循的日常言行规矩，却缺乏赋予个人品性勇敢、公正、智慧的价值评判准则。

以"德"配"礼"的这个"德"，最初走的是君权神授的路径，上天对君主权威的认可建立在对个人品格的肯定基础之上，君主权威有了上天的授予，才真正具备在人间施政的资格。周朝取代商朝之后发动了不少宣传攻势，大力贬斥商王的治国理政纯属"暴君"所为，必须由周王取而代之，才能维持长治久安。

周公制定的礼仪原则以"孝"为核心价值，"孝"这个概念在先秦时期被贵族阶层完全垄断。"孝"一方面是贵族们感念祖先恩德的思想根基；另一方面他们做出对祖辈尽责的姿态，其目的完全是维系累代世守的福禄利益。

/
孔子首度发明"仁"，开始关注人的内心修养

自周平王东迁以后，"儒"的命运开始发生重大转折。此时的周王威信大大下降，权力逐渐被各家诸侯分割夺取，只有名义上的王者地位，已经无法垄断对上天鬼神的祭祀权，记载祭礼程式的典章文献纷纷散落民间，祭司阶层的地位大不如前。这种礼崩乐坏的局面，从孔子由贵族阶层沦落为民间教师的尴尬境遇中就能透射出来。孔子恰恰就是在这个转变期，承担起了"礼失求诸野"的责任，在民间通过教习私家弟子，复述和传承周公残留下来的礼仪规矩。

孔子与周公的不同之处在于发明了"仁"的思想，为了配合礼仪的举行，周公曾朦胧产生过培育君主内心道德的念头，这个想法仅仅处于萌芽阶段，没有做出明确系统的阐述。与周公相比，孔子集中阐发"仁"对培养一个人的道德意识的重要作用。同时，孔子还阐明内心涵养如何与外在身体规训相互协调，达到身心一致。内心的"仁"是为外在的"礼"服务的。孔子概括两者的关系是"克己复礼为仁"，明确告诉弟子，坚定恢复周礼就是"仁"的表现。

"仁"与"礼"既有联系又有区别，"礼"是外在的举止，"仁"是内在的修养。"礼"是君主与上天交流的媒介，"仁"是普通人的道德情感。"礼"的功能是维系外在血缘关系和等级秩序，"仁"是内心对祖先长辈的尊敬与怀念，对同辈的友情和对晚辈的呵护。儒家最讲"孝悌"，"孝"是对父母长辈的责任，"悌"是对兄弟同辈的感情，一个人有了"孝悌"意识就会举止得体，不会犯上作乱。孔子说："其为人也孝弟，而好犯上者，鲜矣。不好犯上而好作乱者，未之有也。"（《论语·学而篇第一》）又说："孝弟也者，其为人之本与？"把"孝悌"原则转而应用到治理国家事务，同样有效。当有人问孔子对参与政治的看法时，他回答说，孝悌原则在日常活动中得到贯彻就是参政的表现，除此之外，并没有什么其他政治可言。

按照孔子的推论，"孝"的原则一旦推广到社会层面，完全可以用来有效处理与上司的关系，掌握"悌"的要领后，与同辈同事和睦相处也不成问题，这两层关系安排好了，国家的大政方针就变得明朗澄澈，社会秩序随之趋于稳定和谐，不会偏离正常轨道。

"礼"是对人的行为举止的外在规范，"仁"是为了满足人的内在精神需求。"仁"不能不带一点强制性，因为在宗族内部,"孝悌"对族众的言行必须具有约束力,只不过表面上"仁"更像是对人情世故的软性规定,没有那么明显的压迫感。"礼"最初的实行范围主要集中在君主贵族祭拜上天的仪式,只有在供奉祖先时才与世俗伦理发生关联,"仁"正是从这个切入点与"礼"建立起联系,再逐渐传播到普通民众生活当中去的。

"仁"还能转化和削弱"礼"的神秘封闭色彩。古时有"礼不下庶人"的说法,老百姓肯定没机会参与上层祭祀典礼。那么,他们到底如何才能领受"礼"的恩泽呢?孔子想出了一个办法,通过"仁"的教化引导,让每个人都有机会参与到国家政治秩序的建设之中,"仁"的心理训练突破了"礼"规定的上层界限,成为每个寻常百姓都必须遵从的习惯信条,对"仁"的体验发生在每对父子、夫妇和兄弟之间,让"礼"拥有了俗世温度和日用伦常的味道。

"仁"与"礼"的有效配合需要在日常状态下逐渐体验实行,换句话说,孔子把周公倡导的"礼"给生活化了。在孔子教导下,"礼"已不是高高在上的贵族遵循的规矩,而是普通百姓在尊卑长幼之间的交往规则。"仁"的任何定义都服从熟人相处的需要,所以儒家的教导非常口语化,我们看《论语》中孔子与弟子们的许多对话,就像是聊家常话一样。

与周公毕生在上层贵族中致力树立礼仪规范不同,孔子主张"有教无类",平民也有受教育的机会。面对普通民众当然不能使用太抽象的语言,"礼"也是在日常生活中"习"出来的,不完全依靠文字书写的传承功夫。

从周公到孔子，中国思想文化形成了一纵一横两个系统，周公建立起了自上而下的礼仪祭祀制度，这个体系以周王为原点，推及四方诸侯，从纵向贯通出一条上下尊卑的等级路线。孔子则把原本高高在上的"礼"，通过"仁"的心理训练下沉到底层民众，变成了一个横向的交往联系网络。

/
古代中国的人伦秩序和社会关系起源于儒家思想

孔子从纵横两个方面对文化的理解，融入了不少人间烟火气，更能为平民所接受。孔子的思想不是抽象文字的堆砌，更像是与弟子闲聊着家常琐事。换句话说，孔子把周公设计的上层祭祀理念，用一种更平实的语言重新演示了一番。最明显的例子，就是以"家"为单位，把"忠""孝"这两个观念贯通联系起来。"家"在儒学思想体系中一直处于核心地位，孔子对"家"的理解是从春秋诸侯对周天子的尊崇中引申出来的一种信念。我们不妨把周王朝看作一个硕大的家庭圈子，周天子首先是个"大家长"，其次才是"天下共主"，家长身份排在君主名号之前。在孔子生活的时代，每逢遭遇承担"家"与"国"责任到底应该孰先孰后这个难题时，肯定会率先考虑"家"而不是"国"，并不存在后世"尽忠还是尽孝"的两难选择。

儒家秩序中的"五伦"就是按照"天伦"为所有人伦之基础的原则设置的，排列顺序为父子、君臣、夫妇、兄弟、朋友，形成一个由上到下、由近及远的同心圆构造。"父子"关系完全出自天生，无法自我选择，是家庭伦理的基础，也是其他关系的起点和前提，由此逐步向外推展，亲密程度逐层递减。"君臣"关系是后天形成的，是"社会关系"的根基，双方通过相互试探建立起和谐融洽的交往模式。"孝"是父子之间天然纵向的依附要求，夫妇、兄弟和朋友构成横向的族亲联系。"忠"是君臣相处时约定俗成的观念。家庭内部以父子关系为主轴，一旦走出家庭，"君臣"关系最为重要。

"忠"是"孝"在社会层面的延伸，往往与"事君"联系在一起。古人常说"事父母能竭其力，事君能致其身"，尽力侍奉父母与为君王效忠归根结底是一致的。父亲的重要性在于后辈总是需要模仿先辈的言行定出规矩。孔子就说："父在观其志，父没观其行。"(《论语·学而篇第一》)父亲在世时要看儿子效法他的志向做得怎么样，父亲死了，就必须看晚辈是否仍遵从父辈的教导，否则就是不孝。也就是说，父辈无论生死都会影响晚辈的人生选择。所以有人说中国文化本质上就是一种"老人文化"。老年人的言行举止和思维逻辑无处不在地支配着年轻人的价值观。甚至父辈犯了罪，晚辈也有责任为他隐晦掩饰。

有一次有人问孔子，说某人的父亲偷了别人家的羊，他的儿子出来为官府作证,指认父亲,这算不算是"直道"的表现呀?孔子当即表示,"直道"不是这样的,只有当父子相互隐瞒过失,"直道"才自在其中。(《论语·子路篇第十三》)这在当代人看来,简直匪夷所思,荒谬绝伦。在孔子生活的那个时代却非常符合"亲亲相隐"的伦理原则,是完全正确的选择。

孔子假设,"孝悌"是做人的根本,训练好了自然养成习惯,成人以后面对君王才能避免犯上作乱。"孝"是根本性的道理,也是"仁"的基础。一个人如有孝心,就不该做对不起父辈和长官、君主的事情,因为"孝"的对象不仅针对父母,在职业生涯中推广开来,还是约束言行的"忠"和"义"。

在孔子眼里,"君臣关系"既然是"父子关系"的延伸,或者说是家庭关系在政治社会环境里的折射和反映,那么父子、君臣之间首先应该以礼相待。儒家提出君臣相处的一个前提条件是"君使臣以礼,臣奉君以忠"(《论语·八佾篇第三》)。君主对臣属以礼相待,他们当然用忠心回报。反过来说,君主虐待臣子,那么臣子也可以把君主当作仇人,拒绝服从他的指令。儒家思想培养出来的士大夫阶层一直自许拥有"道统",希望借此抗衡君主的权威,形成了以"道"抗"势"的历史风范。到宋代,特别是王安石改革的时代,君臣关系似乎达到了一个彼此相互信任的新阶段。儒家津津乐道的是,这个时期持有"道统"的士大夫与代表"政统"的君主大体上构成了一种有限的均衡态势。

实际上，中国古代的君臣关系始终建立在上下尊卑的等级秩序之中，君主永远扮演的都是"父辈"和"老人"的角色，臣子不可能奢望与君主处于哪怕相对平等的地位。如果出现了这种情况也是出于偶然和意外,这种君臣相处方式不妨称作"施予性关系"。臣子地位的获得不是自己争取来的，而是皇权恩赐的结果。在君臣的交往流程中，给予什么不给予什么，完全由君主这个"父辈""老人"说了算，君主权势首先来自对"父辈"权威的确认和维护。每个普通人的欲求大多不是经过自我选择，而是源自老一辈的承认。

宋代短暂出现过的"道统"与"政统"相对均势的局面在清朝终于被彻底打破了。雍正皇帝刻意颠倒了"五伦"次序，他认为在"君臣关系"中，君主就是"父亲"的替身，君父应被视为一体，遵奉两者的权威同属天经地义，不可差别对待。不应该把父子君臣区分成"天然"与"社会"这样先后相续的两层等级关系。"君主"是全天下的大家长，父亲不过是一个小家庭的首领。如此看来，"五伦"关系就应该完全颠倒过来，"君臣关系"必须排在第一位，"父子关系"排在第二位。与此同时，处理君臣关系必须与处理父子关系等同起来，君主拥有绝对权威,容不得臣子讨价还价。君主善待臣子,臣子应该服从，君主不善待臣子，臣子同样应该无怨无悔，尽职尽责，就像儿子侍奉父亲一样。清朝皇帝对"五伦"次序的重新解释，意味着儒家思想在不同历史时期被反复修正和篡改，至清朝到达了巅峰，最终越来越成为皇家正统意识形态的附庸。

/
孔子如何处理自身欲望与他人欲望的关系

"忠"的信条还与儒家另外一个概念"恕"交织混融在一起，变成了处理日常生活的规则。"忠"落实到普通人的经验里指的是诚恳尽心待人。"恕"就是以度己之心推人，把善意推广到其他人的身上去，让大家一起分享。但到底什么是"善"仍由老人权威来决定。孔子说过一句著名的话叫"己所不欲，勿施于人"。意思是不可把自己不喜欢的东西强加给他人。

按道理说，每个人都有权选择接受还是不接受某样东西，你喜欢的东西别人不一定喜欢，不必强迫他人去做不喜欢的事情。然而不幸的是，这个规则只有在一个人人平等的社会中才能推行下去。只要一个社会迷恋等级秩序的规训力量，每个人就不可能自主决定所欲所求，而是由各种权威代为选择。父辈与君主大多自以为是，他们觉得自己欣赏的东西理所应当得到全世界的普遍共鸣和认同，自然应该推广到所有家庭与民众当中。在这种情况下，地位比较低下的人群完全没有资格挑选欲求目标。同宗族众与普通百姓一旦受到权威的压力，经常无法拒绝貌似善意的欲望推送。这类权威虽然不乏美好初衷，可他们的所欲所求是否同样为众人所喜好，或者是否与众人自我选择的目标相一致，则完全不是他们关心的事情。

在先秦儒家思想体系中，孔子虽然倡导"己所不欲，勿施于人"的处世原则，却没有相应阐发"己之所欲"也不可强加于人的道理。由此造成了一种错觉，让人仿佛觉得只要是自我喜欢的东西，别人也必然同样喜好，导致一厢情愿的"好意"在日常生活中屡见不鲜，却从未考虑其他人是否真的感到快乐。

在中国古代，上至皇帝下至父母，打着热心与善意的旗号，代替臣民与子女做决定变成了一种天经地义的事情，依据的就是"己之所欲，必施予人"的行为逻辑。即便在当代中国社会，长辈热心为子女量身定做人生菜单的事例也比比皆是，类似逼婚或亲自规划子女兴趣与未来职业选择，更是许多父母义不容辞的责任，与孩子真正的内心欲望毫无关系。

《论语》中记载了一段孔子与子贡的对话，子贡对孔子说："我不欲人之加诸我也，吾亦欲无加诸人。"（《论语·公冶长篇第五》）意思是我不想让别人把他的意志强加在我的头上，我也不想强迫别人接受自己的观点。这第二句话颇有"己之所欲，勿施于人"的味道在里面。可是孔子却回答说："赐也，非尔所及也。"（《论语·公冶长篇第五》）大意是，这不是你子贡力所能及的事情啊。可见孔子在是否应该把自身意志强加于人这一点上态度暧昧不明，这就为长辈随意以势凌人，剥夺不同意见的合理存在留下了可乘之机。

在孔子思想的影响下，中国人的性格往往表现出一种逊让不争的气质，经常审时度势，机警聪慧，身处复杂境遇始终保持敏锐的危机感，担心一旦富裕起来就会追求奢侈浮华，为财富分配争斗不已，宁可让人感觉保守落伍，也要做出简朴谦逊的姿态。正所谓"奢则不孙，俭则固，与其不孙也，宁固"(《论语·述而篇第七》)。

当然，孔子思想绝非只有消极的一面，或者只是一些泯灭个性鼓吹权威至上的负面文字。我们不难从中找出一些颇为励志的处世格言，如说"众恶之，必察焉。众好之，必察焉"，教导人们遇事不可人云亦云，一味随波逐流，要拥有自己的独立判断。如果大家都嫌恶一个人，不可妄下断语，也许这个人恰恰有其独到见解，只不过违逆众意才遭到冷遇。对待那些大家都喜欢的人，也不宜盲目跟从舆论导向，轻信众人的意见，也许这个人恰恰善于伪饰意图，矫情钓誉，借名谋利。总之，众恶众好，必属非常之事，需根据具体情境慎重权衡。(《论语·卫灵公篇第十五》)

孔子并不主张"以德报怨"，或者按照耶稣指示的那样，人家扇了你左脸一记耳光，你再把右脸伸过去任人凌辱，制造相互宽恕博爱的假象。孔子希望"以直报怨"，"直"的意思是公平无私地"直道"而行，虽然与某人有私怨，却以公平之心回报，不因个人情绪妨害公义，也不因怨恨加重彼此的隔膜厌恶，这就叫"直"。但是"德"的回报是不论厚薄的，否则就变成以利偿利的功利关系了。(《论语·宪问篇第十四》)

孔子还有一段阐发正确学习态度的名言："古之学者为己，今之学者为人。"(《论语·宪问篇第十四》)古代学者纯粹为了兴趣爱好学习，不带任何谋利之心，现在的人总是想追求学习之外的目标，纯为他人用功，或者为获利而学，必定难以有所成就。孔子认为首先应该立足个人兴趣和能力，努力完善自己，再扩展到别人身上，这就是"己欲立而立人，己欲达而达人"(《论语·雍也篇第六》)的深意之所在。

对于君臣关系而言，孔子思想中并不是没有制约君主的办法，这也是他与周公不太一样的地方。周公偶尔提及道德修养的重要性，主要精力仍然花在为君主制定礼仪规则等方面。孔子坚持认为"为政以德，譬如北辰，居其所而众星拱之"(《论语·为政篇第二》)。君王无论打仗还是治国都必须寻找道德依据，不能把拥有强大的军事政治实力当作行动的唯一理由，如果统治者在执政时拥有足够充沛的道德力量，人们就会像众星簇拥着北极星那样拥戴他。

在孔子以"德"治国思想的支配下，历代皇帝出兵打仗都要寻找一个动听的道德借口，比如说"奉天讨贼"，比如说军事征伐的目的是为百姓长久平安着想，等等。一个突出的例子是乾隆帝平定准噶尔的时候，出征之前几乎所有人都反对发动这场战争，理由无外乎劳民伤财，折损国力。攻灭准噶尔之后，乾隆帝特意写了一篇《开惑论》为打这场仗辩护，反复讲述征讨准噶尔多么符合儒家的传统道德标准，清军乃是"仁义之师"，完全是一场"王者之战",而非霸道之行。由此可见,在孔子思想的指引之下,把道德仁义挂在嘴边,几乎成为每朝每代皇帝的必修功课。

/
孟子"仁义"观奠定儒家心理修炼的基调

孔子继承和发展了周公思想,周公注重外在"礼"的制定和实施,孔子为了让更多人理解"礼"的要义,想方设法把"礼"简化成普通百姓的自觉生活追求,其中一个重要举措就是发明了"仁"的观念,作为外在礼仪祭祀的心理补充。孔子集中解释"仁"的含义,同时兼顾"礼"的重要性,尝试平衡"礼"与"仁"的复杂关系。孔子之后,早期儒家出现了两个最重要的思想家孟子和荀子,分别继承和弘扬了孔子"仁"和"礼"的思想,并各自将其推向极致。孟子推崇"仁"的修养,荀子强调"礼"的作用。一个讲"内圣",一个说"外王",同时涉及心性和实践这两个层面。

我们先来看看孟子是怎么说的。孟子首先有一个假设,一个统治者要想搞好政治,就必须有一颗"不忍人之心"。他有句名言,只有"不忍人之心"才能产生"不忍人之政治"。更明确地说,所有好的政治都建立在人心本善的信念之上,是道德培育推广的结果。我们知道,孔子主张先对父母孝顺,再推及君臣关系，有孝子才有忠臣，先做好"修己"，再维护"礼制"，然而孔子并没有孟子那么极端强调"仁"的无所不能。孟子曾经劝说梁惠王："推恩足以保四海，不推恩无以保妻子。古之人所以大过人者，无他焉，善推其所为而已矣。"（《孟子·梁惠王章句上》）实践道德理想必须从身边的家庭成员出发，一直波及四海天下，简直无远弗届，无坚不摧。

在孟子看来，"仁""义"既相互区别又彼此联系，"仁"是内心呈现出的善良品性，"义"是"仁"的外在表征和实现目标。"仁"是亲情圈子中天然情感的流露，面对圈子之外的人群，如普天下的老人，遵循的是"义"的准则。"义"是"仁"在社会关系中的延续，"仁"与"义"虽有内外之别，却又同为一体，故可"仁义"并用。

如何对待亲人和外人，孟子和先秦另外一位思想家告子曾有过一番争论。告子认为，"仁"属内，"义"属外，对待他人的态度因人而异，其差异并不是出自"仁"的本能。比如对待老人要和善有礼，只不过是因为他年龄大了，我才去恭敬他，这种尊重之心并非一个人预先拥有，而是临时起意。好比我们看到一件东西是白色的，我便产生了它是白色之物的印象，这是因为我直接感受到了这件东西呈现出的是什么颜色，这个物体只不过是外在的东西，与我的内心世界无关。

孟子质疑告子的这番话，他说，白马的白和白人的白从颜色上看也许没什么差别，对老马的怜悯之心和对老人的恭敬之心，难道就一定有什么差别吗？孟子认为，"仁义"绝不是对事物外表的直观感知产生的作用，而是每个人内心天然做出的选择。喜欢吃秦国人的烧肉与喜欢吃自家做的烧肉也许在味道品尝上差别不大，却同样源自心理活动。"仁，人心也；义，人路也。"(《孟子·告子章句上》)"仁"是人的内在伦常表现，"义"是人走出的道德实践之路。放弃正路不走，不去追求内心的善良是错误的。

《孟子》中记载着一个齐宣王不忍杀生的故事，说的是齐宣王看到一头牛即将被宰杀，突觉不忍，于是用一头羊取而代之。孟子称赞齐宣王富有仁爱之心，这种感情扩散出去必然惠及于民，对老百姓有利。孟子通过这件事意识到一个问题，那就是齐宣王潜藏的良心意识，只是在偶然看到牛被宰杀时才被唤醒，如果"不忍人之心"仅仅在目光所及的范围内才受到触动，那么那些处于危难之中的民众遭遇根本没有发生在眼前，也就意味着无法被感知被同情，那又该怎么办呢？孟子的回答比较模棱两可，他只是说："是乃仁术也，见牛未见羊也。君子之于禽兽也，见其生，不忍见其死；闻其声，不忍食其肉。"(《孟子·梁惠王章句上》)当我看见了某个动物受难时才突然唤醒不忍之心，如果眼睛没看见也就听之任之，无力关心了。

更大的问题在于，这种"不忍人之心"似乎太具个人化色彩，完全不能保证现实中每个人都拥有同样的心态。这种有限的"仁爱观"具备极大偶然性，很难具体落实在现实生活中。

然而，所有人从根性上都有"不忍人之心"，恰恰又是孟子人性论的出发点。这样来说，孟子对每个人本性趋善的能力事实上抱有一种过于乐观的态度。

儒家在处世过程中考虑最多的就是如何打动君主，希望君主沿着仁义礼智的道路治理国家，孟子也不例外，他曾经阐述了一套独特的"人地关系论"，要义是，人民不一定居住在某个固定地方，应该允许他们到处迁徙流动，关键在于领头的是否是个仁义之人。他举例说古太王曾经居住在陕西一个叫邠的地方，每逢狄人前来侵袭，太王就献出皮裘、丝绸、好狗、名马去笼络他们，也没少拿出珍珠宝玉供奉伺候，慢慢养成了狄人讨要财物的习惯，然而狄人却并未停止进犯。于是太王宣布，狄人想要夺取的是土地，宣称"君子不以其所以养人者害人，二三子何患乎无君？"（《孟子·梁惠王章句下》）意思是，君子不拿用来养活人的东西害人，你们不用害怕没有君主。说完这番话，太王毅然决然离开了邠地，迁居岐山，邠人因太王品性贤德，纷纷随之而去。

在太王眼里，土地虽是"善人"之物，毕竟只是生存工具之一，狄人垂涎此地，不妨暂时放弃，只要是仁义之君，就有能力开辟新的善存之地。这个"重人不重地"的行事原则对历代君主深有影响，他们常常不以占据土地为目标，而是以获得人心支持为目的，这与我们原来想象的，小农总是拘泥于安土重迁的生活习惯完全不同，是典型的帝王思维逻辑。

孟子曾说过这样的话:"以力假仁者霸,霸必有大国;以德行仁者王,王不待大。"(《孟子·公孙丑章句上》)真正有本事的帝王并不依赖开疆拓土,炫耀武功政绩。汤王占有的地方只有七十里范围,周文王也不过据有百里之地,都不是凭借疆域广大称王,而是依靠崇高德性。因为"以力服人者,非心服也,力不赡也;以德服人者,中心悦而诚服也"(《孟子·公孙丑章句上》)。用蛮霸之力征服的后果是,人们虽然表面屈服,内心却并不顺从,只有通过道德教化,才能真正使人心甘情愿地跟随自己。大到君民关系,小到师生情谊都是如此,就像七十余弟子崇敬孔子一样,这正是王霸之间的差别所在。孟子总结道:"域民不以封疆之界,固国不以山溪之险,威天下不以兵革之利。"(《孟子·公孙丑章句下》)统驭民众不依靠固定边界,不凭恃山川险要,威慑天下不依靠军力强大。孟子还有一句话最为有名:"得道者多助,失道者寡助。"(《孟子·公孙丑章句下》)

当然,从历史中观察,历代统治者从来都不是迂腐地照搬孟子思想,他们绝不是单纯的道德主义者,而是在治理国家时王道、霸道交替混用。只不过当他们采取军事行动时,确实对是否符合儒家道德标准心有忌惮,一般在动手之前都会寻找一个动听的借口。

先秦诸子百家思想各有侧重,如农家、墨家比较偏向从平民角度思考问题;庄子主张遁世隐身,逍遥自在;孔孟从未放弃当帝王师的梦想;老子、法家专心营造"南面之术",即帝王统治之术。在这些思想流派中，孟子比较倾向于社会分工的目的是维持等级秩序，质疑农家许行主张人人均需劳作的自给自足思想。孟子指出，人类生活是有序分层的，"或劳心，或劳力；劳心者治人，劳力者治于人；治于人者食人，治人者食于人"（《孟子·滕文公章句上》），这是"天下之通义"。尧舜这类帝王肯定不会去亲自耕田，后稷专门教授民众稼穑五谷农艺之事，大禹专门负责治水分界，疏通河道，先王圣人都是各守其位，各专其职。针对墨家主张"爱无等差"的观点，孟子坚持爱是有等级差别的，现实当中最炽热的感情肯定首先给予最亲近之人，然后再逐渐推向远方，关爱的程度也必然层层递减，不可能均质平等地分摊到每一个人身上，但"仁心"中的恻隐之情同出一源，发端只有一个，具体实施起来仍有厚薄之分。两相比较，孟子的看法显然比墨家的理想主义信念更便于操作，也更加实用。

在经济思想方面，孟子坦言，价格政策的灵活制定是市场供需多样性的保证。农家许行的观点是，只要市场上的物价总体保持一致，就完全能够杜绝欺诈行为，前提是布匹丝绸的长短，麻线丝绵的轻重，以及谷米的多少和鞋子的尺寸大小等都必须维持同样标准，价格自然趋向一致。孟子反驳说，如果各类物资的品质不一样，质量肯定不会相同，价格相差一倍或数倍均属正常，如果不分精粗优劣，把所有物品完全混同在一起统一标价，比如卖好鞋和坏鞋都是一样的价格，那怎么可能让消费者满意呢？结果只能扰乱市场，这就是"和而不同"的规则在买卖交易上的体现。

君臣相处之道一直是儒家关注的一个重要主题，孟子的言论中大量涉及如何处理君臣关系。孟子曾对齐宣王说："君之视臣如手足，则臣视君如腹心；君之视臣如犬马，则臣视君如国人；君之视臣如土芥，则臣视君如寇雠。"（《孟子·离娄章句下》）君臣之间固然绝非平等关系，但君臣相处之际，臣子对君主的态度大多取决于君主如何对待臣子，臣子应该拥有进退去取的选择余地。所谓"无罪而杀士，则大夫可以去；无罪而戮民，则士可以徙"（《孟子·离娄章句下》）。这无疑是孔子"君使臣以礼，臣事君以忠"思想的延续。

孟子的观点是，君臣关系是父子关系的延伸，君主拥有绝对权威，士人儒生是否有机会阐发意见大多取决于君主的好恶，而士人在君臣博弈中有选择命运的权力，如果君主不喜欢自己的主张，士人大可拂袖而去，不予合作，否则就主动承担起辅佐的使命，孔子周游列国的经历就是最好的例子。孔子在寻求做官的过程中曾经遭遇各种幸运与不幸，有时是为了推行仁政思想而做官，在鲁国季桓子手下任职就属于这类情况。在卫孝公处当官则是因为有感于国君养贤纳士的诚意。除推行道德教化的理想之外，儒家创始人难掩当官的功利目的，一方面期待济世安邦的观点被君王采纳；另一方面一旦行道受挫，也会像常人一样感到无奈沮丧。

孟子说过："位卑而言高，罪也；立乎人之本朝，而道不行，耻也。"（《孟子·万章章句下》）儒家宗师对君主始终抱有期待和幻想，早已习惯把荣辱得失的声誉寄托在他们身上。在这种情况下，如何在君臣关系的相处过程中保持道德节操，坚守原初理想呢？孟子提出了一个区分"天爵"与"人爵"的观点。"天爵"是每个人追求仁爱忠义的天然本性，"人爵"是公卿士大夫各自拥有的社会位置。古人通过修"天爵"，随之获得"人爵"，只是不可怀抱功利之心去修炼，为了获得世俗利益放弃对仁义忠信的追求，否则即使获得了"人爵"，地位也会逐渐丧失。（《孟子·告子章句上》）

孟子有些思想不乏理想主义色彩，他极力弘扬"仁"的内在力量，并借此培养修身功夫。他说过的最著名的两句话，"善养吾浩然之气"（《孟子·公孙丑章句上》）和"君子之守，修其身而天下平"（《孟子·尽心章句下》），始终把内在道德修养摆在最高位置。"浩然之气"的蕴育成为儒家士大夫在贫贱与富贵、得意与失意的反差境遇下坚持操守，笃定人生抉择的一条金律。

孟子的道德理想主义建立在人性本善的前提之上，人生来就有善良的本性，许多人只是没有察觉，陷于无知状态，自然不能好好善加利用。只有经过艰苦的自我修炼，才能把这颗善心慢慢发掘出来，并转化为具体行动。养心、养性、养气始终是孟子设定的一贯目标，终极目的都是为天下黎民百姓服务。

所以他才表示："穷则独善其身，达则兼济天下。"(《孟子·尽心章句上》)没有机会出仕从政，不妨沉潜身心修养，一旦有机会入朝为官，就要把心得体悟应用到政治实践当中。个人伦理道德的蕴育一定与经世济民的大方向关联起来才有意义。

/
荀子"性恶说"及其影响

人的本性是"善"还是"恶"，自古以来就是一大难题，大家各说各话，争吵不休。孔子之后，儒家分为两派，孟子觉得每个人本来就潜藏着善良天性，教化的目的就是要把这个善根发掘出来，发扬光大，等到成人以后进入社会，自然而然就会做出有利于国家的事情。荀子的观点恰好相反，他发现人生来就有欲望，是"恶"之本性的体现。制定礼仪的目的就是节制欲望的肆意膨胀，把恶的本性引导到正确道路上去，祛除邪恶本根而不是发掘善良本性是荀子与孟子思想的重大分歧。孟子与荀子必须回答同样一个问题，到底什么是人性的"善"与"恶"。荀子认为，如果人性本来就是"恶"，那么"善"一定是人为制造出来的，所谓"其善者,伪也"(《荀子·性恶》)。"伪"是人为的意思，再引申语义，还有掩饰"恶"之本性的含义。

荀子希望运用"礼教"的规矩去克服邪恶的念头，想方设法阻止它转换成实际行动，为达到这个目标有时候需要压抑人的天性。人的贪婪源于自然欲望，饥饿就想吃饱，寒冷需要温暖，劳累渴望休息。那么，为什么有些人虽然饥饿，见到长辈却不敢先吃，表现出礼让的态度，劳累后不敢休息，先想着为长辈代劳？这些行为明显背离人的天然性情，如果放任欲望不加钳制，显然不会出现如此温情的举动，这就说明礼仪确实正在发生规范作用。可见人的本性就是"恶"，所有善良行为都是在刻意模仿表演，这就是荀子对"其善者，伪也"的解释。

荀子到处宣称"善"是伪造出来的结果，如果人的天性本来就是善良的，当然不需要礼仪和法治去约束，只需借着"善"心萌发出来的光亮去寻找它的存在就行了。人性本善的判断貌似颇有道理，却经不住深层诘问。荀子质疑，仅仅像孟子那样鼓吹道德教育去改变心灵是远远不够的，社会上照样罪恶横行，人生百态丑陋如常。

荀子与孟子在以下观点上基本一致，他们都肯定人的善良性格是被规划制造出来的，就像戏剧舞台中的角色扮演。但荀子与孟子对人性到底是善是恶的评价出现了重大分歧。孟子认为一个人从出生开始就是好人，心灵教化的效果是对天性自然的呈现而不是强制改造。荀子总是悲观地假设，人一生下来基因里就充满奸诈作恶的动机，必须通过外在规范，防止罪恶的人性胚胎演化成危害社会的可憎行为。

"性善说"的捍卫者对人性起源过于乐观，先天善根变成了进入美好天堂的通行证，至于是否在实际生活中悬置了过高目标，这些目标是否真正能够实现，并不是他们真正关心的事情。一旦遭到现实的残酷打击，为了掩饰陈义太高的逻辑漏洞，"性善论"者极易伪装心机，边说好话，边做坏事。比如，一些官员一方面满嘴仁义道德，说出的都是道貌岸然的谎言高调，另一方面常常在背后干尽坏事，就是这种畸形心理倒逼出来的荒唐结果，这些人最后只能陷自己于不仁不义。那些预先把人性看作"恶"的悲观主义者，根本不相信心灵纯净善良与生俱来，他们更倾向于使用外在力量去约束人心，而不是虚悬过高的道德理想，想当然地认为只要善心萌动，人人皆能变成尧舜这等圣人。

在当时，无论是孟子还是荀子都遭遇到一个难以回答的问题，既然礼义与相关制度由圣人制作完成，那么圣人的天性到底是善还是恶呢？如果按照"性恶论"来解释，圣人肯定生来不善，他凭什么有资格为众人制定礼仪规则呢？主张"性善论"的孟子给出的理由是，圣人都是天才，他们比普通人更有能力提前涵养出性善的品格，为众人指引达到美好境界的道路。

荀子干脆对此问题避而不答。他是这样解释的，圣人之所以能够"化性而起伪"，就是因为他们擅长运用外在的"礼"去克服人性中的"恶"，礼仪和法度都是圣人发明的，圣人在表面上似乎与众人没什么两样，区别仅仅在于他们制作礼仪典制的能力大不相同。荀子并没有说明，为什么圣人能克服常人无法拒绝的世俗诱惑，实际上还是预设了圣人比普通人更具"性善"的潜质，或者拥有抑制"恶"的发生与蔓延的能力，正是因为圣人身上具备这些优秀品质，才有资格为普通人"立法"，或者足以教化众生。

荀子也并没有解释，如何才能证明礼仪对身体的约束力与众人内心的道德修为之间完全契合无间？如果有些人口说仁义道德，内心却充满了罪恶念头，我们又该如何辨别呢？那些行事习惯于"矫饰为伪"，总是通过举办典雅高尚的礼仪去隐藏罪恶本性的人，或者口是心非，用华丽谄媚的辞藻为邪恶行为打掩护的人大有人在，我们又该如何面对他们呢？

事实是，从是否遵从礼仪这个表面现象，并不能辨别清楚每个人的内心世界是善是恶，同时"礼"的要义也容易被恶意歪曲，普通人的正当欲望一旦被视为"非礼"，就会遭到处罚，这反而压抑了真性情的自由抒发，极易导致大规模的人格扭曲。荀子正是意识到这个矛盾的存在，才承认每个人的合理情欲愿望，应该得到适当满足。荀子并不坚持压抑人的正当欲求，只不过人的欲望必须按照等级秩序，划分成不同种类，归属到相应的资源配置框架中统一安排。且看他的这段解释："以人之情为欲多而不欲寡，故赏以富厚而罚以杀损也，是百王之所同也。"(《荀子·正论》)意思是，人的本性是欲望多，而不是欲望少，所以用给予财富来奖赏，用减损财富来惩罚。历代帝王都是这么做的。分配欲望的标尺就是"礼"，"礼"的作用在于满足各类人的不同需求，使之各守其位。荀子深知，人不可能生而平等，每个人一生下来就受到出身等级的严格限制，但又都怀抱独特愿望，时时打算冲破原有身份的束缚，追求实现与他人平等的理想目标，可是现实条件又不可能让所有人都如愿以偿。如果不用"礼"来管辖协调，难免发生冲突。

荀子对"礼"如何规训欲望做出如下解释："人生而有欲，欲而不得，则不能无求；求而无度量分界，则不能不争；争则乱，乱则穷。先王恶其乱也，故制礼义以分之，以养人之欲，给人之求，使欲必不穷于物，物必不屈于欲。两者相持而长，是礼之所起也。故礼者，养也。"（《荀子·礼论》）"礼"是平息争乱和处置欲求的手段。荀子特别提到一个"养"字，与孔子主张的"习""教"原则彼此对应配合。"养"就是自小培育出人的"差别感"，让每个人都知道自己所处的特定位置，意识到"贵贱有等，长幼有差，贫富轻重皆有称者也"（《荀子·礼论》）。

"礼"的规矩最初表现在祭祀祖先必须按照等级顺序次第举行，不得随意僭越。祭祀的规定如下：最高统治者可以祭七代以上之祖，诸侯国王允许祭五世，拥有五十里封地的大夫有资格祭三代祖先，家有三十里封地的士祭祀两代祖先，普通百姓没资格设立宗庙。以此标准区分各类人群的功绩大小。功德财富积累得越多，恩惠施予波及的面积就越大。

"礼"在世间的表现呈现出多种多样的形态，几乎渗透进日常生活的每个细节当中，核心思想就是要确立等级和身份规则。君臣各自穿戴的衣冠上绘制的是什么图案，用的是什么颜色，甚至弓的使用都严分等级，贵为天子的人才能使用雕有花纹的弓，诸侯用红色的弓，大夫用黑色的弓。玉器的分配也有差别，出访交流用珪和璧，召见臣属用瑗，玦用来断绝关系，重新召见断交的人则用环。(《荀子·大略》)此外，像住宅规模不得超过宗庙，宴饮衣服的规制不能超过祭服等都有严格规定。

/
现实君主为什么比古代圣王更加重要

与孟子比较，荀子考虑问题更加现实，在他看来，从道理上讲，人人都想贵为天子，富有天下，这是人的本性使然，实际情况却大相径庭，大多数人的愿望根本无法得到满足。于是先王才制定礼仪，区分能力大小，分别地位高下，确立贵贱等级、长幼之序、聪愚之别，每个人的位置高低从此确定无疑，以便各尽其才，各得其所，各司其职。

在社会治理层面，俸禄发放的厚薄与个人工作的性质相对应，这是协调不同阶层利益的最有效办法。因为绝对意义上的平等只是不切实际的迷幻说辞。有德的王者身处高位，构思宏大的治国蓝图；农民坚守土地勉力耕种庄稼；商人发挥精明头脑做好生意，获取财富；百工各自施展技能，制造优良的器械；士大夫尽职尽责，辅佐君主治国理政，这才叫"大治"的气象。

所谓"平等"只有在不同阶层各守其位的情况下才能有所体现，君王只是各类职位中的一种，并不一定比别人获得更多收益。看护城门，迎接宾客，把守关卡，巡夜打更也并非低人一等，同样承担着属于自身等级要求的那份职责。

对于生活在今天的我们看来，所有职业不分高低贵贱一律平等对待，人的价值也没有高下之分，这已经变成了一种共识，哪怕这种设定是出于一种理想的憧憬。然而在荀子生活的时代，辨别等级名分比区分事物的种类更加重要，一个地位尊贵的王者怎么可能与普通百姓相提并论呢？一个人只有明白这个道理，才能获得心理平衡，这当然要归功于古代圣王的反复教导。问题是，古代先贤数量繁多，到底应该尊崇效法哪一位才算合适呢？荀子建议，不如果断选择生活在现实中的君主，服从他的教导，制定实用的轨范，这是最简捷易行的办法。只要仔细观察和遵循同时代君主的执政策略，就能间接领悟古代圣王的高明做法，这就是荀子一贯推崇的"法后王"。

荀子打了一个比喻，现实中的君主就像测量时间的日晷，人民如同日晷投射出来的影子，日晷端正影子自然不会歪斜；君主又如同盘子一样，人民就像盛在里面的水，盘子是圆的形状，水也跟随盘子呈现出圆状。位居上层的人物一定是下层人民的导师，"且上者，下之师也，夫下之和上，譬之犹响之应声，影之像形也"（《荀子·强国》）。荀子举出楚灵王的故事当例子，楚灵王喜欢细腰的女子，宫女为讨欢心，纷纷忍饥挨饿束起腰来，甚至有人被饿死，这就是上行下效的鲜明例证。

法律的实行同样取决于君王的意志，奉行的是"人治"原则，其要点是"有乱君，无乱国；有治人，无治法"(《荀子·君道》)。制定法律是治术运用的开端，本源却来自君主的安排。只要君主施政举措得当，法律虽然简省，效力却可遍及天下。如果没有君主的有效调控，法律条款虽然齐备，同样不能应对具体情况，最终混乱就会发生。

荀子特别重视"正名"，坚持在做事之前要搞清楚什么是正确的判断标准。"正名"是天子的职责，与老百姓无关。荀子是这样说的："故王者之制名，名定而实辨，道行而志通，则慎率民而一焉。故析辞擅作名以乱正名，使民疑惑，人多辨讼，则谓之大奸，其罪犹为符节、度量之罪也。"(《荀子·正名》)大意是说，君主制定名分，名分确定之后就能辨别实际情况到底是怎一回事，这样便于沟通思想，放心地率领民众统一行动。如果擅自制造名词概念，扰乱秩序，使人民感到疑惑，引起众人辩论不休，这是最大的奸人，犯罪程度就像伪造符节和度量衡一般严重。君主统治下的人民没有胆量去假借奇谈怪论颠倒纲常，这样的人民必定诚实可靠，容易役使。这完全是从"治理"功效的角度看待"正名"的意义，测量的是每个百姓在人际关系网络中服从权威的程度，民众根本无权过问"什么是名"，以及"名"的真伪对错到底是什么。由此可知，中国自古就缺乏辩论的传统，与君主对"名"的控制不无关系。君主掌握着判断谁为"正"谁为"不正"的标准,百姓只能言听计从,没有质疑论辩的权利。

在荀子眼里,确定"名分"是"息争"的关键,"名分"的制定和实施由君主绝对主导,因为"人之生,不能无群,群而无分则争,争则乱,乱则穷矣。故无分者,人之大害也;有分者,天下之本利也。而人君者,所以管分之枢要也"(《荀子·富国》)。荀子还说过一句话:"夫民易一以道而不可与共故,故明君临之以势,道之以道,申之以命,章之以论,禁之以刑。故其民之化道也如神,辨说恶用矣哉!"(《荀子·正名》)简单地说,民众容易用道来统一思想,但不可使他们知晓事情发生的原因,圣明的君主依靠权势统治人民,用通行的道理引导他们前进的方向,用命令进行告诫,用言论予以开导,用刑法禁止犯罪,君主治下的民众受道德的感化十分迅速,根本用不着去辩论申诉。

荀子的"法后王"观念大大拓展和丰富了孔子运用道德处理政务的现实逻辑,这还主要表现在荀子进一步区分了"王道"与"霸道"的分野。他坚持君主不应纯粹依靠军事实力征伐四方,也不可交替使用奖赏刑罚和权势欺诈的手段治理国家,那些短视的伎俩不能真正团结大众,使人民竭尽所能献出生命,不过是想诱骗民众出卖力气,目的太过功利。明智的君主树立以"德治"为核心的价值观,依靠仁义忠信化导民众,才能使凶暴强悍之人变得忠厚,邪僻自私之人变得公正,急躁暴戾之人变得心平气和。面对外敌入侵时，要学会隐藏强大的实力，对外昭示的却是宽容弱势的态度，本可用武力战胜对方却偏偏不屑与之争斗，这才是真正的"王道"。

道德力量从君主与诸侯相处的方式中同样能够展示出来。真正有资格称王之人争夺的是世道人心，总想称霸之人争夺的是国与国的联盟关系，总是炫耀强势之人觊觎的是广阔土地。争夺人心才能让诸侯臣服，争取盟国好感只限于与诸侯做朋友，贪敛土地之人最终只能成为诸侯的敌人。使诸侯臣服者为王，与诸侯为友者称霸，视诸侯为敌者最终将陷入危险境地。真正懂得强大之道的君主并不盲目追求武力的优势，而是看重德行的积累，德行聚积到一定程度，诸侯就奈何不了他了。反过来说，如有兼并诸国之心，诸侯就会疏远他，王者的仁爱、道义和威望高于天下，才能不战而胜。

荀子用下列表述强化了以上观点，他说兼并他国的做法大致分为三种情况："有以德兼人者，有以力兼人者，有以富兼人者。"（《荀子·议兵》）这三种选项的效果差别很大，以德兼并他国者能称王，以力兼并他国者会逐渐衰弱，以富兼并他国者将陷入贫困。

王者的权威也分"道德之威"、"暴察之威"和"狂妄之威"三种类型。最理想的状态是"赏不用而民劝，罚不用而威行"的"道德之威"，"暴察之威"会使国家陷入危弱状态，"狂妄之威"更容易导致国家灭亡。只有王者之道才能凝聚起民众力量取得成功。

关于使用"兵威"还是采用德行哪个更加合理的问题，荀子与他的弟子李斯存在根本分歧。李斯辅佐秦王称霸，觉得秦国兵力强悍，威行诸侯，并非仰仗仁义道德，只是随机行事而已。这个观点遭到荀子的训斥，他指责李斯做事单靠武力，只不过是从不便利中寻求便利，实行仁义才是最大便利中的便利，是治国的长远之道。秦国虽然依靠军事实力称霸天下，炫耀的乃是"末世之兵"，时刻担心各路诸侯联合起来讨伐自己。高明的君主兵不血刃就能使远近之人统统臣服，道德仁义一旦普遍推广开来方可无所不至。

荀子对春秋战国时期十二个最有影响力的思想流派都有批评，他始终坚持，在所有关于世俗生活与治国理念的设计方案中，儒家思想的可信度是最高的，最终能够支配中国人的思维方式。荀子批评墨家不懂统一天下建立国家制度的重要性，整天拘泥在崇尚节用的自闭想法之中不能自拔，使百姓陷入贫穷无助的境地。墨子平日粗衣粗食，严格自律，整天郁郁寡欢，闷闷不乐，全然不考虑民众的正当要求。如果在治理国家的过程中，民众基本的物质生活愿望都不能得到满足，官府制定的赏罚尺度无法推行下去，贤能之人难以得到重用，一个人到底有能无能也就失去了判断标准，无法安排他们各就其位，天下终将陷入失调无序的状态。如果上上下下沦落到这种地步，那么墨子一个人做了苦行僧还有什么意义呢？又怎么能拯救天下的黎民百姓？

儒家的一贯做法是，所有人都应该在代表"道"的老师指点下潜移默化地习学，而不是经过争辩彰显真理。先秦虽有擅长论辩之术的名家，儒家却始终坚持不争不辩的原则。孔子召集弟子学习是为了施予道德教化，不是鼓励论争。整个教学过程完全由孔子主导，只有经过他确认后的某种生活方式才是最值得提倡的。不像古希腊小城邦里流行"公共说理"的论辩传统，儒家的传道只负责单向输出思想，弟子只能通过唯一的学习路径接受教导。

在国家层面，正统思想的权威性经由君主一人认定，超出其控制范围的思想均属异端，可以置之不理，构成严重威胁者必须予以清除。按荀子的说法就是"百家之说不及后王，则不听也"（《荀子·儒效》）。可知儒家的主体思想是借助道德教化平息争端，以"息讼"为主旨，通过确认"名分"等级，服从统一思想的指引,在政治治理和对外关系方面以"息争"为目标。

/
"公"与"私"的界限应该划在哪里

早期儒家思想最讲究礼仪秩序，这种秩序又是建立在以周王为中心的血缘等级关系基础之上的。那么，一个问题就随之出现了，一个单独的"个体"在这个秩序中到底应该处在什么样的位置？或者说，儒家是怎么看待"个人"价值的呢？前面已谈到，儒家最重视"群"的构成与作用，在讨论"个人"时往往与"群"相互参照，一旦离开"群"，所谓"个人"价值是无法单独讨论的。或者说，儒家拒绝把"个人"从集体网络中独立出来进行观察，凡是属于"个人"的问题，必须与某个特定群体关联起来才能彰显意义，对"个人"的关注大多被转换成如何辨别"群己"界限的问题。在"群己"这个组合概念中，"己"的内涵必须由"群"来界定。所有人群的组织几乎全部体现在"公"字里面，与"公"相比，"己"是"私"的表现。

在荀子看来，人与动物的根本区别在于是否有"群"处的能力，对人群具体生活方式的协调管理，依托先王制定的"分"作为标准，"分"的依据就是"义"。"故序四时，裁万物，兼利天下，无它故焉，得之分义也。"（《荀子·王制》）"义"的意思是由王者制定人事活动的时间节奏，裁量外界的形势变化，以利于统治天下。

在"义"的协调下，人群即使相互分别也会和睦相处，和谐了就趋向一致，一致才能增强力量，战胜敌人。单个人即使集合成群体，如果没有"分义"的原则做指导，冲突与混乱将难以避免，相互隔绝离散将成为常态，最终虚弱到无法克服任何外部威胁。因此，"分义"规范在"群"的形成过程中必不可少。

设置"群己"界限的目的是避免引起争斗，其先决条件就是在政治秩序中，"己"的价值和地位必须低于"群"。"己"

属于"私","群"属于"公",说的更极端一点,必须压抑"私"的欲求,全力满足"公"的目的,这就是"大公无私"观念的起源。荀子对此专门有一段解释:"志忍私然后能公,行忍情性然后能修。"(《荀子·儒效》)思想上克服私欲,才能一心为公,行动上超越本性的弱点,才能修养成善人。

受荀子影响的法家认为,"自环者谓之私,背私谓之公,公私之相背也"(《韩非子·五蠹篇》),显然把"私"当作"公"的对立面予以批评。法家鼓吹的"立法"就是为了废"私",只要行使法律,所有谋私自利的途径都将被堵死,"私"是扰乱法制的根源。"私"不是一般人家里的"私务",而是传播个人思想和学问的方式。"私"也特指不与政府合作的那些人的品性,他们传播与官方不一致的思想,这些人的学问一旦受到鼓励,就会诽谤法令,破坏政治秩序。那些深居在山林僻野中的闲人隐士,同样属于有害的私人群体,他们常常表达对现实的不满,散布不利于政府的舆论,造谣惑众。

宋代以后崛起的新儒家继承发展了"大公无私"的思想,北宋程颐就说过:"公则一,私则万殊。人心不周如面,只是私心。"(《近思录》卷一《道体》)"公"代表整齐划一,有利于集中统一;"私"代表差异万端,容易引发争议。人的情感修养之所以不能达到圣人的要求,问题就出在自私自利和刻意揣摩。自私自利之人不能使自己的心迹符合涵养善端的要求,刻意揣摩之人不能认识到"心"本来明觉的状态,就是自然随性的表现。只有不断修炼道德，时时自省才是克服"私心"的最佳路径。新儒家对"私"的声讨更加苛酷，断言人心中纤毫私意都不该存留，否则就是"不仁不义"。

中国古代思想把"公"抬高到了至尊无上的地位，发端于《礼记》中的一段话，在《礼记·礼运》中是这样说的："大道之行也，天下为公。选贤与能，讲信修睦。故人不独亲其亲，不独子其子。使老有所终，壮有所用，幼有所长，矜寡孤独废疾者，皆有所养。男有分，女有归。货恶其弃于地也，不必藏于己。力恶其不出于身也，不必为己。是故，谋闭而不兴，盗窃乱贼而不作，故外户而不闭，是谓大同。"

这篇"公私"观念的纲领性文献包含两层意思：一是"个人"不能独立存在，待人处世不应仅仅考虑自己，必须首先为家族亲人着想，使集体荣誉落实到对老幼的敬畏与赡养之上。第二层意思是，必须牢牢树立"公产"意识，不应把财产据为己有，尽力做到平均分配。人人向往的"大同"世界最后实现的就是公产均分的终极目标。

后汉许慎在《说文解字》中把"公"解释为"平分"。"私"与奸邪之意等同，"私"被完全赋予伦理层面的负面意义，"公""私"截然对立。只有那些道德有亏的人才一味"自私"。既然讲究"平分"，"公"的正面价值一定远高于负面的"私"，而且"公"的领域理所当然应该把"私"容纳进来，这使两者的界限越来越模糊不清。

在"公""私"对立原则的支配下，凡是倡导"私"具有正当性的言论都被视为大逆不道。宋明新儒家更是把"公""私"关系上升到"天理"与"人欲"势不两立的高度加以认识。"天理"是"公"，是"正"，是"善"；"人欲"是"私"，是"邪"，是"恶"。必须经过"存天理，灭人欲"的道德净化程序，才能成就高尚人格。如何压抑自然本能中的私人欲望，培育道德修炼状态下的公共意识，逐渐成为中国思想的一个永恒主题，始终支配着中国人的思维方式。明末清初个别思想家试图逃逸出这个思想陷阱，如明末李贽提出了所谓"童心说"，承认"私"是"心"发动意念的原点，应该得到珍视，但这类异端思想很快湮没在公共意识独尊的汪洋大海之中，迅速断为绝响。

即使到了清末，在西方思想的冲击下，古代"天下为公"的观念仍然是晚清革命的思想动力之一。从表面上观察，革命党人提出的革新口号，其目的是想尝试与传统的"公""私"观念划清界限，推翻皇权支配之下的个人专制之"私"，树立广大百姓企盼获得的"民权"之"公"。这种把"专制"之"私"与"民权"之"公"对立起来的思维，并没有超越中国古代"公"是正确，"私"是邪恶的二元观察模式。因为通过剥夺皇帝个人的私有权力，把它归还给代表"公"的人民，并不意味着革命党人真正接受了保障个人自由、权利和财产的现代价值观。恰恰相反，当皇权及其财产被移交给了一个整体抽象的"人民"时，同时也就意味着那些生活在个体状态的"人民"权利更加难以得到切实保障。因为"个人"自由和财产权只是在与国家利益关联在一起的时刻才受到重视，否则那些纯粹追求个人自由的行为一律会被扣上"自私自利""个人主义""利己主义"的大帽子，遭到无情的谴责和批判。

特别是在西方频繁入侵的复杂局势下，无论是倡导渐进改革还是激进革命的思想家，都刻意强调个人权利服从集体利益，在国家面临危急存亡的关键时刻，更是鼓励为国家民族不惜牺牲"个人"自由。所谓"自由"只能是国家整体的自由，绝无私人倡导自由的余地，个人价值在近代国民公德教育风潮的压抑之下重新遭到否定。由此可见，争取"个人"自由和利益的观念，并没有真正融入近代中国革命的主题，更没有成为革命的目标。"个人"虽然从家庭的束缚中解脱出来，却被重新安置在了"国家"控制的庞大政治体系之中，近代形成的各种新型集体目标，成为"个人"安身立命的寄托和归宿。实际上等于重新复述了古代"天下为公"的思想精髓，只是披上了一件貌似现代的时髦外衣，与绝对肯定自由与私权，维护个人利益的现代价值观是截然不同的两张面孔。

/

"游侠"为何成为儒家的眼中钉

大家都知道，中国人文价值观起源于百家思想的争鸣与淘汰机制，其中得以流传后世的核心思想分布在儒家、道家、法家这几个先秦思想流派之中。有一些派别如纵横家、名家、墨家的观点由于太受时代环境的制约，在秦汉王朝实现"大一统"局面后逐渐失去了影响。比如，纵横家只有在先秦诸侯纷争不已的特殊历史时期才受到各地诸侯的重视，他们在各国之间来回穿梭调停，从中获利，诸侯国一旦遭到兼并，纵横家立刻失去用武之地。墨家能够倾听底层人民的呼声，却得不到贵族阶层的青睐。墨家信徒只能生活在私人小团体的孤立状态之中自我营销，在秦朝统一之后，更是缺少民间代言人和支持者，自然湮没无闻，失去信众。儒家、道家和法家经过与各家各派的反复辩难博弈，直到与历代帝王建立起了相互需要的共谋关系，才保持了自身延续性和创造力。那些纯粹植根于民间的自生自发思想是很难独立存活下去的，一个思想流派必须寄托在某种政治势力的庇护之下才能发挥作用。先秦儒家承担着为某个王朝兴灭继绝的历史使命，充分验证了这个道理。

孔子虽一度只在民间招收弟子，却从未停止向诸侯国君兜售儒家的观点，他坚定地认为，只有至高无上的君主接受了道德教育的理念，儒家思想才有机会自上而下贯彻到基层社会。反之，那些自下而上自由萌发的底层思想只能获得部分民众的支持，却不能借助上层政治势力，转化为更具广泛影响的治国行动。儒家真正开始发挥作用恰恰是在汉代以后，那是因为儒生通过与方士联手制造政治神话，大力宣扬刘家该当皇帝的缘故。

我们更要明白，孔子孜孜以求恢复的"周礼"制度，是纯粹的贵族体制。"周礼"的举行以周王为核心，论证和维护的是以血缘亲情为基础的上下尊卑等级制度，儒家讲"礼"正是对商周贵族生活的记忆与怀念。周王与诸侯的国法一律以亲情关系为准，与当代人所习惯理解的法制观念完全相悖。在儒家看来，"父为子隐，子为父隐"，父子犯罪后互相隐瞒，逃避国家制裁是理所当然的事情，是人间正义的必然选择。在当代人的眼中，这种行为是典型的徇私枉法，可是这套亲情大于"国法"的逻辑却堂而皇之地成为历朝司法实践的准则。

其中争议最大的就是舜包庇父亲犯罪的故事，舜是儒家心目中的理想天子，他的父亲瞽叟却是个劣迹斑斑的卑鄙小人，与小儿子多次设计毒害舜，舜却始终无怨无悔，予以宽谅。后人对此大惑不解，于是给出了以下道德选择难题，如果这个品格卑劣的父亲杀了人，舜到底应该何去何从，是继续宽纵父亲的恶行，还是将他绳之以法？孟子给出的答案是，舜应该舍弃王位，偷偷背着父亲逃到官府捉不到的地方躲起来。这个方案明明是在鼓励人们违法犯罪，直接挑战国家权威。而且舜丢掉的是天子大位，无疑等于放弃了掌管天下的社会责任，同样也是一种犯罪。然而在儒家的解释中，遵守家庭伦理恰恰是履行社会责任的基石，如果放弃了"孝道"，即便一个人位居天子也治理不好国家，为父亲隐瞒罪行，逃脱国法制裁，却反而能够树立起良好的伦理道德风范。

问题在于，在这个鼓励为孝道而犯法的逻辑表述中，孟子完全忽略了受害人一方所遭受的痛苦与精神损失。在他看来，处在天平另一端的国法与受害人的利益远小于亲情孝心的分量与价值。经过最终权衡，如何估测与评价"孝心"大小，才是治理国家的根本任务，其他标准都是次要的。这明显与"皇亲国戚犯法与民同罪"，或者与"法律面前人人平等"的现代治理规则背道而驰。如果换成法家，很可能立刻逮捕和处死瞽叟，对儒家而言，这个做法却并非最优选项，甚至可能被当作最差选项。因为"亲情"的重要性可以切身直观地被感受到，受害人的痛苦则只能间接加以推测，这也是"礼"的设置初衷。《礼记·问丧》中有一句话说，礼"非从天降也，非从地出也，人情而已矣"。在亲情大于法律的氛围中，受害人唯一宣泄痛苦和不满的办法不是诉诸法律，而是通过雇凶杀人的方式伸张正义，因此游侠复仇风气在春秋战国时期一度具有了民间正当性。富人可以"养士"，穷人无力买凶，只好亲自动手杀人。

春秋晚期直到秦汉之际，诸侯国或封地之中的士大夫豢养着大批私人宾客，双方维持着一种"约"的关系。这种私人"约"定具有相当的不确定性，不像现今的契约与法律体现的是一种"公权力"，"约"也不依赖血缘亲情维系，却常常在关键时刻发挥出惊人效力，如为雇主手刃仇人，或者在一场战争中慷慨

第三章 儒法思想：从寻求差异到彼此互补

赴死。另外,"游侠"作为游民集团完全脱离了血缘宗族网络的控制,在秦汉实现大一统以后,必然受到取缔和限制,任侠之风也随之烟消云散。

任侠之风的兴起是因为主客双方信守的"约"既不是"法",也不是"公权力",更不是对身体有约束力的契约,而是源于诸侯士大夫与侠士之间的私人友谊,与国法公义无关,一旦处理不当,就可能对王权法律和宗族伦理构成威胁。《史记·廉颇蔺相如列传》中讲过一个赵括兵败的故事,司马迁讨论的中心议题是兵与将之间的私人关系在战争中到底能够发挥多大作用,其成败得失是什么。赵括是赵国名将赵奢之子,他少时自恃熟读兵法,目中无人。赵国名将廉颇与秦国交战,采取固守防御之法,坚不出战,引起赵王不满,于是起用赵括取而代之,统领兵马。赵括母亲在战前向赵王紧急上书,反对赵括领军,理由并非是赵括不习战阵,而是缺乏协调人情关系的能力,赵母把赵括和赵奢的处事方式做了比较。赵奢经常和手下十数人一起吃喝,朋友数以百计,凡是君主与宗室赏赐的东西一律分发给军吏一起享用。赵括与他父亲正好相反,在当上将军后,军吏对他感到畏惧,不敢仰视,君王赐给的金帛财物统统藏入自己家中。赵括之母在上书中强调,军法虽然重要,却只负责外在震慑和约束,从感情上凝聚人心才是取胜关键,赵括在这方面根本没法与他父亲相比。结果赵母的话不幸言中,赵括只习惯纸上谈兵,加之情商又低,导致一战即溃。

从表面上看，刺客豫让说的那句著名的话"士为知己者死，女为悦己者容"，指的是主客之间的信任关系，但前提仍然是主人把门客当作家人一般对待，这种亲情纽带加上朋友信义，共同促成门客愿意付出特殊技能乃至献出生命。主人对私属门客的厚待和由此产生的情感纠葛，并没有游离出家长式支配关系，尽管主人与门客之间没有血缘联系，也没有家族伦理的约束。与此同时，主人与门客之间并非处于平等地位，门客仍是为主人服务的工具人，只不过必须在相互的感情交往中获得足够的尊严和面子。

春秋战国时期的"任侠"情感意识，带有某种浪迹天涯的不确定性，"侠士"常常流露出"天空任我飞，大地任我行"的独往独来气质。他与主人的私人情谊是一把双刃剑，一方面有可能强化主人与门客之间的等级秩序；另一方面却又构成对通行权威或公权力的威胁与挑战。所以，儒法两家均对侠士游民的活跃抱以批评态度。"游侠"只服从主公的私人约束，不遵从普遍意义上的伦理道德和礼制安排。在儒家看来，他们破坏了以宗法制度为核心的价值观。韩非则站在王权的立场下了一个断语，声称"侠以武犯禁"。从统治者的角度而言，尽管汉朝开国君主出身无赖，在入主大统前，喜欢结交游侠食客，但在获得王位后就迅速意识到"游侠"是破坏社会安定的潜在毒瘤，必须严加铲除，这与儒法两家对"游士"的评价相当一致。

谈论"兼爱"的墨家最终成为历史尘埃

春秋时期,墨家曾是一个比较活跃的思想流派,墨子谈论最多的"兼爱"并非建立在等级秩序基础之上。其前提是,如果个人要得到关爱,首先必须学会爱护他人,付出与回报是对等的,这与儒家提倡不同等级之间爱有等差的思想截然对立。儒家强调关爱宗族血缘圈子里的亲人,与之相比较,墨子的"兼爱"观具有更为广泛的人际关系基础。这是因为春秋战国时期礼崩乐坏,诸侯国无法照常维持宗法制度,各国的卿大夫开始招募游士从事各种服务,这些"游士"四处流动,其身份并不归属卿大夫的宗族血缘网络,他们和卿大夫就是"兼爱"的关系,遵循的是私人之间付出与回报的交往原则。如刺客豫让就认为主公对待自己犹如"国士",自然要性命报答主公恩遇。在儒家看来,类似豫让的刺客干出的事情并非光明正大。孔子就批评"言必行,行必果"是"小人"的作为。在当代人看来,"守信义"是美德,可是在孔子眼中,这种美德不能建立在私人承诺的关系框架之内,而是必须放在亲亲关系的等级格局中才有意义。"游侠"的率直情感和行动风格与这种伦理规则格格不入,孔子讥讽游侠是"勇而无礼则乱,直而无礼则绞"(《论语·泰伯篇第八》)。

孔子试图通过继承周礼,把周王室宗族秩序制度化,通过阐发"仁"的含义使道德拥有心理上的支撑点,同时鼓吹"孝"作为"仁"的外在行为表现。"孝"的人伦基础是父子关系,出自纯天然的血缘亲情,以此为根基和起点,整个宗族体系由此延伸建立起来。父子有上下等级之分,在此关系延长线上的宗族当然就有亲疏之别。"不平等"恰是建立礼制的基本条件。与孔子相比,墨子看重的是没有血缘关系的私人交往,希望超越家庭宗族的束缚,扩展人与人之间的感情界限,相互通过给予获得爱的回馈,建立没有等级差别的社会。

墨子的浪漫情怀一旦与现实遭遇,立刻面临两个难以解决的问题。第一,私人之间的交往缺乏亲缘纽带的维系,主公与游士之间虽有信义联结,但游士居无定所,行踪漂泊不定,总是四处寻找投靠和服务的机会,不会长期生活在某个特殊圈子里。第二,宗族聚族而居,大多代代相传,人际关系具有延续性,私人群体交往面对的是单独个体,并无义务为所有个体的下一级负责,这就决定了他们之间的相互承诺只是临时性的,十分松散,不可能长久维持,更不可能转变成稳固的世袭关系,不像宗族内部的秩序能够透过血缘传递不断接续下去。墨子鼓励个体交往与利益之间的施予与回报规则,与先王积累下来的礼制经验南辕北辙,当然会遭到儒家的指责。孟子就直言不讳地斥骂墨子是"禽兽",说:"墨氏兼爱,是无父也。无父无君,是禽兽也。"(《孟子·滕文公章句下》)儒家坚持血缘亲情的融铸,是区分人与兽的关键要素,如果放任"游士""游侠"自选主公,主公又以短暂的信义与利益驱使这些人为己服务，势必造成天下大乱。

"兼爱说"主张关爱具体个人，鼓励在现实环境中一对一地进行交往，这种仁义与利益的结合，在非常具体的个人交往之间才可能发生，无法普遍施及每一个人。与此同时，墨子还主张"尚同"，就是把"兼爱"的大义交给最高权威统一认定，由天子选择"兼爱"对象，再依高低次序逐级推导下去，并经由赏罚手段保证落实。可见墨子的"兼爱"理论，骨子里仍持等级分别观念。主公与侠士并非平等相处，大多受制于施恩与报恩的私人约定。"兼爱"也逃不脱不同身份体制下感情与利益的交换规则，只不过并不参照血缘远近的标准执行。

儒墨两家比较，墨家"兼爱"并不追求感情的真正平等，坦率承认人与人之间存在利益博弈，经常受到特殊语境下互惠状态的限制。如某个卿大夫发现某位侠士愿意为己复仇，从此两人建立起一种貌似"兼爱"的短暂交往关系，如果在一个统一帝国内部，这种带有极大偶然性的相遇，也许会带来不可预测的危险，不利于保持身份秩序的稳定。相反，儒家主张人伦规范必须建立在血缘关系基础之上，至少在理论上能够保证权力在家族内部循环传承，避免了士人交往太多受到偶然因素的制约和干扰。

这就是为什么秦汉及之后，汉高祖刘邦虽起源于游士无赖阶层，似乎更容易认同墨家的价值观，却反而认为各类"游侠""游士"危及社会稳定，必欲除之而后快。帝王出身自哪个阶层，并不一定就代表这个阶层的利益，正因为对该阶层有深刻了解，深知某些观念对于维护统治不利，他们在掌权之后反而变本加厉地排斥，这就是墨家的"兼爱说"在秦汉统一以后迅速走向衰落的深层原因。

/
"大一统"国家为什么选择了儒家思想

儒家作为诸子百家之一，与其他诸子派别一样，均是作为各个诸侯国君的备选思想才生存延续下来。一个诸侯国的统治者在选择使用何种理论治国时，有一个因素必须考虑，那就是治理成本的问题。诸子百家各显其能，为提供更好的治国方案展开激烈争夺。法家崇尚严刑峻法，主张最高权力自上而下一直贯穿到底层民众，这种治理思路也许行政效率颇高，同时也造成治理成本不断提升，因为必须在各个不同层级的机构部署大批官吏，才能保证律法有效实行。一个君主统治的范围越大，投入资源的成本就越高。秦朝统治全盘遵行法家思想，尽管在短期内维持了大一统局面，却终因治理成本飙升引发大规模叛乱而迅速走向灭亡。

与法家相比，采纳儒家思想显然更加节省治理成本。儒家提倡把家族管理的模式放大到国家与社会，一切以亲情为出发点。亲情一方面是每个人天然生发出的原始感情；另一方面又通过道德教育，使所有人都接受训导，这套相对温和的教化方式，使得上至统治阶层下至普通民众更容易达成共识。如果遇到难以化解的冲突，只要把当事责任人交给亲情关系网络处理，而不是经由复杂烦琐的审判程序去解决，显然更加节省精力和资源，这就是儒家的"无讼"理念。从现代司法的角度观察，诉讼是一项成本极高的博弈游戏，且不说古代广大乡村民众居住的地理位置距离打官司的县衙多么遥远，进一趟中心城市需要付出交通、食宿和等待判决的时间等成本代价，更不用说还须顾及怎样凑齐打点底层办事人员关系的费用这类不确定因素。

与严格遵循法制诉讼的程序比较，儒家建立"礼治"秩序的成本要低得多。"礼治"是建立在等级观念基础之上的人际交往准则，与现代法治观念不同，"礼治"具备两个特点：一是毫不掩饰地维护特权阶层的利益；二是主张在不平等的状态下保持社会稳定。《周礼》就是为高高在上的统治阶层制定出来的一套规则，它只保护每个阶层内部成员的权利，却从不主张兼顾天下所有人的利益，儒家对"礼"的阐释和发挥也是基于这样的考虑。

与西方不同，中国古代法律往往根据"礼"的要义制定规则，是人情关系的条理化，断案有"情理法"的排序，往往根据具体情况做出变通更改，"情"被摆在第一位，"理"是人世间的世俗规则，"法"是对这些人情世故做出的裁断。

儒家坚信，如果赏罚过于分明，亲情难免隔膜，反而不利于加强群体凝聚力，造成社会不稳定的隐患。如果坚持把责任人的角色辨别得很清楚，刻板地按照"王公犯法与庶民同罪"的原则去执行公务，势必难以解决以下问题，那就是贵族与平民百姓在表面上似乎地位平等了，实际上尊卑失位，不但亲人之间可能反目成仇，而且让那些本来甘居卑下地位的人萌生觊觎高位的野心，导致社会整体失序甚至崩溃。儒家主张，只有生活在特定等级秩序之中才能收获幸福安逸，那些追求普适平等的构想，一律是对社会安定秩序的破坏。

孔孟说过的一些话很容易被当代人误解，"劳心者治人，劳力者治于人"(《孟子·滕文公章句上》)，"唯女子与小人为难养也，近之则不逊，远之则怨"(《论语·阳货篇第十七》)。后人认为，这种看法是对劳动人民的歧视。其实，这些话的真正含义，只有把它们放在古代等级支配关系的脉络当中才能理解。前一句话所说的"劳心"和"劳力"的差别，指的是分工不同，与不同等级人群在差序格局内各安其位的要求是一致的。后一句话谈到妇女与小孩大多未受过教育，地位当然不会太高，只有接受过更多教育的人去支配少受或未受教化之人，有道德自觉的人去约束懵懂无知之人，社会才能保持安定，反之难免陷入动乱无序。

/
法家精神：寻求规则的"确定性"

与后来成为王朝意识形态主流的儒家观念相比，法家思想除在秦朝受到短暂重视之外，汉代以后就逐渐蜕变成如同异类的存在。法家形象大多与暴虐、刻薄、寡恩、廉耻这些形容词关联在一起。实际上，法家与儒家的关系相当密切，法家的代表人物韩非就是儒家宗师荀子的学生，可是他的所作所为，却与儒家温良敦厚的形象差别极大，所以大多数人总是把儒法看作截然对立的两个思想派别。

如果仔细分辨，韩非的某些观点与他的老师荀子还是有些近似的地方。比如韩非主张以"法"治国，荀子崇尚"礼"的人性塑造功能，"礼"和"法"同样具有外在规定性，都是希望设立外部规则约束人的言行。荀子并不反对使用强制惩罚措施，如他说："治之经，礼与刑。"（《荀子·成相》）认为刑罚可以和礼制交互并举，共同发挥作用。韩非与荀子的区别在于，荀子真心希望每个人掌握了"礼"的精髓之后都能变得善良可爱，韩非却根本不相信人心有沿着美好方向自觉转化的能力。他拒绝谈论善恶问题，避免从主观视角评估人性价值的高低，一心只追求"法"的强制规范效果。

法家的核心观念大致可以归纳出两个特点。第一是永远不相信语言教化的力量，不断追求行动的"确定性"。韩非从骨子里从不信任那些终日热衷传道授业的书生，批评他们说出的话与具体行动经常脱节，主张所有的辩论争执都必须落实到具体行动之中，才能辨别真假对错。第二是法家信奉适合多数人的行为规则。在韩非看来，那些满嘴仁义道德的人总是陈义过高，整天生活在浪漫幻觉之中，根本无法确定个人对道德的理解在多大程度上能够转化成群体意识。他们设定的目标，也许只有一小部分人才能达到，大多数人望尘莫及。从道理上讲，儒家倡导的道德标准完全能够培养出崇高的个人觉悟，可是由于无法衡量每个人的天赋和素质到底能够提升到什么样的高度，对伦理道德含义的理解可谓千差万别，最终难以达成一致，因此无法为大多数人设定统一的执行标准。

儒家对人性抱有过于乐观的态度还潜藏着另一种危险，那些图谋不轨之人很容易打着仁义的旗号，阳奉阴违地去干坏事。只有事先假设人的本性就是趋利避害，一个人倾向干坏事的可能性大大高于做好事，选择功利自私的概率远远大于道德自律，才能做出正确的判断，并对此类言行加以抑制。韩非触目所及，到处是骨肉相残的人间悲剧，的确没有几个人真正符合儒家所标榜的高尚楷模形象。他由此得出结论，只有对人性始终抱以悲观态度，实施严密的法律程序，而不是把希望寄托在结果无法确定的道德教育之上，才能对人性恶的一面进行有效管理。

"法"只要制定出来，规条就是明确的，辨识度极高。"法"虽冰冷严酷，不近人情，却一目了然，极易操作，只有遵守和不遵守这两种选择，没有任何回旋余地，比儒家慢条斯理的空洞说教更加务实。一位口若悬河的心灵导师无论怎样口吐莲花，说出多少动听美妙的语言，做出多少善意的承诺，都必须经过"法"的统一标准检验核实。

法家眼中的"人"只须禁锢在"法"的牢笼里，就如黑与白的颜色那般易于辨认。一个人只须不假思索地遵守笼子里的规定就完事大吉了。在儒家眼中，"法"的实施过于直截了当，没什么人情味，不给人留下任何调剂周旋的余地，缺乏浪漫色彩。运用"法"的规则测度人心是基于以下假设：每个人在心理上对道德规则的接受程度参差不齐，导致教化效果模糊难辨，无法建立统一标准。解决这个难题的最佳办法，就是凭借赏罚分明的条款衡量是非对错。《韩非子·六反篇》中举了两个相反的例子去佐证这个说法。第一个例子讲的是，假设把一些不值钱的货物摆在别人看不见的隐蔽之处，即使像曾参、史鱼这样世间公认的贤人，在无人监督的情况下，恐怕也会趁机偷偷拿走这些东西，因为当场被抓的风险极低。第二个例子是，在人群拥挤的闹市，即使悬挂百金，一名凶悍的大盗也不敢贸然去拿，因为在大庭广众之下很容易被擒，冒险成本太高。可见，衡量一个人的品质，并不取决于他内心是否善良或邪恶，而是取决于外在监控的力度。

儒法两家思想体系，无论是道德教化还是法制规范，都必须经由君主设置规则，然后再鼓励推广，这两种思想取向会导致完全不同的后果。"道德"对君主的不当言行有规范作用,"法制"却对君主的胡作非为无可奈何。儒家思想的缺陷在于,因为君主专权制度下施法的对象是臣民,臣民的个人意志从来都是多变无常,如果按照儒家指示的那样全凭个人觉悟,就会迫使臣民热衷运用智巧辩才粉饰言行,或者借用虚假名誉欺骗君主。

英明的君主一定把"公""私"的界限辨别得特别清楚,"私"只讲个人情义,抛弃了国家的赏罚禁令,这是附和"私心"而忽略"公义"。为避免陷入被私人恩惠支配绑架的陷阱,君主必须意识到,君臣是依靠功利算计暂时结合在一起的合作伙伴,臣子行事考虑的是自身利益的得失,君主则更多关注王朝的长远利益,两者的出发点是不一样的。把不同利益的人群捏合在一起,只能借助赏罚手段,不能依赖私谊亲情。

韩非认为,在乱世之中,君主的心思很容易被一些擅长高谈阔论的雄辩之士蛊惑动摇。好像越是不知所云的虚玄魅惑之言,就越有吸引力,反而容易被冠以"明察"的崇高评价。那些远离尘世的隐士故意装出一副莫测高深的神秘姿态,把违抗君命当作特立独行的正当行为,这些人假借飘逸出格的异端举动往往受到重用,那些踏踏实实制定法制标准,对争辩是非毫无兴趣的人却反而受到冷落。能言善辩的儒生与行踪不定的侠客到处出没,那些真正从事耕田打仗的人因无利可图,数量就会减少,双方构成此消彼长的态势。

第三章 儒法思想:从寻求差异到彼此互补

儒家鼓吹良心发现与道德自觉，由于实施难度太大，由此途径训练出来的忠贞诚信之士肯定非常稀少，国家治理依靠的是技术型官吏，这批人一旦不敷官职所需，君主的统治就无法有效运行。君王只有专一用"法"，不能奢望私人智慧创造出奇迹，更不能相信大多数人突然心念一转，就纷纷自觉当起了善人，做起了好事。正像管教严厉的家庭不会容忍骄悍奴仆胡作非为，慈母溺爱的家庭却容易出现败家子是一个道理。

明智的君主应该"以吏为师"，不必依靠古老圣贤思想的指点，对侠士刺客的报仇行动严加管控，随时鼓励杀敌立功的公义举动，远离舌辩带剑之徒。韩非特意指出，法家并非不承认世界上存在行善积德之人，只不过与纯粹出于功利之心做事的人相比，这部分人的数量微乎其微。成功治理国家的大前提是不能相信那些刻意标榜道德崇高之人，受到法制震慑，不敢为非作歹之人才是真正值得信赖的，因为他们在"法"的约束之下采取的审慎态度，比受道德感化做出的自我表态更加可靠。一句话，治国要采取对多数人有用的原则，放弃只针对少数人有效的方法。由此可知，崇尚功利的法制与标榜理想的德治分别构成了儒法之间的根本思想分歧。

/
从荀子的"法后王"到法家的"法时王"

法家和儒家治理国家的思想与制度设计大多围绕帝王展开,孔孟主张君主大行仁义即可安定天下,至于那些民众需要遵循的日常道德规则,先朝的圣王早已制定完备,后人只须模仿学习,不需做出任何改变。孔子反复说明,自己只是遵从周公的指示,效法恢复周朝的礼制秩序。荀子与孔孟的差别在于,据荀子的判断,到了战国乱世,古代帝王的思想已经难以应付复杂多变的政治生态,他认为,先王制定的规则必须在具体实践中鲜明体现出来才是有效的。法家更是把荀子"法后王"的观念向前推进了一步,直接倡导"法时王",就是牢固树立起为当代君王服务的自觉意识。

在谈到如何对待古代圣贤思想这个敏感话题时,韩非认为,远古先王发明的遗训完全没有实用价值,在现实世界里根本派不上用场。他打了一个比喻,就像小孩子玩耍时用尘土做饭,用泥巴做汤,用木块做肉,玩到天黑仍然还得回家去吃晚餐,因为小孩子知道尘土泥巴不能当饭吃,先王思想就像小孩子玩的尘土泥巴一样不切实用。上古遗留下来的制度,表面看上去堂皇华丽,却只不过如孩童游戏,无法成为治理国家的准则。(《韩非子·外储说左上》)

法家对人性的判断与荀子相近,同样不大相信人生下来就具善根。法家总是悲观地认为，一个人的任何言论，背后一定隐藏着某种功利动机，不可能纯粹出自仁义的考量。为了说明这个道理，韩非讲了一个故事，说的是魏国大将吴起攻打中山国，军中有个士兵生了毒疮，吴起跪下来亲自吮吸士兵伤口的脓血。士兵的母亲见此情景不但不觉感动，反而马上哭了起来，众人感到奇怪，纷纷质疑："将军这般爱护你的儿子，你应该感激涕零才对，为什么如此伤心呢？"母亲回答："吴起为我儿子的父亲吮吸过伤口，他的父亲后来英勇战死，现在同样情况又发生在我儿子身上，恐怕他最终也性命难保，我能不伤心哭泣吗？"士兵母亲的这番话把吴起温情脉脉背后的真实动机完全揭穿了，让人们清醒地意识到，人与人表面上的和谐关系背后，统统掩埋了深层的功利目的。对于吴起而言，士兵不过是可利用的工具人，对其施予爱心，就是为了让他们在打仗的关键时刻献身卖命，这种冷酷的精明算计并非仅仅体现在某个特殊人物身上，而是渗透到了整个人际交往的方方面面。

各种精致的权谋算计在政治领域中也时刻有所反映，法家"权术政治"与儒家"贤能政治"经此切入口最终分道扬镳。法家坚持断定，"贤能政治"对人性要求太高，可行性太小。远古最好的圣王如尧舜和最坏的君主如桀纣一千年也许才出一个，在这个世界上，大量君主都是"中材"之资，才能固然不能与尧舜相比，品性也不至于恶劣到桀纣那样的程度。具备"中材"资质的君主只须守住法度的底线，就足以治理好国家。反之，背弃法制规范，就会扰乱正常秩序。

如果历史上的君主大都是"中材"水准，普通百姓的素质就更难称得上优秀，当然也就不适合用圣贤的道德标准去衡量规范。在韩非的印象中，父母子女之间不可能产生天然亲情，同样维持的是纯粹的利益关系，互相在不断的权谋计算中共同生活。可见那些游士劝说君主放弃求利之心，对臣子民众流露出仁慈关爱的态度，完全与要求父母子女相亲相爱一样，都是奸诈欺骗的伎俩，唯一行之有效的方式就是严格按照法制规则办事。

正是出于对人性的极端不信任，韩非才觉得民众财用富足并不是什么好事，因为财富积累过多，容易因贪婪而奢侈过度，最终堕入犯罪的深渊。如果对富人抱有仁慈之心，对他们的罪行予以轻判，就会引发天下大乱。从理论上说，只有那些远古圣人比如神农才能做到富裕之后仍然努力劳作，普通百姓不可能有这么高的觉悟，要督促他们勤勉工作，就不能同时给予太多获取财富的机会。判定征用赋税的标准是否达到均贫富的水平，只有依靠赏罚分明才能实现。况且百姓本来就习惯屈从权势，很少被儒家道德仁义的虚幻说辞真正感化，儒家鼓吹的孝道对家庭有利，却未必适合君主统治，甚至儒家主张的私人伦理与国家公义原则相互冲突，两者无法顺利协调，达成一致。

为了解释公私冲突为什么最终无法得到解决，韩非专门讲了两个故事。一个故事是说，楚国有一个很正直的人叫直躬，他的父亲偷了别人家的羊，直躬向官府告发了父亲，地方官却要杀掉直躬，理由是他告发父亲虽然出自对君主忠心，却属不孝之举，做了君主的直臣却变成了父亲的逆子。

另一个故事讲的是，有个鲁国人跟随君主出外打仗，三次上阵三次逃跑，孔子问他为什么临阵脱逃，鲁国人回答说，如果自己战死了，就没人供养老父亲了。孔子觉得这个逃兵是个大孝子，不但不加责罚，还提拔他做了官。

韩非从这两个故事中得出结论，父亲的孝子必定是君主的叛臣，这两种角色水火不容，无法调和。地方官杀了直躬，楚国的坏人坏事就没人向上报告了。孔子奖励逃兵，鲁国人就会纷纷效法，随时准备投降敌国。一个君主既容忍个人追逐私利的行为，又企图谋求国家的整体利益，总想着两边兼顾通吃，一定没有成功的希望。

韩非启发人们跟着他一起想象，即使是纯粹出于爱心去孝敬父亲，恐怕一百个人里也未必能找出一个孝子。既然如此，奢望士兵如孝子热爱父亲那样为君主卖命，只能是一厢情愿自欺欺人。因为趋利避祸是人之常情，奖赏丰厚，遵守信用，民众自然会勇于献身，不怕与敌人奋力搏斗，处罚严厉且严格执法，遇到战况激烈胶着的关键时刻，任何人都不会败走逃生。

在法家的观察视界中，儒法的分歧主要表现在，儒家宗师强调上古传说中的先王多么贤能英明，却从不考察现实中发生的各种情况到底属于什么性质。儒家说出的话就像古代巫师在念咒语，缺乏可信度。因为上古的美好生活都是过去发生的事情，那时候积累下来的经验并不能证明在当下时代同样奏效。有人表示，君王统治必须倾听人民声音，获取民心支持，可是人民只拥有婴儿般的心灵，民智的水准如此之低，还怎么加以利用呢？君主之所以依靠法术而不是盲目相信先贤设定的道德标准，很大程度是因为儒家表达的思想主观色彩过于浓厚，无法找到一个相对准确的尺度，去衡量应用效果到底如何。法制却有明确的一定之规，一旦制定颁布，对所有人一律适用，大概率比空谈道德教化更可靠。

当然，法家并不是一味主张滥用暴力去解决问题，他们也意识到，纯靠法制极易产生各种弊端，在处理具体事务时必须尽力避免陷入"仁爱"与"残暴"这两种极端状况。过于慈祥宽厚，会显得优柔寡断；过于轻视财富，又会给人刻意施舍、故意博取人心的印象。如果一个君主内心残忍，就会在臣民面前暴露出憎恶别人之心，容易引起臣民的怨恨；毫无理由胡乱杀人，最终会导致众叛亲离；君主表现得过于仁爱，臣民又会肆无忌惮地借机违法犯禁，寻求侥幸获得赏赐的机会；君主如果过于暴虐，毫无节度地滥用法令，难免又会造成民众的离心离德。如何在"法度"与"人心"之间寻求微妙的平衡，是法家真正关切的核心议题。

法家如何处理"法"与"术"的关系

法家讲究"法""术""势"并举,"法"是相对固定的规条,明确由官府制定和颁行,目的是使赏罚意识深深根植在民众心里,并迫使他们遵守。"术"是君主揣度群臣的处世才华与办事业绩,分别授予适当职位。君主不懂驭臣之术,就会受到蒙蔽和欺骗,臣属不遵法令就会犯上作乱,"法""术"全部运用到位,良好的"势"就会自然展现出来。

"法"和"术"既然都如此重要,那么两者到底是什么关系呢?韩非举出了申不害与商鞅的经历回答这个问题。申不害辅佐韩昭侯实施新法,却没有同时废除旧法,导致新旧法律之间相互抵触,君主没有及时避免因官吏不知如何用法引起的祸患,让奸臣利用新旧势力的矛盾钻了空子,结果花了十七年时间也没有成就霸业。与申不害相比,秦国名相商鞅不愧为用"法"的典范,他通过设立什伍连坐制度,让各家互相监督,一家违法同受责罚。秦国民众在法制约束下努力耕作,劳累了也不休息,打仗时甘冒风险绝不退缩,最终迎来国富民强的局面。但是秦王不懂如何使用"术"来揣摩洞察臣下的奸邪情势,秦国虽然富强却屡屡使奸臣得势,疆域版图扩大了不少,却大多变成了私人封地,就是使得"法"的实施,并不能取代君主对"术"的感知和运用,因此秦国仍然没有实现称霸伟业。在法家的思想体系中，"法"和"术"既有区别也有联系，君王驭臣之术始终在法家思想中处于核心位置。

在韩非看来，驭臣之道就像驯养乌鸦，剪断乌鸦翅膀和尾巴之下的羽毛，它就只能靠人饲养，没有不驯服的道理。明智的君主豢养臣民使用的是同样手段，诱惑他们不得不贪图俸禄和名位，最终听命于己。

至于如何对待民众，韩非通过一段秦王的故事，解说统治者如何调控和引导民众感情，使他们服从既定法律。故事说，秦昭襄王有一次生了病，不少村庄的村民得知消息，纷纷买牛祭神，家家为秦王祛病祈福。公孙述从王宫出来，看到这番景象感到十分欣慰，赶紧回宫向秦王表示祝贺。秦王派人查问，发现果有此事，不但不觉高兴，反而决定惩罚这些民众，要求每人献出两副盔甲，这就等于额外增加了民众负担。秦王做此决定的理由是，普通民众没有接到命令，擅自为我祈祷，虽然是敬爱秦王的表现，却不得不迫使君主改变法令，以同样对等的心情去爱护百姓。这样做的结果，相当于彻底背弃了法制，法度一废，离乱国亡身的时刻也就不远了。

一般来说，君主的首要任务是驾驭群臣，而不是直接管理民众，就像摇动一棵树，如果不是去摇动树干，而是一一去掀起每片树叶，再使劲也很难触碰到全部树叶。如果用力去敲打树干，所有树叶就会随之晃动，纷纷落下。善于张网捕鱼的人只须牵引渔网的纲绳，鱼就顺势被捕捉到了网里。官

第三章 儒法思想：从寻求差异到彼此互补

吏就像渔网的纲一样，君王只需控制好这些人，就能有效治理天下。

法家与儒家在处理君臣关系上到底存在哪些分歧，我们可以通过赵襄子赏赐臣下的故事略知一二。赵襄子一度被围困在晋阳城中，解围后赏赐有功人员。第一位受赏的人名叫高赫，有人质疑高赫在晋阳解围中并未立功，得到如此殊荣，对其他人显然不够公平。赵襄子回答说，晋阳被围时，群臣均表现出骄慢轻侮的态度，只有高赫严守君臣之礼，这样的人值得优先赏赐。孔子对赵襄子的做法大加赞赏，表示君主若都能按照这个标准奖赏臣子，那么天下人都不敢失礼了。韩非对孔子的评价却不以为然，他认为高赫仅仅做到对主人谦恭有礼，而不是因为战功显赫获得奖赏是完全错误的。正确的做法是，君主不赏无功之人，不罚无罪之人。高赫获得赏赐是秩序紊乱的表现，只能表明孔子根本不懂进行赏罚的道理。

君主面临大事抉择时，离不开"法"与"术"的交替使用，但是"法""术"到底在什么情况下才能变得更加有效，却是个大费周章的难题。成文法典著录在册，经由官府公开向众人颁布。"术"则是深藏在每个君主心中的隐秘意念，使用它的目的是斟酌取舍各方面的讯息，为驾驭操控群臣提供依据。"法"是公开发布的文字，须尽可能使那些即便地位卑贱的人也有机会周知尽晓。"术"却应隐晦不显，深藏不露，就连君主最信赖之人都无法揣测。

法家"驭臣之道"的精髓是什么

法家承认,"驭臣之道"的精髓在于,君主不怀个人喜好和偏向去听取意见与谋划事务,一旦让人觉察到有所偏倚,不去多方验证,权力就会旁落到奸人手中。君主运用权势严加管控,臣民虽产生抵触情绪,也不敢违背其意愿,无论贬斥还是赞赏,一律依法执行,就会杜绝臣民议论纷纭。遇事处置应集中众人智慧,如果没有事先听取大家意见,擅作主张,臣子事后发表看法,就可能参照别人观点,改变主意,造成态度前后矛盾,君主就无从判断臣子到底是睿智还是愚蠢。如果只是满足于一一听取众人意见,却不加以集中裁断,就会显得犹豫不定,无法解决任何问题。在用人方面,一位聪明的帝王不取彼此观点相同之人,臣下的意见保持差别,才能为己所用。他始终神秘莫测地隐藏在幕后,没人知道这位最高统治者到底在想什么。

法家认定,君臣关系是建立在相互不信任的基础之上的,这话听起来似乎有点骇人听闻,让人无法接受,却是驭臣之术的最基本设定。很多帝王无法有效驭臣,是由于流露真性情,只要暴露真实意图,臣下就会借机利用和绑架他的情感。这些臣子大多是贤能之才,个个都会察言观色,伺机而动,时时刻刻修饰言行,迎合上意,使帝王无法分辨善恶对错。法家眼中君臣之间的信任关系是完全不可靠的。为了证明这一点，韩非举了一个最极端的例子。齐桓公喜欢美味，易牙为了表达忠君之情，蒸了儿子的头颅进献给桓公。韩非深知，连儿子都忍心虐杀的人肯定时时深藏作恶的动机，不可能具备值得信任的感情。

君臣之间只存在不同的功利关系，如果误信双方利益相同，就要被臣子挟制控驭，抱有与臣子共治天下幻想的帝王，最终必然为其所害，这是所有君主必须切记的处世规则。韩非从历史上寻找出一些祸乱宫廷的例子，在他看来，统治者大权旁落，往往与太后、妻妾、子孙、兄弟、大臣、贤人这几类人脱不了干系，这六种人均有干政僭越的潜质和嫌疑。要防止他们祸乱朝廷，就要分清公私关系，学会用说反话的方式试探对方心理，用韬晦诡诈的办法防范臣子发生侮慢不恭的举动。帝王甚至可以不惜故意泄露各方不同意见，再冷眼观察反应，使歹人没有可乘之机，只好被迫改变意图。一个合格的帝王必须不露声色，如果表现出对某人有特殊关爱之情，臣下就会利用这种偏好窃取恩典，用来抬高名声。如果帝王对某人表现出愤怒，臣下就会抓住这种失控情绪惩戒对手，借此威势为自身谋利。

从人性的角度观察，不擅言辞者说话往往令人起疑，能言善辩者却又极易使人轻信，聪慧的君主听到顺耳阿谀的奉承话要反复探求虚实，听到引起激愤的言语要辨清是非，等情绪稳定之后再下结论，这样才可探知和验证这些话到底是诋毁还是赞誉，是为公还是为私。

从更广泛的治国之道来说，臣民不得把做善事义举当借口，以此获得荣誉；不得用私家利益获取功名，因为这些名义和功名往往建立在空洞说教的基础之上，找不到固定尺度评判这些言论的实施效果。设立统一的"公法"予以规范，是杜绝"私言"的最佳办法。在法度规定之外，即使表现出难得的品质，也不应给予表彰。在依赖有信用的法规条件下，臣民的积极性和才华方能得以发挥，只有明确什么是应该赞誉的，什么是必须贬斥的制度标准，才能达到惩恶扬善的目的。

/
什么是法家的臣子"进言之术"

法家总是站在帝王立场探讨君臣交往之道，与此同时，法家言论中也记录了大量臣民与君主相处时应该熟悉的应对技巧。臣下进言之"术"，首先表现在不能违逆统治者的意愿，如果君主想要博得高尚名声，进言人却游说他如何赢利，就会显得节操低下。反之，一位君主对获利感兴趣，进言人却借高尚的名声去劝诫他放弃谋利，这是缺乏心机。如果一个君主心里暗想获得某个珍稀东西，嘴上却羞于启齿，表面上还要装出一副追求崇高道德的姿态时，进言人不可顺着追慕名声的思路游说，否则君主虽表面上不发一言，心中一定觉得臣子不通人情而疏远他。如果进言人公开宣称获取利益的重要性，又会让君主感到不符合自己好名的矫饰心理，感到没有面子，尽管暗中会采纳建议，却可能在公开场合批评进言人不识时务。

臣子要想真正掌握说服之"术"，必须懂得美化劝诫对象自以为得意的一面，帮助掩盖其自觉羞耻之事。下列几种情形就是进言人需要随机应变的关键时刻。当一位统治者的急切要求处于隐秘不彰状态，进言人一定要挑明这个要求合乎正当标准，积极怂恿他去执行。统治者心中暗含卑下念头又无法克服时，进言人就要趁机夸赞这个念头非常高明，委婉地抱怨统治者为什么不马上予以实施。当某位统治者抱有过高期望，实际上又无法达到本来设想的目标时，进言人就要小心翼翼举出这种期望的缺点，赞赏他不去实行完全是个英明决定。如果统治者想逞强炫耀才智，进言人就要提供不同角度的意见，以满足其虚荣心，同时还得假装并不知道统治者是故意显露聪明，让他不加怀疑地深信，完全依赖自身努力，就能达到如此高超的境界。

臣下必须善于掩饰君主的短处，遇到与君主行为同样有亏者，进言人必须大力表白这类人并无卑污之处，对于那些与君主同样遭受失败者，进言人一定要证明他并无任何过错，为这些人辩护就等于为君主遮掩失误。劝导内容不违反君主意见，言辞表达不与其心意相抵触，就能打消疑虑，赢取信任。

在今人看来，这种赤裸裸的心机算计是旧时代的思想糟粕，完全不符合现代人际交往的道德准则。可是假设我们穿越回专制集权统治的时代去体验一下，我们又不得不承认，君主与臣子互相如何打交道，如何通过"术"的运作使"法"得以贯彻，形成较为有利的"势"，的确是中国古代思想中不可或缺的主题之一。法家在这方面的思考，与儒家主张培育道德善心的思路针锋相对，但又构成互补关系。

法家的这套极端功利理论，一直颇惹争议，司马迁就评价法家"严而少恩"，又说"法家不别亲疏，不殊贵贱，一断于法，则亲亲尊尊之恩绝矣。可以行一时之计，而不可长用也"。（《太史公自序》）批评其抛弃道德伦常和贵贱等级的规则是刻薄寡恩，无法维持长久，必须为秦朝暴政的速亡承担责任。

尽管如此，司马迁仍然肯定了法家"尊主卑臣，明分职不得相逾越"的政治治理功用。正如儒家尽管被讥为"博而寡要，劳而少功"，却仍然被赞许建立了"列君臣父子之礼，序夫妇长幼之别"伦理规则的功绩。在维系君臣关系与王朝统治秩序的过程中，儒法思想各自发挥着作用。尽管两家观点存在极大差别，历代统治者仍各取所需，使之变为相互补充呼应的治国手段。

因此，早有人指出，中国古代的治国思想是一种儒法互补或者说是儒表法里的双重结构。儒学宗师荀子曾精辟地概括儒法思想的异同，他说："听政之大分，以善至者待之以礼，以不善至者待之以刑。"（《荀子·王制》）法家保证的是，让绝大多数具有趋利避害本能的人尽量不做坏人，这与儒家通过示范效应，希望少数品德高尚之人把仁义礼制普及到民众的做法背道而驰。但显然双方各有道理，均符合现实人性的需要。比较起来，儒家伦理说教的全面落实一度只拥有逻辑上的可能，大多缺乏具体事实的验证。制定常态治理规范，似应更多考虑思想如何在现实生活中获得落实和兑现，而不是仅仅停留在空谈谋划的阶段，在这方面，法家的治理观念的确足以补儒家思想之缺失与不足。

第四章

老庄思想：
俗世中的生存智慧

在先秦诸子百家的竞争竞逐中，道家的位置显得有些尴尬，战国乱世，衡量一个思想流派的价值，端赖其是否为君王所用。比如纵横家在诸侯国之间穿梭游说，单凭一张嘴就能改变大国博弈下的利害格局，这个群体的举动自然顺理成章成为传奇。再如法家曾制定一系列苛酷律例，限制人民自由，的确看上去面目可憎，却能立竿见影收到奇效。尽管儒家满嘴仁义道德，常讲不切实际的大道理，一度惨遭诸侯冷遇，沦落成丧家狗，却因多有粉饰治道之功，让帝王统治至少表面看上去不那么面目狰狞，终于在后世迎来转机。只有道家宣扬"无为"，幻想超脱世俗秩序，鼓吹什么事都不干才是最好的人生选择，对充满功利心的现世统治者提供不了什么实际帮助，似乎没有理由在璀璨的思想群星中占据一席之地。然而在许多人眼中，道家思想却恰恰充满生活智慧，这又该如何解释呢？

道家给人的总体印象是，一方面讲究"无用之用"，经常一副无所事事的样子，让外人觉得形同废物；另一方面主张韬光养晦，行事低调，从不显山露水，恨不得干脆在世间隐身，避免构成对他人的威胁。这种规避风险的处世策略与儒法积极进取的"成功学"思维正好相反。

规避风险的要诀是"三反":"反道德""反知识""反审美"。在道家看来,儒家鼓吹行善,太在意身外之物,小人为谋取功名而牺牲,士人以身殉家殉国殉天下,贪图的都是无用虚名,想以此替代对人类本性的追求,丝毫称不上幸福。对各种知识技能的学习统统给生活带来不便,因为在这个世界上,所有物质的存在形式都是相对的,无所谓大小、高低、善恶、荣辱,以最卑微的生命妄想穷尽至大无垠的知识世界,只会徒劳无功。学习礼仪、仁义等道德规矩,反而容易让人变得面目伪善,口是心非。历史上那些号称绝顶聪慧学问渊博之人,没几个有好下场。相反的情况是,不少貌似愚笨甚至肢体残缺的社会边缘人,却更有可能在乱世中苟活下来,就像一棵大树,如果不被匠人注意就不会遭到砍伐一样。

"美"和"丑"的标准是相对的,俗人看上去"美"的东西会很快夭折失色,一个外貌很"丑"之人,也许蕴藏着深不可测的智慧。道家完全抛弃了"以人为本"的主流世界观,人不一定高贵,动物不一定低贱,所有形形色色事物之间的转化分分钟都在进行,天地人与万物合一而观,有生命的东西可以变换成无生命的物质,反过来也是一样,此分彼成,此成彼毁,生生既可不息,也能瞬间归于死寂。

/ 众说纷纭的"道"究竟是什么

道家以"道"为名,"道"具有核心价值是毋庸置疑的。那么什么是"道"呢？历代一直众说纷纭。从字面上看,"道"是万事万物的本源,按老子的意思,"道"又是混沌一体、不可捉摸的存在,无法准确表达。对《老子》开篇"道可道,非常道"这六个字就有五花八门的解释。第一句话说"道"是可以定义的,好像给人比较乐观的印象。紧接着第二句又说"道"不能用普通的方式表达出来,顿时又让人无从把握,陷入迷茫。道家著作《淮南子》对"道"的描述就充满神秘感,其中说"道""覆天载地,廓四方,柝八极,高不可际,深不可测"(《淮南子·原道训》)。

"道可道"这三个字使人相信,通过理性思考,能够把"道"的含义解释清楚。"非常道"更倾向不可言说式的神秘体验,是一种感性直觉的情绪化流露,"道"犹如"无状之状,无物之象,是谓惚恍"(《老子》第十四章)。"道"可言说,意味着"道"作为逻辑沟通的媒介,能够达成人与人之间的对话。"非常道"中的"道"无法按常理说出,只能靠个体感悟,难以与他人交流。

"非常道"就是不承认"道"能够被"命名",一个事物没有名称就成为不确定的存在,如同木材尚未雕琢成器,就难以描述它最后到底是什么形状。某个事物一旦被"命名",人们

第四章　老庄思想：俗世中的生存智慧

就会产生野心，想方设法围绕这个"名"争权夺利，最终引起社会动荡。

在庄子眼中，"道"可以幻化成形形色色的世俗事物，却并不意味着"道"就等同这些事物，两者必须做出区分。说到"道"的世俗性，有一个故事是这样说的，一个叫东郭子的人总是穷追不舍地追问庄子"道"到底是什么，庄子先想用"道无所不在"这个回答勉强搪塞过去，可是这位东郭子先生不依不饶，一定要庄子举出具体例子说明。庄子的第一个回答是"道"在蝼蚁之中，东郭子惊讶地问，"道"怎么显得这么低级；庄子接着又说"道"在杂草之中，东郭子更奇怪了，追问怎么"道"的形态越来越低下；庄子继续说"道"在瓦砾之中，东郭子开始不耐烦起来；庄子最后说"道"在屎尿之中，东郭子觉得太荒唐，干脆就不说话了。(《庄子·知北游》)

庄子与东郭子的对话貌似是在诡辩"戏说"，一方面是想表达"道"无边无际，无所不在，蕴藏于一切事物之中，与人类吃喝拉撒的日常生活密不可分。另一方面又提醒人们，不要太把注意力集中在"道"的有形外表，而是要尽量把握无形的"道"，否则就会颠倒目的和手段的关系。这就像捕鱼，最终目标是抓住那条鱼，没有必要把注意力放在捕鱼工具上面，最好把它给忘掉。抓兔子也是一样，不要总想着设置捕兔机关，而应专注在兔子身上。庄子把这个道理讲得很明白，"荃者所以在鱼，得鱼而忘荃；蹄者所以在兔，得兔而忘蹄；言者所以在意,得意而忘言"(《庄子·外物》)。"荃"是捕鱼的笼子,"蹄"是捕兔的机关。说话的目的是表达思想,如果意思已经说清楚了,就该忘记这话是怎么说出来的。这说明"道"既有形又无形,仅仅了解"道"在具体生活中是什么当然不够,还要从中悟出"道"的超越形态是什么,从具体言行中领悟"道"的同时,又不能黏滞在世俗事物之上。因为世间万事万物只是到达"道"的途径和工具,必须学会遗忘。

道家想要说服的对象不是普通百姓,而是地位尊贵的帝王,所以后人称老子思想为"南面之术"。庄子认为"道"是分层次的,有"天道",有"人道","无为而尊者,天道也;有为而累者,人道也"(《庄子·在宥》)。只有帝王才有资格什么事都不干,尊享"无为"的潇洒和荣耀,普通百姓如果什么事也不干,肯定会失业或饿死,所以只能走"有为"这条道,老老实实做人,认认真真做事。"天道"是君,"人道"是臣,高下尊卑区分得相当清楚。

那么,"道"在政治方面到底如何表现呢?《庄子》中有一段话是这样说的:"夫有土者,有大物也。有大物者,不可以物。物而不物,故能物物。明乎物物者之非物也,岂独治天下百姓而已哉!"(《庄子·在宥》)"大物"指的是天下国家,此话大意是说,帝王对拥有广域疆土的认识,不可拘泥在具体"物"的一面,要感悟到"物"背后的治国之"道",才能做到"独往独来,是谓独有",成为"出入六合,游乎九州"的天下主宰。

只有那些"独有之人，是谓至贵"，说到底还是为帝王更有效地垄断政治权力着想，与普通民众无关。

/
"无为"一度成为汉代皇家的宣传口号

老子的说理对象是帝王，这是有历史根据的，汉代初年的汉文帝和汉景帝就想实现老子"无为"的目标，这一时期也被称为"文景之治"。这两个皇帝据说都比较爱惜百姓，主要功绩是实行轻徭薄赋、休养生息的政策，放弃了秦代的苛酷法律，比如取消了令百姓憎恶的"连坐法"等条例。文、景二帝信奉的"黄老之学"，就是名义上假托老子和黄帝的一门驳杂学问，据说起源于先秦齐国的稷下学宫，这套理论杂糅了道、法、儒各家，以及阴阳家、墨家的观点。佛教史大家汤用彤先生曾经概括黄老之学的由来，他说："道家者流，早由独任清虚之教，而与神仙方术混同。阴阳五行，神仙方技，既均托名于黄帝。而其后方仙道，更益以老子。于是黄老之学，遂成为黄老之术。降及东汉，而老子尤为道家方士所推崇。长生久视之术，祠祀辟谷之方，均言出于老子。"（汤用彤：《汉魏两晋南北朝佛教史》第四章《汉代佛法之流布》）这段话点出，汉代的道家与方士一直脱不了干系。

"黄老之学"的核心主张就是道家的"无为"。"无为"从字面上看即"无所作为"的意思，无疑是针对"有为"而言。第一类"有为"之人容易让人联想起"法家"，法家推行法制，令行禁止，做事雷厉风行，总是摆出震慑四方的威势，迫使民众不敢轻易触碰律条。他们推行各种政策，的确效率高见效快。法家的缺点是，假设每个人都绝对服从制度安排，相互监督的层级步步深入底层每个社会细胞，因此具体政策的执行毫无回旋余地，难免实施成本过高。规条设计烦琐的结果，极易造成人际关系始终处于高度紧张状态，就如一根皮筋拉得过紧容易崩断一样，最后导致官逼民反，秦朝统治如此短命就是鲜明例子。

第二类"有为"群体是儒家。儒家倡导"仁义"治国，希望通过道德修养，自然培育出合格的良民，使人际关系保持在相对宽松的状态，避免引发暴力冲突。这种依靠软性约束力治理国家的构想，显然比法家节约成本，缺点是道德教育倾向润物细无声式的潜移默化，周期长，见效慢。法家宗师韩非对此就不以为然，他说这世上没几个人能抵挡欲望和利益的诱惑。即便"圣人"亲自出面做示范，依然难得有人真心效仿。不像法律一刀切来得痛快，执行起来好人坏人一起管束。对于刚经过大乱，迫切需要步入大治轨道的统治者来说，儒家投入的时间成本过高，有点让人等不及。这是道家在汉初一度受到皇帝青睐的一个历史背景。

阅读《老子》文本中对"无为"的解释，更像是针对儒法思想的弱点有感而发，如说"圣人处无为之事，行不言之教"(《老子》第二章)，"为无为则无不治"(《老子》第三章)，这是面向儒家圣人的"有为"发出的批评。又如"上德无为而无以为，下德为之而有以为"(《老子》第三十八章)。"无为"才是拥有道德的最佳表现。再如"为者败之，执者失之。是以圣人无为故无败，无执故无失"(《老子》第六十四章)。什么事都不做，自然不会失败，这明显是出于厌恶法家的严酷行径做出的反省。

"无为"与"静止"的状态相对应，不盲动，不折腾，不刻意设计，不忽发奇想，就如生命选择静养而非张扬。对帝王而言，没有什么特定的具体施政目标，一切顺势而行。对人性到底是善是恶，不做讨论也不加判断，"为道日损"，损之又损，做的都是减法。改革弊政又不轻易增加新的举措，基于现实考量因势利导，冷静地因循观望世态人情，从不故意用力过猛，扭曲自然人性。

这里需要再次提醒的是，"无为"是帝王的专享特权，普通民众是没资格讲"无为"的，休养生息只是权宜之计。帝王"无为"是为了激发百姓更加"有为"的一种手段，否则任何统治都难以为继。朱熹就曾批评宋仁宗刻意模仿"文景之治"，事事不敢做，兵也不敢用，财也不敢用，终究是个失败的例子。"无为"给战乱消歇之后的百姓带来了喘息生存的机会，所以老子才说出"我无为，而民自化；我好静，而民自正；我无事，而民自富；我无欲，而民自朴"(《老子》第五十七章)这样的话。不过这种"无为""好静"的状态始终围绕皇权的意志而动，百姓的"自化"和"自正"必须与帝王统治的整体布局和规划相适应，百姓对帝王"无为"的目的是无权过问的。

汉代的道家经典《淮南子》就曾设想，古时的百姓幼稚到辨不清东南西北，面容上表现不出任何情欲愿望，言行木讷朴拙，衣服以穿暖为度，从不讲究修饰，兵器没有利刃，连唱出的歌声曲调都简单得说不上婉转动听，哭声虽透着悲哀，但懂得克制，亲戚之间既不相互赞誉，也不互相诋毁，朋友相处不会产生恩怨情仇，纠纷冲突也就无由发生。

在如此静谧安详的氛围下，无论是礼仪道德还是法制规条根本没有用武之地。因为赞誉与毁谤容易引起嫉妒和怨恨，只有对生活质量没有要求，才不会产生对别人声望的嫉恨与诋毁他人的心念。道家的一切设计，都是为了尽量减少人际关系的纠纷和冲突，只是实施时不能太过刻意。儒家推行教化礼仪的目的，是为质朴生活添加些装饰效果，强化人们的报恩信念，结果经常因为做得过分而徒增负担。

道家的"治世之道"讲究"礼不过实，仁不溢恩也"（《淮南子·齐俗训》）。行礼不要超越朴实的界限，不必过于烦冗，实行仁惠也不要超过恩德应该达到的基本限度，否则就流于虚伪与矫饰。一个过度报恩的例子是，儒家要求父母死后要守三年的丧，在道家看来就太强人所难，一般人根本做不到，强制推行的结果极易造成内在感情与外在表现相互悖离。"治世"

的标准不能定得太高，以防老百姓觉得遥不可及。儒家制定的那些道德原则过于苛刻，只有品性特别优异的圣人才能遵守，用此高标准去要求普通人，自然逼使他们习惯用虚伪的言辞掩饰力不能及的真相。法家把奖惩标准制定得过于烦琐细密，经常故意增加禁令实施的难度，用来处罚言行达不到法律规定的百姓，等于给力不胜任的阶层增添压力。老百姓一旦产生恐惧，就会"饰智而诈上，犯邪而干免"（《淮南子·齐俗训》），同样会依赖邪术免遭责罚，运用智谋去欺骗君主，法律就很难有效实行。

道家深知人性的复杂，天下是非的标准不容易确定，世上之人个个都自以为是，总喜欢站在自身立场，揣测别人的想法。他们无法认识到，承认某些事情符合自身愿望，并不一定就是正确的；那些违背己愿的事情，也不一定都是错误的。悖逆己意不一定不符合别人的要求，符合自己的心意，也不一定不被世俗观点所非议厌弃。一贯坚持己见的人，往往不是寻求正确的道理，而是寻找契合自己主张的理由。如果想要避免这种见仁见智的事情发生，只有尽量模糊判断标准，对事对物采取模棱两可、左右逢源的态度，对百姓尽量隐藏真实意图，让统治者的面目变得恍惚不清，凛凛威势显得神秘莫测。

《老子》中有一句话说得再明白不过，"古之善为道者，非以明民，将以愚之"（《老子》第六十五章），意思就是统治者要刻意掩饰行为动机，让百姓不清楚自己在干什么，在他们面前尽量保持神秘威严，这是典型的"愚民之术"，与法家的思路已经相当接近。有人把"愚"解读成"纯朴"，似也不错，但"纯朴"往往与"愚昧"相伴而生，难分伯仲。也有人认为，"愚"字不可直接等同于"愚蠢"之意，而是返归"自然"的意思。比如王弼注释中的解释是："愚谓无知守真，顺自然也。""愚"恰是与"道"的本真"自然"相通，具有相当高的价值，不是统治者推行愚民政策那么简单，可以聊备一说。([日]神冢淑子：《〈老子〉：回归于"道"》，生活·读书·新知三联书店，2021年）总体而言，倡导"无为"更像是帝王欲擒故纵的权谋伎俩，并非常人想象的只要什么事情都不干，自然坐收太平盛世之利。

/
道家的"自由"是如何被后人误解的

不少人仅从字面上理解"无为"，总觉得这是使人无忧无虑自由自在生活的一条捷径。作为道家的一个核心概念，"无为"大致与"个体"的选择有关，这条原则与儒家强调集体伦理和血缘联系的重要性完全不同。庄子高调描摹出的鲲鹏逍遥于风云之上的胜境，更是令无数人艳羡向往。对"无为"的浅层理解，很容易造成一个假象，仿佛每个人都有机会摆脱社会规则的控制，兴高采烈顺顺利利就奔向了自由世界。在这种如梦如幻感觉的麻醉之下，没有人会想到"自由"的获得需要具备各种条件，在一个小国寡民的熟人社会中是不可能获得真正"自由"的，只能遵从一种低水平集体生活的逻辑。因为"自由"的前提是必须获得足够的生活保障，道家打着"逍遥"旗号，教导大家顺其自然，无所作为，首先意味着把生活水准降到最低，禁绝商贸流通和商品交换，鄙视任何技术革新，一切生产生活均停留在手工作坊阶段。也许有人觉得这就是寻求"自由"必须付出的代价，可是如果真的退回到这种"无为"状态，恐怕没有几个人能够忍受。

但是在道家眼中，从奢华退回简约不是什么"代价"，而是"人"与"物"之间的自然转化过程，人的生命也可以"物化"。人的"自由"不应是对个体欲望的满足，比如梦想着赚多少钱，挣多大名声，获取多高的地位。因为所有这些欲望都是通过与别人频繁竞争才能获得。比如要想挣更多的钱往往取决于对商品市场行情的判断，声望地位有多高端赖个人在各种名利场中察言观色的本领，而未必取决于个人对自由的渴望。按现代人的批判说法，灵魂失去自由必然导致异化。

老子认为，乱世中所有束缚身心的现象都是人类积极进取造成的结果，只有克服"有为"的心理魔障，才能实现儒家道德教化达不到的目标。只有"不作为"才能真"有作为"，"大道废，有仁义；智慧出，有大伪；六亲不和，有孝慈；国家昏乱，有忠臣"（《老子》第十八章）。用道德规范身心，无异于废弃了真正的"大道"，巧用智慧必然养成人的虚伪品格，用孝道去消弭亲人之间的不和谐，效果大多适得其反。臣子越尽忠职守，就越说明国家处于混乱状态，这些现象恰恰反向证明有所作为的害处。老子的这段话仿佛处处与儒家抬杠，实则是在贬低其积极进取精神，斥之为无效。

老子拿出的解决方案是"天地不仁，以万物为刍狗；圣人不仁，以百姓为刍狗"（《老子》第五章）。"刍狗"的直接意思是"稻草扎的狗"，"天地"和"圣人"既无感情，也没什么爱心，这种表面上的冷漠未必是负面的，说明"天地""圣人"对万物和百姓一视同仁，而所谓"仁义""智慧""孝慈""忠勇"这些优秀品质发挥的作用越大，人类陷入混乱虚伪的程度就越严重。只有像天地圣人那样无动于衷地对待所有世事纷扰，顺应天道自然发出的指令，毫不刻意去掺杂介入自己的主观意图，身心才能得到真正解脱。

问题是，这种"大道"只有在毫无流通交往的全封闭静态下才能获得，物流网络交集疏通得越绵密迅速，就越不可能保持道家希望的纯粹"自然"状态，可谁又能保证所有社会永远维持在一种完全静止的境况之中呢。正如一池春水，要保持绝对平静都十分困难，在开春季节，没有任何鸟兽鱼虫搅动水面，也许仍有池边树上的落叶繁花掉入池水中激起阵阵涟漪。

老子眼中的"自由"就是躺平了什么都不干，另外一种"自由"是指不受束缚地去做自己喜欢的事情，后一种"自由"是近代无政府主义和共产主义者向往的理想信念。他们憧憬着有足够闲暇的时间从事某种愉悦劳作，比如制作一件精致的艺术品，或者创作一篇小说，等等。这些"自由"是要付出许多心力的创造性劳动，甚至需要经过反复专业训练才能积累相应的能力。换句话说，"自由"恰恰是"有为"的过程和结果，要投入各种成本，并非"无为"的轻佻表达就能从容实现。

当然，某些人不需要成功带来的喜悦，也不关心投入的结果是什么，只是纯粹追求一种"自由"状态，幻想着某一天也许突然就接近了"无为"之境。可是老子所说的"无为"并非真不需要某种"结果"，而是假装不在意或让人觉察不出自己的所作所为在未来是否能够"成功"。其实大家心里都明白，"成功"的标准虽然五花八门，但没有人会完全不放在心上，哪怕是对一种静态之美的欣赏，都无法彻底祛除深藏不露的功利之心，只不过这种貌似恬淡的心境与太过露骨的"成功学"拉开了距离，或者说对"什么是成功"的评价与儒法的绩效评估方式不同，仅此而已。

明白这个道理，你才能理解为什么道家后来发明了那么多吐纳内功之法，炼丹延寿之术，引得一干狂热信徒沉迷其中不能自拔。道家对延年益寿的期待未尝不是一种欲望的表现，因为修炼起来必须凝神静气，对气息调适也有诸多专门的讲究，这些行为无不耗费心神，哪有一点潇洒不羁的样子，这就是道家寻求所谓"自由"必须付出的代价。

同样道理，"黄老之学"在汉初热闹了一阵，也绝非皇帝真的想无所作为，更多情况是"以退为进"的权宜之计。"绝圣弃智"的对象经常面对的只是普通人，如果哪个臣子真敢对皇帝大谈这番道理，肯定没有好下场，所谓休养生息的目的，不过是为更多榨取民间资源做准备。实际官僚体制的运行效率绝无降低的可能，反而会在"无为"政策实施一段时间后变本加厉地得到强化。

有人还从"无为"联想到英国经济学家亚当·斯密"看不见的手"的市场理论，把儒法思想类同于经济学家哈耶克所批评的大政府干预市场经济的"致命的自负"，其实两者大有分别。"看不见的手"只有在现代市场经济高度发达，商品流通极速发展的前提下才能真正发挥作用。如果生活在老子所欣赏的极度封闭静止的小圈子社会，"无为"只不过是维系最低生活水准的一种无奈选择，至于哈耶克对国家计划干预经济市场流通的批评，也是在建立起现代国家复杂精密的政治机器之后才发生的现象，否则根本无从谈起。

/
真的是"知识越多，越无用"吗？

老子有一个核心观点，越属于过去的东西越好，这是一种"退化论"式的思维，儒家同样认为越古老的东西越有价值，古代圣王肯定比身处当下现实的人更加聪明，只不过老子走得更远，表达得更加极端。他主张，应该放弃所有远古圣王的思想，彻底回到更原始的蒙昧状态。老子的"退化论"在以下这段话中说得很明白："故失道而后德，失德而后仁，失仁而后义，失义而后礼。夫礼者，忠信之薄，而乱之首。"(《老子》第三十八章）这是倒退着看历史，时代越古老，对"道"的理解和践行就越纯粹，因为这样的时代还没有受到道德与礼制的污染，以后建立的各种制度开始层层加码，"礼"的规则被制定得无比细密，仪式感越来越强，到了"礼仪三百，威仪三千"的烦琐地步。从此社会风气变得越来越坏，政治机构的运作效率也开始不断下滑。

造成这种现象的根本原因，是人们需要学习的知识日渐增多，懂得的东西也更加丰富，时代却反而混乱不堪到无法收拾。挽救的办法就是放弃对儒家道德观和礼仪规范的学习，抵消日益膨胀的知识增量，退入极简淳朴的生活状态，知识经过瘦身才能彰显出"道"的精髓。按老子的话来说就是"以智治国，国之贼；不以智治国，国之福"(《老子》第六十五章）。学习的知识越来越多，悟出的道理却越来越少，只有尽量减损吸取知识的数量，而不是一味满脑子堆砌着与"道"无关的学问，才能使知晓道理的路途简明通透，于是才有"为学日益，为道日损。损之又损，以至于无为"(《老子》第四十八章）的洒脱风范。在这个意义上来说，知识越多越反动。

《老子》描述出的理想世界是一种静谧温暖的"小国寡民"

秩序,在这种秩序中"使有什伯之器而不用,使民重死而不远徙。虽有舟舆,无所乘之,虽有甲兵,无所陈之。使人复结绳而用之"。人民即使有方便的器具也不想使用,从未想着离开故土,迁徙到远方。虽有船只车辆也从不想乘坐,虽有武器铠甲也不屑去陈列示威,总是想生活在古代结绳记事的年代里,展示出的是一幅"甘其食,美其服,安其居,乐其俗。邻国相望,鸡犬之声相闻,民至老死,不相往来"(《老子》第八十章)的悠然闲适图景。只要做到足够封闭,彻底断绝大到国与国,小到人与人之间的相互往来,整个社会完全可以自给自足,不需要任何商品经济的流通与交换,这就是后来理论界常说的"小农经济"的基本模式。然而,老子并没有回答一个问题,那就是在现实社会中如何才能始终一贯地保持某种绝对封控状态,满足于一辈子只和身边的几个人打交道。有没有想到,一旦交往圈子稍微扩大,人们的欲望就会不可抑制,逐利的大门就会随之打开,交往的程度越高,利益的需求越大,相互交换欠缺物质的愿望就会变得越发强烈。"谋利"效益的大小,又往往是通过掌握实践知识的深浅多寡分出高下的。

《老子》中还有一句有名的话叫"治大国,若烹小鲜",这话容易造成误解,好像治理任何一个大国都必须采用类似管理"小国寡民"的方法。事实却是,"小国寡民"治理目标的实现是以土地疆域的狭小为前提的,国土面积一大,人口数量增多,政治机构设置的复杂程度必然成倍增加,物资交换和商品流通的速度也将日益加快，再要采取极端严格的封闭隔离政策很难奏效。这就如同妄想用做小炒的厨艺变魔法般地烹调出一桌满汉全席，最终只能是徒劳。

最有可能发生的情况是，"小国寡民"构想背后的真正用意在于，"治大国"时不是拉开架势轰轰烈烈地大搞运动，而是装出无所事事的清静姿态，让老百姓感觉这个君王行事大度，仁慈爱民，不苛酷待人，这与"大国"制度内里精密繁复的设计，恰恰构成了政治控制的两翼。君主在不同场合交替使用这两套方案，这才是道家为帝王私人订制的"大巧若拙"的智慧锦囊。

一般认为，老子对追求知识的厌恶是一种"反智主义"的表现，它源自一个基本判断，一切事物的存在都是相对的，高低远近善恶美丑都只具短暂价值，不存在绝对标准，不能一根筋式地去追求虚幻的永恒。儒家盲目信任人的本性纯良，拼命通过教化礼仪发掘人性善端，忽视人的基本欲求，大多数人由于无法达到这个严苛的标准，只能矫饰伪装自己的真实面目，结果培养出一大批表面"伪善"实则邪恶之人。对人性并不信任的法家，反过来依靠编织绵密的法网，幻想限制人性恶的泛滥，由于执法过度，又难免使人陷入噤若寒蝉的窘境。面对儒法思想产生的弊端，似乎只有把一切判别人生的尺度相对化，切实醒悟到"天下皆知美之为美，斯恶已；皆知善之为善，斯不善矣"（《老子》第二章），抛弃儒法衡量人性善恶的陈旧标准，才能昭示"道"的深义。有些事情不能刻意强求，越想得到反而会越快失去。比如辨别美丑，大多数人往往"求美则不得，不求美则美矣。求丑则不得丑，求不丑则有丑矣。不求美又不求丑，则无美无丑矣，是谓玄同"（《淮南子·说山训》）。故意追求美却不可得，没有表露寻找的愿望反而会得到美名，对丑名的态度也是一样。只有不把什么是美丑这个问题挂在心上，自然也就无所谓两者的区别在哪里了。

老子进一步讲述了一切事物处于相生相克、不断更替转化的道理，"有无相生，难易相成，长短相形，高下相盈，音声相和，前后相随"（《老子》第二章）。各类事物若要生存，固然彼此相互依赖，如果把这种相对性推展到极致，就会发生问题。现实生活中，一个人信誓旦旦地声称，不须辨别善恶美丑，作为一个正常人恐怕也难以坚持多久。

具体来说，如果面对一个大家都公认的美女，或者一个做了许多善事的好人，你偏偏说这是个"丑女"，或者咒骂那个好人是恶人，一定会遭到众人指责，说白了，很容易被攻击为"社会化"程度不够。尽管道家认为，人们观察美丑善恶的标准本来就是见仁见智。然而，一个信息高度发达流动的社会，一定会生产和引导出特定的审美尺度。只要积累到一定规模，这套标准就会渐渐固化，形成一种主导性意见。如果某个人有意违背这种主流评价体系设定的游戏规则，很可能被逐出公共交往场域，失去基本的生存空间。

或许不妨再换个思路，如果不明确分别善恶边界，那么很有可能作恶之人得不到惩戒，行善之人得不到表彰，这个世界若想变好，恐怕就更没指望。更糟的情况还有，当国与国之间发生战争，如果大家还抱着"圣人处无为之事，行不言之教"（《老子》第二章）的念头，幻想平息争端，显然是荒谬的。如果说"仁义"促人虚伪，"法制"使人压抑，"无为"同样未必让人自由。

/
柔弱胜刚强：老子的基本处世态度

与儒家积极进取的精神相比，老子给人最深的印象是"示弱"和"不争"。从表面上看，这种做人态度极易遭人误解。在世俗社会里，某个人如果不善于竞争，难免给人感觉窝囊无用，缺乏足够的生存能力，与那些高尚伟岸的道德楷模相比，甚至容易造成人格猥琐低下的错觉。其实老子讲究的是后发制人，以柔克刚，以退为进。柔弱、谦恭、倒退、卑贱的姿态，刚好能够弥补残酷竞争造成的鲁莽与损失。以进取衬托退让，以柔弱参照刚强，以高贵映衬谦下，只有参透竞争的坏处，才能理解不争的好处。

老子深深懂得"木秀于林，风必摧之；堆出于岸，流必湍之"（李康：《运命论》）的道理。他提出的应对策略是："夫唯不争，故天下莫能与之争。古之所谓曲则全者，岂虚言哉。"（《老子》第二十二章）老子特别喜欢以"水"的特性为例，来说明"不争"

的重要性，如他说"上善若水。水善利万物而不争，处众人之所恶，故几于道"(《老子》第八章)。最上等的"善"就像"水"一样，水给万物带来滋润，却不与万物争夺地位，总是低调地待在众人不喜欢的地方，这才是接近"道"的状态。

他又形容，按"道"的规则行事，就如同在一只桶里倒入水，不能让水溢出来，否则将造成桶的倾覆，这就叫"虚而不盈"。做事与做人也和往桶里倒水一样，必须留有余地。不要总是想着出人头地，反过来应该学会磨掉锐气，不露锋芒，以免受到伤害。不须标新立异，否则轻则遭人诟病，重则带来杀身之祸。比如屈原为国为民，忧患成疾，不得善终就是个突出的例子。因此不妨选择"同流合污"，这样反而比较安全。

老子善用心机，表现在方方面面，小到做人处世，大到治国外交。后来的道家领悟他的思想，大多喜欢讲述先柔弱后刚强的道理，如说"积于柔则刚，积于弱则强，观其所积，以知祸福之乡。强胜不若己者，至于若己者而同，柔胜出于己者，其力不可量"(《淮南子·原道训》)。刚强的人只能胜过实力不如自己的人，如果面对力量相当之人，就要假装柔弱才能取胜，貌似刚强者是无法与他竞争的。从长远的眼光看，"柔弱者生之干也，而坚强者死之徒也；先唱者穷之路也，后动者达之原也"(《淮南子·原道训》)。柔弱才是生存的基柱，坚强反而常和死亡相伴。先出头去张扬实力，往往最终走入困境乃至灭亡，后发制人的行动者，才能达成预先设定的目标。

道家传授的做人秘诀是，只有表面上装作"无私"，才能真正获得"有私"的结果。只有表面不在意某些东西，制造出种种事不关己的假象，才能争取到最大的利益。"天地"之所以能长存久远，就是因为不自私其生，故能长生，推及到人与人相处，凡事处后居下，置身度外，先人后己，就会给别人留下良好印象，渐渐失去防范之心，就不会有意加害于你，表面上你是因退让而吃亏，最后却赢得更多的好处。

老子的心机突出表现在教导人们正话反说，一定要学会心里想要什么，却偏偏说不要什么。首先给人谦恭礼让的印象，不把真实意图暴露给对手，背后的目的是以退为进，以守为攻。比如处理君臣关系，有些做臣子的通过贡献家资给君王而博得美誉，就是以小损得"无私"之大名。或者如刘备向诸葛亮死前托孤，刘备假装表示如果自己的儿子不肖，诸葛亮可取而代之，同样是用表面的"无私"博取更大的忠诚，都是操弄人心的伎俩。

故意表现柔弱的一面，属于欲擒故纵的权谋心计，强调的是必须付出一定代价，才能得到相应回报。这才有了"将欲歙之，必固张之；将欲弱之，必固强之；将欲废之，必固兴之；将欲取之，必固予之"（《老子》第三十六章）的辩证法。

"柔弱胜刚强"是指一个人隐忍的最终目的是"取胜于人"，并不是始终心甘情愿处于卑贱地位，讲究的是"正言若反"。所以历史上才出现越国国君勾践卧薪尝胆，表面上甘愿为吴国国君夫差牵马执役，忍辱复国的故事。然而，"隐忍"的效果因时因地因人却大有不同，雄才大略者的忍让也许是一系列周密计划的组成部分；而小民的忍耐卑微只是一种无法彻底改变自身命运的无奈选择，两者的分量和程度均有很大差别。一般而言，君王与圣人垄断着高级的"隐忍之术"，他们大多能从中收获巨大利益，普通民众的忍耐却往往不会带来什么希望。老子对此分别心里非常清楚，于是他才坚持说"弱之胜强，柔之胜刚，天下莫不知，莫能行"（《老子》第七十八章）。

"柔弱胜刚强"作为韬晦权谋之术，实施起来有相当的难度。道理很简单，有"能行"资格的大多就是范围极窄的那么一小撮人，只有"圣人"才能做到"受国之垢，是谓社稷主；受国不祥，是为天下王。正言若反"（《老子》第七十八章）。这段话明显是说给有君主身份的人听的。如果转换一个角度，"柔弱胜刚强"恰恰又可能变成一种"驭民之术"。读读这段话就清楚了，"是以圣人欲上民，必以言下之；欲先民，必以身后之"（《老子》第六十六章）。意思是，圣人要领导人民，必须用言辞对人民表示谦下；要想领导人民，必须把自己的利益放在人民的后面。可见，对待民众完全是一种赤裸裸的功利主义态度。

不可否认的是，政治家玩弄权术纯属常态，本来无可厚非，需要辨析的地方在于，搞权术仍有"诚""伪"之别，其中不乏借此肆意虐民者。如果一名统治者愿意做出一种"真诚"爱民的姿态，哪怕这种姿态纯粹出于权谋和自身利益的考量，大有故意作秀之嫌，但实际促成了社会安定，经济发展与人民生活的改善，那么这种姿态就是值得肯定的。因此，如何清晰辨别政治家态度的"真诚"与"虚伪"就变得相当重要，同时也不必拘泥于纯粹儒家式的道德善恶判断。

在处理大国与小国的关系时，老子同样认为，大国应尽量采取谦卑退让的态度，所谓"大邦者下流"，大国犹如处在江河的下游地段，表面居于雌柔卑下的位置，实则常能以静止胜过雄强，成为天下利益汇聚的焦点。这样就能无须通过战争兼并小国。与大国相比，小国采取谦和低调的姿态，更容易获得大国承认，免遭侵略。如此安排，大小国家都能各得其所，大国不必凭仗威势就促成了小国归附，小国安于卑微地位，战火即可终止，和平终将到来。

总结起来，强者须能弱，有者须能无，大者宜为下，高者宜为低，"以其善下之，故能为百谷王"（《老子》第六十六章）。老子的外交策略曾经被成功运用到现代国际关系的博弈当中。20世纪，面对改革开放的新局面，邓小平敏锐提出，不出头炫耀，不当世界领袖，面对西方国家有意采取低调"示弱"的外交方针。即使中国经济在迅速发展，也要在对外宣传上做到不显山不露水，为中国的迅速崛起赢得了宝贵时间。在笔者看来，邓小平的外交政策是充分借鉴了道家"以柔弱胜刚强"的处世策略。

老子思想多通过对日常经验的举隅类比自然现象，从中归纳出一些道理。这些感悟不一定全部适用于当代社会。比如，老子特别喜欢用"水"比喻"以弱胜强"的原理，试图证明滴水的力量只要积累到一定程度，就能穿透顽石，却丝毫没有考虑时间效率和成本大小等问题，没有顾及人类历史演变的周期远远短于自然界的斗转星移。一滴水可能需要花费上百年的时间才能贯穿一块石头，到那时，人类世界早已今是而昨非，这种滴水穿石的结果到底有多大意义，值得重新研判。

老子希望用归纳出来的个别经验全指全称地概括出普遍真理的做法多少令人起疑。老子有一种说法："坚强者死之徒，柔弱者生之徒。是以兵强则灭，木强则折。强大处下，柔弱处上。"(《老子》第七十六章)这个逻辑乍一听上去似乎有些道理，仔细思量，却没有太多说服力。因为根据日常经验，大多数人还是更容易相信"兵强则胜"的常识，谁的力量强大，谁就有更多取胜的机会，而不是相反。你硬说以卵击石的结果是，石头终归有一天能被一颗鸡蛋打碎，恐怕没人觉得你的头脑在正常思维。一般而言，如果归纳出来的各种生活反例无法在数量上占据绝对优势，是不可能具有普遍意义的。老子表现出的聪明才智，其限度即在于此。

相对于政治斗争的权谋韬略与大国博弈，老子对待民众的态度更是充满腹黑算计的色彩，倡导的是"不尚贤，使民不争；不贵难得之货，使民不为盗；不见可欲，使民心不乱"(《老子》第三章)。只要不倡导贤能的作用，老百姓自然意识不到别人比自己更加出色，就不会出现竞争的念头；对贵重之物毫不恋惜，民众就不会争当盗贼；想办法消除个人欲望，民心就不会散乱。

下面这段话说得更加露骨："是以圣人之治，虚其心，实其腹，弱其志，强其骨。常使民无知无欲，使夫智者不敢为也。为无为则无不治也。"（《老子》第三章）这分明是站在管治者的角度使民众"婴儿化"的一种变态构想。被训练出来的这类人大都筋骨强健，即使其中出现个别聪明智慧之人，也不敢冒尖出头，大家心照不宣地一起生活在蒙昧无知的静默状态。什么事也不必关心，关心了也没什么用处，只有圣人才拥有聪明决断的特权，民间即使藏龙卧虎，也要假装无知无欲，和大家一样只专注锻造成人的身体，满足于只具备婴儿的大脑，所谓"知其雄，守其雌，为天下溪。为天下溪，常德不离，复归于婴儿"（《老子》第二十八章），这才是"治世"的气象。

/
道家"藏拙"的奥秘是什么

在老子心目中，"道"没有具体形象，却无处不在。它比光还有穿透力，如果一座房屋闭门塞窗，光就无法进入，可是"道"乃是"天下之至柔，驰骋天下之至坚"（《老子》第四十三章），变幻莫测，上达天空，下润大地，流播四方，无处不及，具有无坚不摧的力量。"道"藏匿在各种具体事物的背后，并非到处彰扬夸耀，生怕无人知晓。后人常说的"持盈保泰"就是这个意思。《淮南子》假托孔子讲了一个故事，说的是孔子参观鲁桓公宗庙，看到一种盛水的容器，只要容器中的水装的适中就端正不会倾斜，一旦装满就会倾覆。子贡问孔子，如何保持容器的平衡稳定，孔子说关键要找到容器满盈却无法溢出的微妙状态。孔子随后说出了一番大道理："物盛而衰，乐极则悲，日中而移，月盈而亏。"（《淮南子·道应训》）聪慧睿智之人要做出愚钝的样子，能言善辩之人要装作浅陋无知，勇武高强之人要表现出怯懦，富足尊贵之人要持守节俭之道，德泽施予天下之人要保持谦让之风，这就是"藏拙"的奥秘。

"道"虽然无形，却通过形形色色具体的"事"表现出来，"道"是根本，"事"是表象。"道"如金石般坚固无比，不可改变，处世就如鼓琴，一曲终了还可以变调。(《淮南子·氾论训》)兼顾"天道"与"人事"，才有望达到崇高境界。只知遨游于世外，或沉溺于人情世故，陷入各种规范束缚之人，绝不能真切体会"道"的真义。

做人就应该像鲁桓公宗庙里的容器那般，懂得均衡持平的道理。有两个相反的例子印证了这个看法，一个例子是鲁国隐士单豹远离尘世，居住在洞穴里面，渴了就喝山泉水，平日不吃五谷杂粮，不穿丝帛麻布，活到七十岁还是一副鹤发童颜的惬意模样，没想到有一天在山里溜达，不幸被一只饥恶的老虎吃掉了。另外一个叫张毅的人，特别讲究礼仪，深知为人交往的世俗之道，却突然发内热而死。这两个人都不是道家心目中内外兼修的理想人生类型。

道家讲究的是"诸有象者，莫不可胜也；诸有形者，莫不可应也。是以圣人藏形于无，而游心于虚，风雨可障蔽，而寒暑不可开闭，以其无形故也"(《淮南子·兵略训》)。只要显露具体形象的东西，没什么不能对付，圣人隐蔽身体于无形之中，风雨寒暑都对他构不成威胁，因为圣人最懂得藏拙的技艺。道家主张"常后而不先，常应而不唱；不进而求，不退而让"(《淮南子·诠言训》)。常常在言行举止上讲究退让，不求争先，不时应和别人的观点，不首先出面倡导自己的意见，不进取却能获得所需求的东西，不倒退却做出辞让的姿态，"无去无就"，不因小利而失大道，有功名而不动心，处贫贱而从容淡定。

与儒家崇尚"立功""立德""立言"的三不朽形象有所不同，道家要求做事必须学会隐匿身份和动机。一个君子应该修行到做善事不留名声，不问根由，施仁义不露光芒，不求回报，以免行善引来对名声的争夺，或者百姓得知利益来自何方起而争功。

君主不能对自己的智术过于自信，与天下万物的广博无垠相比，个人的思虑智慧是浅薄的，动了利害之心极易诱发争讼。同样不可依赖武力称霸世界，过度使用必将发生冲突。比较高明的办法是，虽然不能让对手丧失谋略能力，却能使人不把智谋用来对付自己，无法彻底消除对手的力量，却能迫使对方放弃使用武力。君主的贤能不在明面上表现出来，诸侯就不加防备。君主性格与智力的弱点被掩藏起来，百姓就不想埋怨，慢慢就会失掉戒心。(《淮南子·诠言训》)用兵与执政有相似之处，都是预先在"无形"之上下功夫，一场战事获胜的条件，不完全依靠战场上审时度势，还要提前"积德"与"立威"，把所有可能发生的"无形"情况考虑在先，所以才有"运筹于庙堂之上，而决胜乎千里之外"的"庙战"说法。

善于"藏拙"之人，在面对各种问题时大多熟练掌握以下处世技能，一种是只能做不能说，相反则是只能说不能做。只做不说考验耐性与谋取长久目标的毅力，只说不做是巧妙运用虚伪与欺诈的表现。道家选择言行不露行迹，更多出于对儒家道德说教不切实用的鄙薄。以下就是一段洞彻人心的分析："人莫不贵其所有，而贱其所短，然而皆溺其所贵，而极其所贱。"(《淮南子·诠言训》)意思是，没有人不珍视自身长处，轻视短处，问题是大多数人太容易沉浸在长处之中，夸大其作用，反而忽略短处造成的影响。

人们所珍视的东西往往是有形的，所轻视的短处却常常无影无形。这就像虎豹显露强劲威猛，猿猴展示敏捷身姿，就会招来猎杀之祸。这个道理比拟在人身上，当你过于炫耀外在名声与实力，危险也就离你不远了。如果真能做到"贱其所贵"，鄙视那些奢华名贵的东西，有意隐藏实力，让人无法察觉你的才华，也许反而能够达到预想的目的。掌握了这个诀窍，即使你没有才能，也可以利用有才华的人实现自己的目标。否则再有本事，也未必获得成功。这就是"故得道以御者，身虽无能，必使能者为己用；不得其道，伎艺虽多，未有益也"(《淮南子·诠言训》)。

/
"逍遥游"是幻想成为一个超大的"自我"

庄子与老子不一样，《庄子》里面讲了许多寓言故事，大家都清楚，寓言中讲的事不能当真，寄托的是人们对超现实奇幻世界的憧憬。《庄子》的文字不是纪实体例，相反带有很浓厚的文学色彩，《庄子》的哲思就蕴藏在绚丽的文字外表之下。阿根廷作家博尔赫斯说过，耶稣不是用语言而是用寓言布道的，寓言是一种美学表现，所以耶稣也是位艺术家。庄子是东方圣人，擅长用美学手法说故事讲道理，同样是位艺术家，他的文字与儒家擅长直白说理的言谈风格大不一样。

庄子擅长造梦，梦是最古老的美学活动，做梦时最宜发挥想象，庄子梦见蝴蝶时会问，到底是庄子梦见了蝴蝶，还是蝴蝶梦见了庄子，梦模糊了现实与幻象的边界。莎士比亚有句话称："我们是用与我们的梦相同的材料做成的。"寓言促成人与梦境融为一体。博尔赫斯说，灵魂游离躯体，就会产生梦境，人的意识比清醒时更加自由。他自称梦到了挪威古国王站在床头，也梦到过一位面孔模糊的朋友突然伸出一只鸟爪般的手，最后化成了一只鸟。

《庄子》的开篇叫《逍遥游》，通篇宛如在讲一场梦，一上来就描画出一只能随时变形的神兽，它先变成一条叫鲲的大鱼，沉潜在水底，尺寸大到不知几千里。这条大鱼又能幻化成一只叫鹏的大鸟，鸟背宽度不知长达几千里，腾飞起来，翅膀就像垂挂在空中的云。这个鱼鸟合体的动物叫鲲鹏，激水穿云，翱翔展翼，风在它的翅膀下疾速掠过，迸发出"水击三千里，抟扶摇而上者九万里"的撼人气势。一个巨型神兽一忽潜藏水底，一忽又腾云驾雾，真是何等的气魄，这就是庄子笔下瑰丽壮观的奇幻世界。

鲲鹏自由翱翔于天地之间，引起一些小动物的不屑，小鸟与蝉虫觉得飞到树上这个高度已经足够了，有时候没办法飞上树枝，滚落到地上也无所谓。它们不理解，为什么要费这么大力气飞翔得如此之高。庄子把鲲鹏与蝉鸟这两类动物作对比，目的是说明"小年""大年"与"小知""大知"的关系。在他看来，"小知不及大知，小年不及大年"，朝生暮死的小动物没有早晚的概念，一只蝉如果活不过一年，就感受不到春秋季节的变化，这些小动物过的就是"小年"。楚国的一只巨龟以五百年为一春、五百年为一秋，上古的大椿树以八千年为一春、八千年为一秋，活的就是"大年"。

《逍遥游》讲述的故事中充斥着各种鲲鹏、蜩蝉、朝菌、蟪蛄、

第四章　老庄思想：俗世中的生存智慧

大椿这类或大或小的动植物，或扶摇云端，或御风而行，或动辄活到几百上千岁，或转瞬即逝悄无声息。庄子仿佛故意要给世间描绘出另一个令人艳羡而又无法企及的新世界。巨型鲲鹏与微型蜩蝉的对比，反射出普通凡人与奇幻动物的差异。正因为生活在凡间，没人敢指望能活到上百年的岁数，同时又感到世俗的日子太过平庸无奇，总是想象着有朝一日能够像神兽那般驰骋天地之间。读《逍遥游》很容易激发起人类对世俗生活的厌倦与反抗情绪。大可设想一下，那些整天沉浸在儒家礼教规训下唯唯诺诺拘谨谋生的人们，那些在法律桎梏下察言观色谨言慎行的人们，哪一个不想瞬时变身为鲲鹏，悠游穿梭在无边无际的宇宙苍穹。

"逍遥"不是真的舍弃"自我"和"形体"，任由心灵无所牵挂地自由翱翔。有人会问，庄子笔下的"逍遥"，不是明明有一种御风而行洒脱无羁的感觉吗？细品其意，庄子的意思肯定不是真的变成"无我"那样的透明人，而是试图超越世俗规矩的约束，去体验另一种形式的"自我"。即使如鲲鹏这般想象出来的神兽，也是"有形"的存在，否则如何在身体尺寸上与蜩蝉、朝菌和蟪蛄们作比较。

由此可知，庄子憧憬"逍遥"的目的，不是追求"无形"与"无我"，恰恰是想寻求个人能够主导的"有形"与"自我"。这种"有形"与"自我"当然不是传统家庭塑造出来的僵化保守形象，而是经过心灵意念的自由释放，跳脱身陷庸俗泥淖的人生，做出自主的选择。在庄子心目中，那些"乘天地之正，而御六气之辩，以游无穷者"，才能做到"至人无己，神人无功，圣人无名"。尽管只有"神人""圣人"才最终能摆脱世俗的功名利禄，一个普通人也不妨尝试一下，把形塑超越现实的"自我"当作未来生活的目标。

《逍遥游》中曾虚构出一个叫姑射山的地方，此山是神人栖居的仙境，住在这里的仙人"肌肤若冰雪，绰约若处子；不食五谷，吸风饮露；乘云气，御飞龙，而游乎四海之外"。需要注意的是，庄子梦里的仙人形貌大多符合世俗审美标准，如肤色像冰雪般白皙，风姿绰约，气度雍容等都是人间美人的比拟说法。只不过餐风饮露、驾云飞翔的本领并非凡人所及。

正因为《庄子》中的梦中仙人大多模拟自尘世，或者总是残留着俗人的影子，所以庄子笔下的超能世界，犹如现实与超现实的混合体。即使"逍遥"于空中仙境，也须寻找到地面坐标，才能丈量出腾飞的高度。灵魂也许短暂离开了肉体，却可能在某一时刻重返人间，仍逼迫着人们去思考如何摆脱世间的诸多烦恼。隐居的悠闲只有在对比尘世的喧嚣时，才能凸显独特价值。五百年的寿命一定是以每天每月为记时单位，活得再长也需要一天一天地计算，是每分每秒的累积和延伸。也就是说，庄子表达的思想，说到底仍是俗世愿望的一种奇特反映。

无论是古人还是现代人，往往习惯把庄子的寓言当作宫廷政治或职场竞争的解毒剂。一些古代士大夫由于厌烦了儒家科条规训的约束，转而寻求身心自由放逸的生活，幻想着远方始终悬浮着一个脱离凡间羁绊的美丽桃花源。一个被有意遮蔽的事实却是，无论古今，寻求真正的自由意味着必须首先获得世俗意义上的成功。无论是在礼教约束下的士大夫阶层，还是现代公司里的职场精英，都曾在官场或职业生涯中取得过耀眼成绩，只是在生活中遭遇挫折，一时无法解脱，于是希望从老庄思想构造的玄幻世界里获得慰藉。这是认知庄子思想的一个大前提。

这就是为什么那些因古代官场失意而流落江湖之人，总喜欢嘴边挂着庄子的教导，喋喋不休地劝说世人尽快忘记愁苦失意，学会洒脱认命。现代富人在拥有足够多的财富与名声之后，同样对庄子思想趋之若鹜，仿佛每日参习若干庄子语录，就能排解胸中郁闷，摆脱为金钱奴役的尴尬命运，实则不过是想为延续奢华生活，添加另一种不那么庸俗的理由。对于挣扎在生存底线上的民众来说，庄子鼓励人们面对困境，保持潇洒超脱姿态的教导，大约与他们无关。在大多数情况下，普通民众宁愿选择遵从儒家道德观和礼仪秩序，以便维系艰难生计和温情脉脉的人际交往关系。或者为了寻求哪怕一点点的生命安全感，被迫屈从专制权力的威慑与控制。

/
"齐物论"是认识事物相对性的一种方法

庄子思想产生于乱世，在他的眼中，难免世事如棋。先秦诸子发明的学说各树一帜，互相竞争缠斗，各说各话。儒家说仁义，法家尊律例，名家恃诡辩，纵横家靠离间，毫无例外均坚持己方的意见最能解决人生难题，始终关怀的全是如何在俗世中获利。在庄子看来，这个世界原本无所谓是非，是与非的差别不过是臆造出来的假象。每种事物之间并不是相互否定的关系，人们为此努力分辨，互争短长，纯粹是自寻烦恼。

庄子尝试运用"上帝"眼光解读人间乱象，因为只有从"上帝"的视角出发，才能做到"物固有所然，物固有所可。无物不然，无物不可"（《庄子·齐物论》）。这不是俗人有能力采取的态度，凡人大多习惯从各自利益和立场出发判别是非对错，而在"上帝"眼中，生死境遇都可以互换，更无所谓是非了。当然，庄子的"上帝"不是类似西方那样的人格神，而是超越人间秩序的"大道"。

既然庄子想要传达的并非是尽人皆知的生活常识，自然就要想办法讲出一套出人意料的见解。其中最重要的一条意见，就是奉劝人们不要把事物看成彼此对立的关系。事物之间并不存在泾渭分明的差别，经常交替变换，永远处于相对状态，天地万物迁徙不定，是非治乱相反相成。正如秋水之于大海，稊米之于太仓，小丘之于大山，渺小与浩大只有在比较中才显现出来，甚至生死之间都不存在什么界限。活着不应觉得高兴，死去不必感到悲伤。庄子不拟按照儒家的是非观判断事物的优劣好坏，也不会寄望于仁义恩惠的普及就一定产生好人。庄子心目中的理想生活是不去争名逐利，也不赞美辞让谦恭的德性，行动举止与世俗标准有别，却又不故意标新立异，对加官进爵提不起兴趣，刑罚加身也不会感到屈辱。

庄子的世界观也可以这样表述，观察世界万物完全取决于从哪个角度出发，一种角度看上去是"此"，换了另一种角度就可能变成"彼"。判断"是非观""生死观"也应如此，"是"与"非"完全依赖主观感受，此一时为"是"，彼一时就变成了"非"。"生"与"死"也是相对而言，"生"就是逼近"死"的过程，"死亡"说不定恰好孕育着"新生"。"是非""生死"既可相互转化，也正是彼此的对方。

庄子自称曾梦到一具骷髅，骷髅对他说："死，无君于上，无臣于下，亦无四时之事，从然以天地为春秋，虽南面王乐，不能过也。"《庄子·至乐》分明是在夸耀阴间的舒适生活盖过帝王。庄子想劝说骷髅重返人世，复原人形，再生骨肉肌肤，回到父母妻子邻里的亲密关系之中，彻底克服阴间的孤独。骷髅反而皱起眉头，声称不想丢掉阴间帝王般的享受，重过凡尘的劳苦生活。

如果承认阴阳两界没什么差别，那些非要站在某方特殊立场，反驳对手观点的所有争论都将失去意义。因为在承认事物之间只具相对性差异的情况下，彼此的观点实际上已经互为前提，被包容在了对方思想范畴当中。

只要明白这个道理，我们就能领会庄子这段话的精义："物无非彼，物无非是。自彼则不见，自知则知之。故曰：彼出于是，是亦因彼。彼是方生之说也。"（《庄子·齐物论》）每个事物之间都是相互依存和转换的关系，是非生死同样如此。"方生方死，方死方生，方可方不可，方不可方可；因是因非，因非因是。是以圣人不由而照之于天，亦因是也。是亦彼也，彼亦是也。彼亦一是非，此亦一是非，果且有彼是乎哉？果且无彼是乎哉？彼是莫得其偶，谓之道枢。"（《庄子·齐物论》）这几句话点出的就是"齐物"的核心思想。"齐物"不是靠儒教的道德约束，或者法家的律条限制，而是建立起一种心理上的判别标准，超越一般意义上的世俗规矩。

按此推导下去，对"美丑""善恶"的辨别也莫不如此。是非成败转头空，万事万物一直在成毁胜败之间不停地流转迁移，并不需要确立某个固定标准。认清这个道理，就等于掌握了"道"的枢纽，这就是"上帝"的视角。人不能自称"上帝"，却能够尽情体会"上帝"的意图。

庄子对事物相对性的认识比较趋向极端，由此造成的一个后果，就是把"神奇"与"腐朽"混为一谈，以至到了美丑不分的地步。因为任何事物的形体都在不断发生变化，而且能够相互替代转移。今天你是一个人，明天就可能变成一只兔子，一只老鼠，或是一只猫。如果你的形象总是变来变去，当然就无所谓"生"还是"死"了。因为具体人形虽然消失，却并不意味着死亡，而是变换成了另一种东西继续存活下去。《庄子·知北游》中是这样讲述这个道理的："生也死之徒，死也生之始，孰知其纪！人之生，气之聚也。聚则为生，散则为死。若死生为徒，吾又何患！故万物一也，是其所美者为神奇，其所恶者为臭腐。臭腐复化为神奇，神奇复化为臭腐。故曰：通天下一气耳。圣人故贵一。"这就是后人所说的"化腐朽为神奇"典故的由来。

"形体"由上天赋予，俗人无法支配，性命也不属于自己，一切不必在意，圣人可以豁达到气质如一。问题是，现实中到底有多少人能够洒脱到这个地步。对此，庄子似乎并不关心。你很难想象，一个人真能淡然漠视到美丑不分，是非不辨。唯一可能做到的是，不以道家之外的是非为是非，比如不以儒家的礼义廉耻观念评判人生的价值。

庄子的这套"齐物说"并非没有破绽，既然对世俗之事不用做出是非善恶的判断，那道家凭什么断定，儒家倡行立功、立德、立言的"有为"精神就一定是错误的，"无为"思想就一定是正确的。或许有人会进一步提出疑问，《庄子》中的大量寓言故事都是借孔子语气讲述，目的是以儒家为参照，标榜道家的潇洒不羁，不是已经昭示出自己的鲜明立场了吗？既然世上本无是非对错之别，那么庄子所说的每一句话到底是对是错？

在笔者看来，庄子毕竟不是"上帝"，他自始至终还是站在"人"的角度去观察周围世界。"齐物说"无法破除世间所有"对待"之物，除非你真不想当一个人，不说人话。因此，我们大可不必把庄子强行打扮成"上帝"。从《庄子》大量借助孔子发言这一点观察，庄子和他的弟子大谈"齐物"的目的，仍是想踏踏实实落地在凡间，通过这种特别方式消解儒家的善恶是非观。

有一个现象可谓古今一般同，那些好谈庄子哲学的人，没有一个人真有本事做到超凡脱俗，更别提羽化升仙。庄子思想爱好者大多饱受儒教道德观的压抑束缚，或多或少都存在心理创伤。他们试图冲破俗世制度的樊篱获得自由。君不见，现代社会中喜读《庄子》者，大多是些有钱的闲人，因为长期受困于职场压力，或一时感到空虚无聊，在物质追求之外，希望获得些许人生启悟。泡上一杯清茶，抽空读读《庄子》也许多少能缓解内心焦虑。只要听到某人鼓吹庄子哲学的真谛，就是视金钱如粪土，以隐逸当自由，那一定是想为当代白领的抑郁症开上一剂止痛的麻醉药方，或者是想劝说那些准备奋起反抗社会不公的人群自动放弃抵抗，心甘情愿地回归平静生活。至于能否像鲲鹏这般展翅高翔，或如仙人那般餐风饮露，那只能靠各自放飞天马行空的想象。

《庄子》中记载了一段广成子的训话，据说此人活了一千二百岁，其中说道："得吾道者，上为皇而下为王；失吾道者，上见光而下为土。今夫百昌皆生于土而反于土，故余将去入，汝无穷之门，以游无极之野。吾与日月参光，吾与天地为常。当我缗乎！远我昏乎！人其尽死，而我独存乎！"（《庄子·在宥》）如果是正常人，听到一个人吹牛活到一千多岁，一定以为他是个疯子。但是在《庄子》这部经典中，如果你听腻了各种道貌岸然的无聊说教，肯定向往成为广成子这样的神仙，哪怕这种企盼只是在做白日梦。困窘的现实恰是展开幻想翅膀的原动力，这才是《庄子》叙述风格的魅力之所在。

/
"知识"不是用来判断是非，而是为了顺应自然

庄子营造出来的奇幻世界，早已成为历代文人墨客津津乐道的话题，但仔细阅读下来，你会发现，《庄子》中的绝大部分文字，仍是在探求一种人间的世俗活法，读起来相当实用。庄子说理的目的，更多是要解决人们在日常生活中遭遇的难题，而不是一以贯之地虚构那些常人无法企及的乌托邦幻景，这才是大多数人乐此不疲、趋之若鹜的主要原因。《庄子》中的许多内容与儒法主流思想并不构成截然对立的冲突，孔子不是也说过"天下有道则见，无道则隐"（《论语·泰伯篇第八》）这

样的话吗？

"有道则见"是儒家奉公入世，躬行圣道的体现，士大夫阶层只要遇到赏识自己的贤明君主，就会出而入仕。"无道则隐"昭示的"出世"理想，与道家的退隐风格相当一致。不妨说，一旦官场失意或君子成仁的理想破灭，士人自然会选择一条类似道家自保身心的退路。孟子也曾说"穷则独善其身，达则兼济天下"（《孟子·尽心章句上》）。"独善其身"与道家的修身理念比较接近，"兼济天下"则是儒家参与王道政治的出路，后人常说"儒道互补"，颇可从儒学与道学相契合的一面理解此意。

在庄子看来，"知识"本身无所谓好坏，只不过不同人使用起来效果差别很大。好人用知识做善事，给人类带来福祉；坏人用知识行恶事，反而带来灾难。不幸的是，这个世界似乎永远是善人少恶人多，权衡利弊之后，庄子还是鼓励放弃对知识的追求，哪怕这些知识有利于促使人们变得善良和聪慧。

庄子特别强调，不要轻易把自身主张强加于人，应尽量营造出多样化选择的氛围，顺其自然地满足各类人群的不同欲望和诉求。他举了一个鲁国国君养鸟的例子。有一只海鸟落在鲁国郊外，停留了三天，这只鸟的形状与凤凰类似，引起举国震动。鲁公更是把它当神鸟看待，动用九韶太牢的大礼侍奉，却没料到神鸟似乎消受不起如此隆重的礼仪，受到惊吓，整天郁郁寡欢，不想吃一块肉，不敢饮一杯酒，三日之后绝食而死。庄子评价这件事，说鲁公是"以己养养鸟也，非以鸟养养鸟也"（《庄子·至乐》），意思是鲁公一门心思只按照自己心愿养鸟，丝毫没有考虑神鸟本身的感受。"以鸟养鸟"的正确态度，是让所有鸟类栖居深林，自由游走在大地之上，沉浮于江河湖海之中，从容自得地捕捉喜欢吃的食物，跟随鸟群行列自在飞翔。既然鸟类一听到人声就感到惊恐不安，为什么还要故意制造喧嚣去打扰它们呢。

既然每个物种的生存条件迥然不同，"鱼处水而生，人处水而死"，所以"圣人""不一其能"，不把各类生物的性能等同看待；"不同其事"，不使人类从事的工作整齐划一；"名止于实"，标举出的名义与实际状况符合；"义设于适"，义理要与具体事务相互适应。（《庄子·至乐》）儒家用仁义礼制规范身心，极有可能扼杀人的天性与生活状态的多样性，这是庄子试图极力避免的。

"绝圣弃智"与老子"知识越多越反动"的看法是一致的，《庄子·天地》篇曾借孔子弟子子贡之口讲过一个故事。有一天，子贡遇到一位老丈在田圃里耕作，老丈开凿了一条沟渠探入井中把水引上来，然后抱着瓦罐浇灌田地，这样做看上去显得效率极低，事倍功半。子贡不解地问道：您为什么不用桔槔这种抽水工具，借助杠杆原理把水抽上来，这样不是效率更高吗？老丈回答，这是有心机杂念的人才做的事，依靠高效机械必生投机取巧之心，我并不是不知道桔槔的效能，只是因为使用它会导致心思不纯，心神不宁，所以故意弃之不用。

更可笑的是，老丈讲完这套歪理后，又嘲笑孔子之徒统统不会"治身"，哪里还有"治天下"的本事。子贡听完这番话，居然羞愧得落荒而逃。这里不妨稍微发挥一点想象，如果有人建议这位老丈使用更加先进的现代科技设备去播种和收获粮食，我们猜想一定照样被他断然拒绝。如果中国人一直相信老丈这番教诲，估计我们现在仍然还在使用着原始落后的农耕技术，眼睁睁地看着他国人快速步入现代生活，尽情享受高科技带来的便利，这就是"绝圣弃智"思维最容易惹人非议的地方。

庄子对"知识"的态度与法家的观点比较接近，法家认为儒家假设众人皆可修炼成善人，然而，现实中当善人的成本往往远高于当恶人。儒家的办法是制定各种烦琐礼仪去规训身体，不断灌输道德教条陶冶心灵，靠柔性的知识传承约束人们的言行。结果发现，冒险行恶之人仍然多于积德行善之人。因为做善事是一种长时间的修行，投入成本太高。法家缺少耐心，干脆不分青红皂白，一律用法律手段统一解决问题。庄子觉得法家发明的治世办法根本不是在传授知识，而是泯灭人性的强迫训练，人心一旦被法律压抑到极致，很容易引发颠覆性的反抗。因此，欲得身心解放，必须从学习"无知无识""绝圣弃智"的态度开始。

"绝圣弃智"就是什么也不用学，什么也不在乎，整天悠悠荡荡无拘无束地活着，这貌似与西方式的"个人主义"和"个性自由"的处世态度相当投缘,其实完全是一种误解。表面上,庄子把宇宙山川天地的变化,乃至人世浮沉,死生契阔,都看成时势在起作用。每个人只要融入其中,顺应基本走向,就可获得"自由",既然无法改变世界,何不随波逐流。这种处世态度恰恰需要放弃"自我",压抑反抗的意志。因为学习任何知识都有可能妨碍放空内心的执念,去顺遂自然的变化。身心的自由依赖自然顺势流动的方向,并不是要寻求和培养真正的"自我"意识。即使如大鹏展翅,也要恃风而行,并不是随便由着性子任意翱翔。所以有人批评说,如果真踏入庄子营造的虚拟意境,极可能幻化成一块无欲无性的石头,完全放弃人间的道义担当。

"绝圣弃智"走向极致就是"忘我"。"忘"是庄子思想的关键词,忘掉身边到底发生了什么,相对比较容易;最难的是,还要忘记身体各个部分由什么构成,放弃耳目器官的音色感受。"假于异物,托于同体;忘其肝胆,遗其耳目;反复终始,不知端倪;芒然彷徨乎尘垢之外,逍遥乎无为之业。"(《庄子·大宗师》)继而忘掉生死之别,最后连"我"是谁都彻底记不起来了。

一旦达到"吾丧我"的至高境界,就可以顺时顺势,随心所欲,跟随外界发出的指令俯仰沉浮,想变成什么就是什么。只要丧失对"自我"的执念,人就能与世界万物混同一体,彼此不分,不必去分别何谓"自我",何为"他物"。既可变成雨又可化为雪,想成山就是山,想成海就是海,随圆而圆,随方而方。没有什么自我判断的标准，也就无所谓对错是非。正所谓"鱼相忘于江湖，人相忘于道术"（《庄子·大宗师》）。知识没有增长，欲望自然就慢慢消减，直到祛除干净，不在脑子里留下任何痕迹。

《庄子》专门选编了一则有关"忘我"的对话，有一次颜回兴奋地告诉孔子自己进步了，因为忘掉了什么是仁义。孔子说这算是小有进步，但还不够。又过了几天，颜回表示这次把礼乐是什么也给忘了，孔子说这离真正进步还有距离。第三次颜回向孔子报告，终于"坐忘"了，孔子惊问什么叫"坐忘"，颜回解释"坐忘"就是忘记肢体的存在，抛弃聪明才智，与"大道"融合无间。孔子不由感叹，与"大道"同体就没有偏狭的欲望，随万物变化就舍弃了常规的样态，颜回真是达到了贤人的境界，我自愧不如。这段话显然是庄子故意借儒家宗师之口，解说"忘我"的含义。"坐忘"是"忘我"的实际修炼功夫，不但脱离红尘的隐士需要时时研习，那些生活在俗世却有志于追寻"大道"的人们同样值得去体验。

然而，庄子为达"忘我"之境预设的行动目标似乎太过完美，几乎没有人能够做到。即使有些人接近"贤人"标准，也常常心旌摇曳，无法克制世俗欲望。无论这类欲望是为己为家还是为国，总有放不下的忧患情怀需要排遣，于是才有了"居庙堂之高则忧其民，处江湖之远则忧其君"的士大夫精神。更让人难以接受的是，难做"贤人"不可怕，可怕的是打着"贤人"

招牌,唱着"忘我"高调大做恶事的"奸人"随处可见。这类人总是表面说一套,背后做一套。在"奸人"的心目中,"忘我"就是阳奉阴违的最佳借口。既然没有几个人能达到"忘我",却又出于某种需要做出"忘我"姿态,那么只好采取欺上瞒下的手法。表面说话做事大公无私,一脸"伟光正"的做派,实则假话连篇。"奸人"也许能够把个人欲望暂时压抑在阴暗角落,可是一旦郁积成病,就容易迅速转化成损人利己的妖魔,贪欲的变态膨胀塑造出了无数扭曲人格。

庄子的一些核心主张如"逍遥""齐物""绝圣弃智",表面看上去与儒家思想针锋相对,其实道家的顺应"自然",骨子里与儒家的顺从"王道"并无根本差别。双方共同得出的结论是,想办法彻底摘除"自我"意识,追随主流群体的意愿。一个追求的是不可言说的"逍遥",另一个屈就在"王道"的权力窠臼里,很容易在短暂冲突发生之后相互适应对方。

我们不妨把在生活中屡见不鲜的矫饰作伪的表演型人格,与常人无法达至的纯粹的"忘我"境界,都看作道家思想引发的人格裂变。这条路一旦大多数人走不下去,就会重归儒家的怀抱寻找安慰,反过来也是一样。那些抱怨官场商场情场失意的人,都在假装欣赏体悟《庄子》中的微言大义,却从未意识到,庄子背后还晃动着孔子的身影。只有孔子在场,儒道同台竞技,这场戏才能继续表演下去。

道理很简单,"忘我""无知无识"作为由"凡"入"道"

的途径，其难度并不在于把自己变成毫无感情温度的"愚人"。最要命的是，人得吃喝拉撒，每个人首先要解决的无疑是基本生计问题。哪怕是修炼到"辟谷"的"圣人"，哪怕他们真能不吃不喝，仅靠狂饮清风仙露存活下去。如果"忘我"真能超脱人世间的烦恼忧虑，每个人都能幻化成神仙，随心所欲地生活，也就没有人如此辛苦地在儒家搭设的道德网络中挣扎求生了。

儒法思想之所以能够长时间入流正统，是因为他们的创始人明白一个道理，中国古代文人的核心关怀，大多围绕着高层宏大政治目标展开，其次才轮到草民思考个人生存的问题。而绝非如西方思想家那样，总是能从个体感悟出发，聚焦形而上学意义上的宇宙和人生终极问题。中国古代的任何思想，必须得到统治阶级的青睐和采纳才能脱颖而出。儒家靠三纲五常道德观孕育人心，法家凭刚性的严刑峻法令行禁止，都是由上往下灌输传播的实用思路。历史上那些怀抱为民谋利理想的人物，也首先把服务君主当作人生的至高追求。唯独庄子对个人自由禀赋的彰扬，充满了过度的浪漫期许和玄学臆想，只热衷为一小部分人缓解心理焦虑提供精神食粮。即便如此，也没有人知道，一个人到底应该修炼到什么程度，才能成功抵御升官发财、情欲美食等这些凡尘诱惑。如果承认"圣人"只生活在远古年代，大多数人都无法企及他们的自由境界，也就相当于默认，普通人根本无法真正克服人性弱点的限制。

第四章　老庄思想：俗世中的生存智慧

1
庄子思想的核心是一种生存哲学

只要一提起《庄子》，人们的注意力很容易被首篇《逍遥游》昭示的魔幻意境所吸引，那些生活在玄虚世界里的仙人好像个个闲散飘逸，大多不食人间烟火，不用操心任何尘世俗务。可是仔细阅读《庄子》中的其他文字，我们又会发现，这类缥缈仙境只不过是一种麻醉般的幻觉，别说凡间之外的宇宙对常人而言根本难以企及，就是想获得世俗意义的个人自由也需要经过一番艰苦磨炼。且看下面这段文字所罗列出的修养要求："彻志之勃，解心之谬，去德之累，达道之塞。贵富显严名利六者，勃志也；容动色理气意六者，谬心也；恶欲喜怒哀乐六者，累德也；去就取与知能六者，塞道也。此四六者不荡胸中则正，正则静，静则明，明则虚，虚则无为而无不为也。"（《庄子·庚桑楚》）

这段话是讲一个人要做到顺通意志的错乱，解开心灵的束缚，去掉德行的拖累，贯通大道的窒碍，就必须觉悟到，尊贵、富裕、显赫、强势、名望、利益这六样东西会扰乱心志；容姿、举止、色彩、说教、气韵、意念会约束人心；厌恶、欲望、喜悦、愤怒、悲哀、快乐都是人性的枷锁；舍弃、依从、获得、给予，以及对知识技能的拥有妨害人们获得真理。必须经过一番净化自省，统统摒弃这些阻碍人生迈向更高境界的情绪、愿望和知识，才有可能获得"自由"。

但是，每个人都能彻底把这些困扰心境的因素排除干净，做到完全"无我"吗？那岂不是变成了针扎不进、水泼不进的木人石人？有些人只在饱受世俗生活的摧残之后，才想起来跑到《庄子》营造的幻象世界里躲避片刻，祈求一份内心安逸，这岂不又是一种功利心在作祟？既然庄子对克制欲望诱惑的标准悬置过高，大多数人自然不会真心去寻求一个遥不可及的目标。由此，你就会理解，为什么汉初朝廷虽然尊崇黄老之术，却没听说过哪个皇帝对《庄子》真正产生过兴趣，他们更急于利用老子思想里蕴藏的权谋诡道。只有像魏晋时期那些整天无所事事、放浪不羁的名士，才把庄子的想法当作挥洒个性的治愈良药。

结论当然是，除了《逍遥游》简短地描述了超越世间俗务的愉悦与漫游神仙幻境的欣喜，更多情况下，《庄子》的思想更像是一种"保命"哲学，喋喋不休地反复教导人们，如何在险恶的人世规避风险，让自己活得更加安全。

庄子的"保命"哲学常常以诡辩术的面目出现，好像与道家素来提倡的"反智"思想不太契合。《庄子》中有一段著名对话，说的是惠子与庄子一起在濠上（今安徽凤阳）一带游玩，庄子忽然感叹说，水里那条鱼从容嬉游的样子，真是欢乐呀。惠子马上质疑道，既然你不是鱼，怎么知道鱼是否快乐呢？庄子反驳惠子，你不是我，怎么知道我不知道鱼快乐呢？惠子接着说，我不是你，当然不知道你的感受；你不是鱼，肯定也不知道鱼是否快乐，这是明摆着的事实，无可辩驳。这样看起来，庄子似乎已被逼进了逻辑死角，明显落在下风。于是他转变策略，开始回到最初的问题。庄子提醒说，既然惠子最初问他是在什么地方知道鱼是快乐的，那就说明惠子确实承认庄子知道鱼快乐，否则就不会提出这个问题。庄子据此明确回答，他是在濠上这个地方感觉到鱼是快乐的。（《庄子·秋水》）注意，庄子的这个回复明显偷换了概念，他把惠子"怎么知道"这个问句转换成了"在哪里知道"，等于预先包含了肯定庄子知道鱼是快乐的这层意思。这就是庄子常用的辩论技巧。

《庄子·人间世》中还讲了一个"栎社"的故事。"栎社"是一种树，由于树身过于高大，反而被匠人弃之不用。理由是用这种树的木质做船容易沉没，做棺材容易腐烂，做器具容易毁坏，属于"不材之木"。一天夜里，"栎社"托梦给匠人说，我不是天然就长成这个样子，而是故意变成了这副模样，这才逃脱了被人砍伐的劫数，得以活命长寿。相反，一棵人们眼里的优质木材，终究难逃被斧头砍伐的厄运。如果把"栎社"的寓言比附在人类身上，那些被社会歧视的边缘群体，如残疾人，反而可能因祸得福。在古代祭祀体系中，肢体残缺的动物和人体是不会被当作祭品奉献给神祇的，残疾人因此避免了充当祭祀的牺牲品的命运，比那些健全人获得了更多的生存机会。

《庄子》中最为人熟知的恐怕是支离疏的故事。一个叫支离疏的丑人，浑身上下长的和常人不一样，他的面颊隐藏在肚脐里，肩膀支棱起来高过头顶，发髻朝天，五脏倒置，大腿和身体两侧黏连在一起，活脱脱一个怪物。按常理来说，长得这么奇葩，又受到世人歧视，本应活得相当凄惨。可庄子却发现，正因长得丑陋，支离疏才逃脱了朝廷征召，避免去打仗，整天轻松惬意地在闹市中游荡。遇到该服劳役的时候，支离疏因残疾不用当差，还能获得国家发放的粮食与柴草补助，反而比正常人过得还要滋润。由此可见，庄子思想其实并无多少人们想象的超世玄幻色彩，而是充满了实际利益的考量和算计，更像是一种为弱者出主意的生存哲学。那些鲲鹏展翅扶摇直上云霄的神话故事，只不过是遮盖在活命技巧之上的表面修辞而已。

庄子所倡导的底线生存思维与儒家的处世哲学针锋相对，孔子主张"志士仁人，无求生以害仁，有杀身以成仁"（《论语·卫灵公篇第十五》）。庄子却认为，依靠道德修养应对世事纠纷根本靠不住。相反，应该从保全生命的基本诉求出发，尽量做到委曲求全，不出风头，低调做人。

庄子曾用山川与深谷的反差作比喻，批评儒家哲学。山越高，谷才显得越深，两相对照比较，方能显示对方的存在。如果把山丘铲平，就等于填满了深谷，"渊"就会荡然无存。处理人际关系的道理也是一样，正因为"圣人"制定了太多道德规则，就像竖立起了一座座山峰，反而刺激盗贼去作恶，盗贼面对"圣人"就如深谷面对山丘一样。结果造成"圣人不死，大盗不止"（《庄子·胠箧》）的尴尬局面。盗贼屡禁不止，恰恰是圣人引发的灾难，圣人如果消失，就像山丘被铲平一样，盗贼自然随之消之，所以说"圣人已死，则大盗不起，天下平而无故矣！"(《庄子·胠箧》)

庄子举出的另一个现象是"窃钩者诛，窃国者侯"，那些偷盗了不值钱东西的人往往遭到重罚，窃取国家权柄的人反而平安无事，荣登高位。可见道德规则是专门为有权有势的人服务的，与普通民众的生活没有直接关系，正所谓"诸侯之门而仁义存焉"(《庄子·胠箧》)。

"窃国者侯"的一个著名例子是田成子篡权的故事。齐国当初拥有周边二千余里的国土，秉承儒家圣人的治国理念，安排宗党比邻，建立宗庙社稷，经济繁荣，人民安居乐业，真是一派祥和盛世的景象。不料田成子杀掉齐简公，篡权得手，打出的同样是遵循礼乐治国的旗号。田成子虽然身背篡位之名，却安享尧舜般的圣人待遇，小国不敢非议，大国不敢讨伐，没有人能奈何得了他。(《庄子·胠箧》)这是以盗贼之身尽享圣道之恩的突出例子。

庄子另外一个有意思的说法："善人不得圣人之道不立，跖不得圣人之道不行。天下之善人少而不善人多，则圣人之利天下也少而害天下也多。"(《庄子·胠箧》)善人如果得不到圣人指点就没办法成功，盗跖这样的恶人如果没有圣人发明的道理支持，也无法在世上横行。善人与恶人表面上构成对立两极，却都是依傍圣人获得了各自地位。而且这个世界上善人少恶人多，相对比较起来，圣人之道更多是在帮助坏人作恶，在大概率上给天下百姓带来的是灾难而不是幸福。

庄子的本意当然不是选择与恶人同流合污，而是退隐自保。庄子并非对人间的是非曲直视而不见，也不是像墙头草一样完全没有判断标准。他与孔子的区别在于，孔子坚守和捍卫儒家发明的是非标准，甚至要求在关键时刻为之付出生命的代价。庄子觉得没必要为那些人为制定的道德价值一争短长，而应采取回避冲突、淡然处之的消极态度。

概括起来，道家思想的总体基调体现出的是一种乱世的保命哲学，老子与庄子虽同属道家思想谱系，却仍有差别。老子更多把注意力集中在帝王身上，主张国家治理应采取"无为而治"的政策，目的是为帝王统治的权谋机变提供另一种选择，以便更加灵活地处置天下大事。庄子主要针对普通人的生活处境，教导大家怎样奉行"无用之用"的原则规避风险，更多提供如何过好私人生活的建议。庄子的自保哲学似乎更适用于乱世，老子"无为而治"的思想更适合动乱之后的新兴王朝加速恢复民力、休养生息的阶段。

/

不能割裂且互为镜像的儒道思想

前面已经提到，《庄子》中的许多寓言故事是假托孔子及其弟子之口来讲述的。这些寓言故事阐发的均是道家意旨,孔子和他的弟子们只不过是披着儒家外衣的工具人。这个现象也说明,庄子似乎有些不够自信,觉得如果不借儒家之口说话,难以准确达到意图。儒家思想犹如一面镜子,庄子必须拿着这面镜子端照自省,才能看清自己的真实面目,没有孔子这个"他者"站在对面,庄子就可能"失语"。后殖民主义研究的代表学者萨义德在《东方学》这本名著中提出一个观点,他说,在近代意义上,"东方"是"西方"构造的一个"镜像",用来观察和塑造自我形象。没有"东方"这个想象出来的神秘对象,"西方"甚至不知道怎么定位和评价自身历史。庄子与孔子"互为镜像"的关系也与此有些近似。

同样道理,对于大多数帝王来说,法家是道家思想的一面镜子,只有在这面镜子中真切地看见秦朝滥用法家治术导致的崩解败象,才能觉悟到道家"无为而治"思想的特殊价值。阅读至此,请不要产生幻觉,认为黄老之术从此将成为历朝帝王奉行的不变国策。毕竟一个王朝如果一直采取"无为"政策,真的什么事情都不干,其统治肯定难以长久维持下去,道家"顺应"时势的思想,只不过是王朝过渡时期被迫采纳的权宜之计。只要觉得民力恢复得差不多了,明智的统治者一定会重新启用儒法的治国方略。

道家当然非常清楚帝王的真实心态,所以主张辩证灵活地处理"无为"与"有为"的关系。庄子就表示"上必无为而用天下，下必有为为天下用"（《庄子·天道》）。这个观点与儒家的想法差不多。再看下面这段庄子讨论"明大道"的话，简直让人怀疑出自哪位儒家之口："君先而臣从，父先而子从，兄先而弟从，长先而少从，男先而女从，夫先而妇从。夫尊卑先后，天地之行也，故圣人取象焉。"（《庄子·天道》）这套对君君、臣臣、父父、子子伦理秩序的解释，真是说得道貌岸然、中规中矩，哪有一点《逍遥游》中鲲鹏展翅逍遥天外的浪漫影子。

也许有人会辩解说，这段话出自《庄子》的外篇，是后人对庄子思想的歪曲和篡改。实际上，庄子讲"无为"是有条件的"无为"，绝没有到脱离现实、清谈务虚的地步。更多还是建议人们审时度势，放弃个人立场，学会随波逐流。再往前跨一步，就与儒家通权达变的思路几乎没什么差别，只不过戴上了一幅洒脱无羁的面具而已。要知道，没有几个秉持道家立场的人可以真正做到"相忘于道术"，而是大多选择有目的地操弄"道术"。

人要活得"自然""率性"，就要想办法"无为"。可是人无法生下来就闭目塞听，对声色犬马的引诱无动于衷，再"自然"的品性也不是天生固有的，而是逐渐养成的，需要督导和培育。庄子在一则寓言中谈到了训练捕蝉技术的过程，其实就等于承认"自然"也是教化的结果，德性培养只有完成对人性本能的克服，才能成就"自然"。庄子认为，"不争""无为"的性格同样能够训练出来。他讲了一个周宣王养斗鸡的故事，周宣王一直把斗鸡训练到没有虚骄之气，对周围其他鸡的鸣叫完全没有反应，"望之似木鸡矣"，其他斗鸡看到对手具备如此定力，于是心生畏惧，纷纷逃走。(《庄子·达生》)这只不战而胜的斗鸡，就这样达到了"道"的最高境界。

庄子一方面强调人不可有为，不可好争，但在实际生活中，"人"不可能完全像石头木头一样不动心不动情，仍然需要不断磨炼适应环境的能力。庄子照样借孔子之口阐明了这个道理，《庄子·山木》篇中就讲到，有一天，孔子遇到一位在湍急河水中尽兴遨游的男子，误认为他要投水自杀，没想到该男子在水中往来自如。孔子请教他"蹈水之道"，男子回答，只要遵循水流规律，不按自己的私意动作，"不知吾所以然而然"，顺从命理天道，就能做到随心所欲。庄子认为，这不过是男子的表面说辞，实际上，他的身体早已娴熟掌握了驾驭水流的技术，并不完全是顺应自然安排的缘故。对比那些鼓吹"无为"的文字，庄子的这些言论似乎有些自相矛盾，至少看上去不那么自洽，其实，这正是庄子聪明过人之处。

庄子擅长从观察动物的行迹中参悟到一些做人的道理，曾经有一只长相奇异的鸟触碰到了他的额头，然后飞入了栗子林。庄子觉得好奇，于是手持弹弓，小心翼翼地进入林子，想射杀这只鸟。不料一眼看到一只蝉正待在树荫之下，一点没有觉察即将来临的危险，结果被一只螳螂扑杀。螳螂正在得意忘形，喜鹊又趁机扑杀了螳螂，接着扬扬得意忘乎所以。(《庄子·山木》）庄子感悟到，物与物相互牵累，正是源自互相吸引，目的都是置对方于死地。他细思极恐，赶紧扔下弹弓离开树林，却又遭到护林人的呵斥，误认为他要偷林中的栗子。庄子于是感叹，还是堕入了守形而忘身的陷阱。

事实上，庄子承认，社会的复杂性远远超出人性本能的可控范围，必须学会更多处世技巧，提高自我生存能力。从这一点观察，庄子与儒家面临着同样困境。儒家一开始就把道德标准凌驾在私人利益与情感之上，做绝缘化处理，如说"君子喻于义，小人喻于利"（《论语·里仁篇第四》），把"利"与"义"做截然对立的切割。然而在现实生活中，人们对"义"与"利"的考量常常纠结缠绕在一起。一个人处理一件事，只有在十分特殊的情况下才能完全抛开利益关切，单纯遵从道义原则，比如出让不该属于自己的荣誉，或者不计后果去帮助别人。

与老子专注帝王的感受不同，庄子特别注意处理个人生活中遭遇的种种问题。他发觉，哪怕自甘"无用之用"的隐秘环境，沉默低调地处世做人，也会遭遇种种不幸。《庄子·山木》篇中就举了两个相反的例子。庄子有一次在山中行走，看见一棵大树枝叶繁茂，伐木匠人却视而不见，因为这棵树不符合他心目中有用的标准。庄子不由感叹，这树能活下来，获得长寿，端赖它的"无用"。读者别认为故事到这儿就结束了，故事随后出现反转。庄子出山后，在友人家中借宿，朋友非常高兴，准备杀一只野鹅来招待庄子。家中童仆问，一只鹅能叫，另一只不会叫,到底要杀哪一只?友人说,就杀那只不会叫的吧。

山中的大树因为不成材却益寿延年,一只沉默的鹅本可避祸却反而被宰杀,如何评价这两种截然相反的情况引起了庄子学生的疑惑,他们感到有些无所适从,于是请教庄子。庄子回答,要想活命,只有把自己摆在"材"与"不材"之间的位置,看上去似乎有用又似乎无用。即便如此,也可能无法真正免除祸患,还是顺应自然,听天由命为好。只要不偏执于任何得失毁誉的情绪,就能获得解脱。因为在人情世故当中,会出现以下情况:"合则离,成则毁,廉则挫,尊则议,有为则亏,贤则谋,不肖则欺。"(《庄子·山木》)如果你想与人和谐相处,平安共事,往往有人就会故意疏离你;你想成功常会遭到阻挠;你陷于贫困往往遭人歧视;你地位尊贵又会遭人非议;你希望有所作为,别人就伤害你;你显出贤德的一面,别人就想方设法谋算你;你不思上进,别人就欺负你。总之,常常左右为难,进退失据。

庄子奉劝大家,要顺应天道走势,自然而然地待人处世,他说神农、黄帝就是这么做的。对于普通人而言,拿古代圣人做榜样,不免有苛求之嫌,让人感觉遥不可及。因为在生活中,没有几个人真正知道"材与不材"的界限到底在哪里,也就无从把握"材与不材"的微妙尺度和分寸。

庄子讲究无欲无求,少说话不做事,力争做到"敬之而不喜,侮之而不怒",只有这样,才能混同于自然的绝对统一之中,"唯同乎天和者为然"。(《庄子·庚桑楚》)因为"怒"是从修炼不够的"不怒"中产生,"有为"与不坚持"无为"有关。可见,"不怒""无为"才是根本,"怒"与"有为"都是它们的派生物。庄子最为欣赏的"圣人"都能做到"天地有大美而不言,四时有明法而不议,万物有成理而不说"(《庄子·知北游》),这套人生观如果落实到无权无势的百姓身上,恐怕只能做到对待好人好事不予夸奖,对待坏人坏事充耳不闻,视而不见。

庄子嘲笑"三代"以下的俗人,无论是普通百姓还是士大夫精英,个个追求身外之物,"小人则以身殉利,士则以身殉名;大夫则以身殉家,圣人则以身殉天下"(《庄子·骈拇》)。所有追名逐利,殉国殉家之人,毫无例外地违背天性,把自我当作牺牲品,献祭给一些不值得追求的目标。正确的选择不是屈从"仁义"的安排,而是回归固有的天性。"非所谓仁义之谓也,任其性命之情而已矣。"(《庄子·骈拇》)

至于这个"天性"到底是什么,如何去寻找,庄子并没有明确解答。庄子思想的魅力主要表现在对人情世故的深刻体察。他认为世俗世界的人们喜欢别人和自己一样,不喜欢与己不同的异类言行,其背后用意就是要出人头地。"世俗之人,皆喜人之同乎己而恶人之异于己也。同于己而欲之,异于己而不欲者,以出乎众为心也。"(《庄子·在宥》)正因如此,反而达不到出类拔萃的目的。"夫以出乎众为心者,曷常出乎众哉?"沉醉在周围人表面的附和夸奖之中,自觉出众,这完全是一种幻觉，实则堕入了俗众合力编织的欺诈圈套。大家其实各怀心思，并非真心实意地赞美，"因众以宁所闻，不如众技众矣"(《庄子·在宥》)，凭此印象根本无法证明某个人确实与众不同。

在庄子眼中，帝王统治应该属于"圣人"在完成个人修养之后，业余从事的事业，"道之真以治身，其绪余以为国家，其土苴以治天下。由此观之，帝王之功，圣人之余事也，非所以完身养生也"(《庄子·让王》)。圣人运用"道"的精华治身，"道"剩下的残余部分才被拿来治理国家，那些残余中的残余才配用作治理天下。帝王事功的大小，取决于自我"完身养生"的程度，是个体修为的延伸。生活在世俗之中的人们却"多危身弃生以殉物，岂不悲哉！"(《庄子·让王》)这与儒家的修身要求极其相似，儒家也强调必须首先完善自我道德修养，再推及家庭、国家和天下。尽管庄子理解的"道"与儒家的"道德"观念差异极大，看上去似乎势不两立，其实骨子里并无本质性区别，还构成了一种彼此互补的关系。

第五章

宋明"新儒学"到底"新"在哪里

在中国思想史上，宋代是个承先启后的时期，其核心思想体系被称为"理学"，又名"道学"，另有一个分支叫"心学"，或统称为"新儒学"。既然是"新儒学"，肯定与"旧儒学"有所区别，要知宋代儒学"新"在何处，必须首先了解宋朝文人生活的时代环境与历史氛围。

后世公认宋代文化昌盛，各种绚烂迷人的文化艺术成就层出叠涌，令人目不暇接。同时，宋代又出现了一些举止古怪，动辄满嘴仁义道德的文人学士。他们号称要打破汉唐经学垄断，回归先秦儒学传统。这场"新儒学"的兴起，有点像一场民间发起的"文艺复兴"运动，主要诉求是恢复私人授徒的教学风格。宋代以前，汉唐儒学有两个特点为人诟病，一是神秘色彩太浓，二是考据味道过重。汉代儒生与方士联手，专力为皇帝登基量身打造"政治神话"，其中难免掺杂进一些怪力乱神的东西，残留着先秦巫术文化遗落下来的原始印迹。由于明确为皇权服务，儒学教育只限于自我封闭的"经学"体系，学习经文的过程越来越烦琐化。

汉代朝廷集中了大批经学家，他们整日枯坐宫中，注释古代经书，有时一个字要使用几百上千个字做解释，甚至出现过经生不堪劳苦累死烛下的惊悚例子。宫内堆积如山的经书文本，犹如皇家贵族独享的文化奢侈品，与老百姓的日常生活毫不相干，经学教育则完全丢掉了先秦儒家宗师平易近人的教学风范。当年孔子和孟子留下大量口语化的授徒记录，里面并没有特别玄妙难解的句子，全是些指导民众如何为人处世的通俗道理。可是你若打开汉唐经卷，哪怕稍稍翻阅数页，也会顿感头晕目眩，一头雾水，从中找不到任何解决现实人生问题的贴切答案。

为了克服汉唐儒学晦涩难懂、无益启迪人生的弊端，宋代儒家公然挑战经学权威。他们说，儒学正宗思想从孟子之后就消失了，必须重新建立新的传承谱系。宋儒不仅要清算经学谬误，还要应对佛教思想的冲击。汉唐时期，不仅信仰佛教的皇室人数急剧增加，而且一般士人也深受影响。佛教不仅为中国人许诺过上未来世界的幸福生活，更是把学习佛典知识的程序大大简化。禅宗更是开辟出不须诵经礼佛即可到达极乐世界的速成捷径，的确对普通人具有强大的吸引力。

宋代儒学"新"就"新"在，无论"理学"还是"心学"，都开始重新讲述通俗易懂的人生道理。"新儒学"竭力使人相信，只要遵守圣人制定的道德伦理原则，每个人都有望成为一个善人，从皇帝一直到百姓，无人例外。"新儒学"的这番思想革新与实践，更像是一场波及所有阶层的"新生活运动"。与汉唐相比，宋代儒家的言行举止都更接地气，更带人情味，也更易从生活的细微处训化个人的身心品性。自此，"新儒学"终于从宫廷里的封闭学问，蜕变成了一个足以贯通上下阶层的全新知识体系。

/
为反官学而诞生的"新儒学"运动

宋代儒学总是不间断地宣讲一些日常生活道理，这些道理大多通俗易懂，最后变成了普通百姓耳熟能详的常识。过去官家学问中特别推崇的"阴阳五行""五德终始"等比较玄妙深奥的学问，渐渐失去了吸引力。因为发明这些学说的人，只考虑紧紧围绕皇家和周围小圈子的需要说话做事，皇帝爱听什么就讲什么，基本上都是按方抓药，有时候，又故意把经义讲得玄而又玄，显出神秘高深的样子。深居宫廷里的经学儒士完全没有兴趣与普通人交流，也不打算帮助他们解决实际问题。针对这种情况，"新儒学"一反常态，走了一条从底层发声的路线。

一个有趣的现象是，"新儒学"的发起人大多是从某个特定"地方"崭露头角的。清人黄宗羲在《宋元学案》和《明儒学案》中习惯用某个地域名称界定这些儒学流派，如给它们戴上"关学""闽学""洛学""粤学"的帽子，面对汉唐大一统官学公然摆开了对立的架势。

生活在"地方"上的读书人慢慢受到重视，这与宋代以后政治文化中心加速南移的历史事实有关。人们头脑中的"地方"，越来越与"南方"这个概念关联在了一起。魏晋以后，开始出现南北政权分立的局面，"南方"一度只是笼统地指称"江南"地区。到了宋朝，特别是南宋时期，随着辽金势力的步步南袭，汉人政权在北方的统治空间逐步缩小，移民潮不断涌现，"南方"范围持续扩大，日益深入比较偏远的"蛮夷之邦"，如湖南、江西、福建和广东等地区。在这一历史过渡期，"南方"区域不但积聚了大量财富，人才的数量也开始超过北方。宋代政治经济文化全面由北向南转移，营造了"新儒学"崛起的条件，使它从一开始就具有相当鲜明的地域性和民间化特点。

"新儒学"的早期宗师级人物大部分集中在北方一带活动，如张载、程颢、程颐等人，籍贯都在北方。南宋以后，"新儒学"各流派中南方人数的比例开始大幅度增加，朱熹、陆九渊以及明代的陈献章、湛若水、王阳明等人籍贯都在南方。在儒学如何为王朝治理服务这个问题上，南北宋士人之间存在很大分歧。比如出身北方的王安石一贯主张自上而下推动变法，他实施的改革举措如青苗法、保甲法、社仓法都是国家权力意志的体现。比较起来，南方"新儒学"更关注如何通过道德说教积聚民间力量，借此建立底层社会的新秩序。这个思路与王安石的改革构想完全相反。

科举制度的逐步完善是"新儒学"崛起的另一个时代背景。唐代入仕官途均由几个门阀世家大族把持，不在这个氏族谱系之列的一般平民，根本没机会进入上流社会。北宋科举制考试内容和规程的更新，逐渐杜绝了唐代门荫制度对贵族的庇护，打破了上层血缘关系对入仕名额的垄断，一些出身寒门的考生终于有机会依靠才学获得官位。"新儒家"均非通过贵族阀阅关系进入官僚系统，从此产生了一个叫"士大夫"的新阶层。考虑到许多人一直生活在基层乡村，一些考中低级功名的儒生，又被称为"士绅"。

宋代科举考试的内容也发生了变化，北宋科举分诸科与进士科两种，诸科内容围绕《五经》，即《诗》《书》《礼》《易》《春秋》展开，重点考察应试者对儒家经典及注疏的熟悉程度；进士科则注重考生的诗文写作能力。唐代把考察文学表达力摆在更重要的位置，宋代则侧重考生如何阐发文字背后的"道德"蕴意，主张"文以载道"，考生不能仅仅靠挥洒辞藻华丽的抒情语言轻松过关。北宋新儒家首先倡导回到经书本身去理解其中的微言大义，南宋新儒家更是要求弟子们回到先秦儒学的原生态语言中去学习体会，文章写得是否漂亮并不重要。宋代科举制至少有三个特点决定了"新儒学"后来的历史发展格局。

第一，科举制度把教育、考试与选拔官僚这三个步骤合为一体。一个官员到达什么样的位置，取决于所受儒学教育的程度，而并非取决于出身是否高贵或者有什么天赋异禀。除了倡优和胥吏等贱民阶层，所有人都有资格参加考试。与此同时，科举制对受过教育的各类人群进行细致的划分和布局，然后逐级分层安排在特定位置上，各级官僚的身份都能相对得到合理安置。比如一个人如果考中秀才，他就只能留在乡村当老师，或者加入地方士绅队伍。如果通过了举人考试，就有机会走出家乡，到外地任职，担任中层干部。如果考中了进士，就能进一步升迁到中央机构，出任上层高官。

第二，科举制促使宋代以后的儒生演变成自由流动群体。一个官员肯定不会终身拘守在某个固定职位，他们退休之后，身份和品秩一般不会降低，大多会选择返回故乡，一旦回乡就会自动化身为地方士绅，成为家乡建设的赞助者或指导者。造福乡梓同样为他们的晚年带来崇高声望，由此形成了一个人才上下流通循环的良性体制，这是新儒家连接上层官僚统治与基层地方治理的一个重要步骤。

第三，科举制还有为地方民众代议的功用。某官员一旦脱离中央机构，回归故里当起了士绅，或者本来就拥有低级功名，一直生活在家乡，一般都会为父老乡亲的利益说话办事，在某时某刻还会代表百姓向政府要求正当权益。许多地方官与民间士绅，或在同一时间，或曾经先后参加过科举考试，属于科举网络中的"同年"关系，这层关系使得士绅在官府和民众之间，多少能起到微妙的平衡作用。

既然新儒家大多从"地方"崛起，或者经常被贴上某个地域流派的标签，那么他们的活动范围肯定不会局限在宫廷上层，选择教学方式也比较具有"复古"色彩。新儒家喜欢私下收徒，然后精心挑选某个偏僻的山野地界教书，或者四处拜访友人，切磋讲学，有点像当年孔子带着他的弟子到处周游传道。为什么说新儒家的言行有些"复古"的味道呢？因为先秦那种自由"讲学"的做派，在汉唐儒生中几乎消失殆尽。年轻人如果想要读书，必须进入官方指定的教学机构成为官学生，否则很难找到其他拜师求学的途径。

北宋初期，科举考试的内容仍以汉唐遗留下来的经学注释为主，先秦诸子经典如《论语》《孟子》继续遭到冷落。"新儒学"兴起的目的就是想复兴先秦原始儒学思想。既然官学不讲诸子之学，那么就不妨通过民间自发的形式慢慢恢复起来，一开始，只是搞一些私人聚会和个别授徒，南宋以后，随着民间讲学机构大量涌现，各种书院讲会组织开始超越个人交往的范围。新儒家通过书信来往、文献释读、印刷媒介、藏书机构，渐渐形成了庞大细密的传播网络，在官学机构之外构筑出了另一个新型交往空间。

宋代私人"讲学"一方面希望恢复先秦诸子游学的旧传统；另一方面又依托地方士绅的力量，充当底层社会的道德启蒙者。他们经常通过乡约、保甲、宗族渗透到乡村邻里之间，有效发挥地方的治理作用。其中，书院和社学的职责是教导百姓子弟，乡约则是跨村庄的宣扬教化组织，建设宗族的目的是维系和延续亲属人伦关系，社仓义仓属于官方经济的补充，善会善堂开辟了民间慈善事业。虽然同样属于广义上的基层组织活动，但是宋代新儒家发明了远为丰富的各种新样式。

"新儒学"对教育理念和交往方式的改变涉及方方面面，如经典地位的重估，教学场所的改造，服饰形象的重塑，甚至语言表达和书写习惯都发生了巨大变化。新儒家相信，每个人都具备理解圣人旨趣的能力，要求师生之间尝试通过更加简捷明快的语言传递思想。他们明确表示，不想当圣贤的传声筒，希望有更多机会表达个人见解。新儒家编写的教材中采用的文字，大多效法《论语》中师徒之间的"对话"风格，常常围绕时代话题有所发挥，不必亦步亦趋地拘泥模仿古代圣贤的腔调。"心"的重要性被刻意提升到了新的高度，"心"不仅代表古圣贤之心，还是宋儒之心，乃至普通平民之心。每个人都有资格领悟圣人思想，人人都具备觉悟的能力，甚至不识字的人也能参与其中。

新儒家的讲学活动表面仍披着代圣贤立言的外衣，实际更多针对宋朝面临的时代危机展开独立思考。宋朝时刻遭受北方辽金政权的威胁，领土疆域日益逼窄，文化思想又屡遭佛教挑战，对古圣贤的注疏式解读完全没办法应对如此复杂困窘的局面，种种内忧外患把宋代儒家逼上了重整圣贤之学的绝路。只有改弦更张，掀起重建"道统"的大旗，才有望摆脱困境。

"新儒家"教学风格的日益口语化，使得师徒关系被重新定义。新儒家认为，师友之间的交往，不应局限在狭小幽暗的宫廷内部，或者只限于正襟危坐的场合，而是要尽量扩及城市之外的山野丛林，或者草地和山坡。书院大多依托名山大川，寄托着"新儒家"对地方私人空间的理想设计。讲学的在野化和私密性，使得"新儒家"经常宛如生活在一个开敞多元的对话场域。

在私人讲学的空间中，师徒之间能够尽情自由辩难和碰撞思想。宋儒的语录已不限于讨论古圣贤师徒之间的对话内容，不会限定在《论语》《孟子》所记载的孔孟与弟子来往问答的范围，而是直接转化成了"新儒家"与自家弟子之间的对话。这个转变暗示着宋代新儒家已骄傲地自许为原始儒家的直接传人，不仅模仿先贤口语化的教学形式，而且在教学内容上也直接与宋代面临的时代主题形成了对接。

对话形式变了，教学内容也变得不拘一格，更加生动。这方面的例子很多，如朱熹批评他的对手陆九渊，就说他怎么看都像福建贩卖私盐的商人，喜欢扮成鱼贩，私盐上面盖着一层干鱼权当伪装。陆九渊的思想，内里是禅学，外面却打着儒家招牌遮遮掩掩，犹如走私商人干的勾当。各类历史比喻的运用在《朱子语类》中可谓比比皆是，非常具有个性化色彩。可见朱熹并非如后人想象的那样，讲起话来干瘪无趣，教导弟子总是一副板着面孔的老冬烘模样（形容迂腐浅陋之人）。

"新儒学"夺取了"道"的使用权

宋明"新儒学"有许多别名,其中一个名称叫"道学",对"道"的追求并非儒学一家独有,最直接的例子是"道家"以"道"为学派之名。"新儒家"抱有一个特殊信念,总认为自家的"道"从出现那一天算起,往后一直存在一条延绵不断的传承线索,这条线索在汉唐时期被迫中断了,需要有人重新接续起来。比较早提出"道"的传承问题的是唐代大文豪韩愈,他在《原道》这篇文章中宣称,儒家"道统"自孟子之后就消失不见了。韩愈勾勒出一条儒家专有的道学谱系,这个谱系从尧、舜、禹、汤、文、武、周公,一直流传到孔子和孟子。韩愈虽然认为孟子之后"道"已失传,却没有说明"道"是否有延续下去的可能,或者由谁来具体完成接续工作。这就意味着,儒家的"统"与"道"在唐代是否还有关联,并没有明确答案。

到了北宋,据说以下这几个人都有资格接续孟子"道统",一是程颢和程颐兄弟,二是周敦颐,他在承接道统后再传给二程、邵雍、张载、司马光。也有人批评周敦颐写的《太极图说》道家味道太浓,有点像道士说法,显得不够纯粹。也有人认为,"新儒家"对"道统"的认识受佛教影响,因佛教特别讲究"师系"传承。新儒家把"道"与"统"拉在一起,其中一个重要目的,就是有意与佛教的师系传统竞争。

到了南宋，朱熹才开始把"道"的发明权从道家和佛教的手里彻底夺了过来。朱熹对"道统"的定义最早出现在《中庸章句序》中，其中说到《中庸》就是子思"忧道学之失其传而作也。盖自上古圣神继天立极，而道统之传有自来矣"。"道学"与"道统"是一个含义两种表达。"道统"有十六字心法："人心惟危，道心惟微，惟精惟一，允执厥中。"这句话摘自《尚书》，据说通过尧传给舜，又经过舜再传给禹，大体是把"人心"与"道心"变成对立的两极。朱熹给出的解释是，一个人天生具有"道心"与"人心"，"人心"受各种世俗事务的污染，需要不停地经过道德训练转变成"道心"。然而无论君主还是平民，都没有掌握"道心"秘诀的能力，只有经过新儒家的点拨和启迪，才有可能洗涤掉"人心"存留的污秽。宋朝宫廷内盛行经筵御讲，君主定期挑选新儒家士人讲解经义，这等于明确宣示了"道统"不但掌握在新儒家手中，而且他们还有资格当帝王的老师。

朱熹在以下两个方面推进了"道统"传承脉络的完善。首先，他明确指出，"道"具有"统"系继承关系。这个"道统"自孟子以后失传，经北宋二程再度被发现，同时暗示自己就是"道统"的继承人。其次，朱熹把传承"道统"的"圣王"与"圣人"做出区分，"圣王"拥有政治与思想双重权威，实现了"治道合一"，尧、舜、禹、汤、文、武、周公有权有位，理所当然具备"圣王"资格。孔子虽没有"圣王"地位，却把"道"提升到了新的高度，功劳完全不亚于"圣王"，所以被冠以"素王"称号。

朱熹把孔子的贡献说得很明白:"若吾夫子,则虽不得其位,而所以继往圣,开来学,其功反有贤于尧舜者。"(《中庸章句序》)这个认识远高于对汉唐儒家的评价。其中暗示了两层意思。第一层意思是,孔子获得了"道"的真传,经过孟子传递了一段时间之后,"道"就消失了。这说明汉唐帝王并不具备古代"圣王"的资质,也不拥有传道资格。第二层意思是,作为孔孟思想的继承者,新儒家比人间皇帝更具传道资格,应该承担起教化帝王与众生的责任。

这就是后人津津乐道的"道"高于"势"的历史奇观。正因为"素王"孔子在"道"的地位上高于现实政治权势,宋代新儒家作为孔孟思想的继承者,当然也蕴藏着同样的传道能力。与新儒家相比,君主亦凡人,宋代帝王不具备远古"圣王""治道合一"的资质,因此需要接受新儒家的训导。

宋代"道统论"的提出,表明新儒家意图在皇权控制之外塑造出独立的人格意识。"道统"被摆在了代表皇权的"政统"之外,新儒家是"师",宋帝却矮身变成了弟子,这就为后世儒家阐释"道统"高于"治统"的论述预埋下了伏笔。新儒家特别强调,孟子之后"道统"失传,表明宋代"道统"直承先秦的历史脉络,目的是隔断汉唐儒家与新儒家之间的联系。在这个新"道统"的谱系中,皇权表面至高无上,不可动摇,这种尊崇地位并不完全来源于上天的授予,更多依赖内心道德修养的支持。

汉代大儒董仲舒在应对汉武帝的问询时，曾经用了很大篇幅论述儒家道德教化在政治统治中的作用。只不过当时汉武帝志骄意满，到处开疆拓土，彰扬武功，哪里听得进这番苦口婆心的道德劝诫，对董仲舒提出的"天人感应论"几乎无感。宋代"道统论"的提出，使得任何一个皇帝都必须强化个人道德修养，否则就会丧失上天的眷顾。换句话说，一个皇帝在登基后，不要自以为从此就能心安理得地获得"天命"支持，必须时时检视自身言行是否符合道德标准，并在新儒家监督之下，小心翼翼、战战兢兢地履行职责。在给皇帝的一篇奏章中，朱熹把这个道理讲得十分明白："臣闻天下之事，其本在于一人，而一人之身，其主在于一心。故人主之心一正，则天下之事无有不正；人主之心一邪，则天下之事无有不邪。"（朱熹：《乙酉拟上封事》）甄别人主之心的正确与否，正是新儒家教导的结果，这就是"格君心"的要义。

新儒家讲究"格物致知"，意思是对某个事物进行透彻了解后，自然就会获得对它的认识。从根本上说，"格物"的目的不是了解外界对象存在的道理，而是更有效地洞察世道人心，为建立良好的人伦秩序做足准备。在这一点认识上，君主与普通人没什么两样。即使贵为天子，内心也可能遭受邪气的入侵和蒙蔽，同时面临向善与趋恶的双重风险考验，只有勤奋学习儒家经典，加强内省反思的力度，才能像拨云雾见晴天一般呈现善良的本性。

经过新儒家的努力，宋代士人逐渐摆脱了汉唐政治巫师的地位，至少在名义上充当起了帝王与平民的老师。为配合这个身份的转换，新儒家对儒学教材作了精心调整，刻意削弱经书的地位，不断提高先秦儒家经典的教学比重。朱熹专门设计了与《四书》《五经》相互匹配的教材框架，《四书》中的《论语》《孟子》是儒家创始人的言谈记录，本来在汉代被打入冷宫，不受重视。朱熹把这两部儒家原始典籍特意摘选出来，作为《四书》的重要内容。《大学》《中庸》则从《礼记》中被特别选出，列为必读篇目。朱熹这样安排别有深意，因为这两篇文字分别探讨了身心修养与治理国家、维持社会风尚的关系问题。

由于每个人的资质不同，虽然理论上人人都能得"道"，实际寻找的过程和途径却大相径庭。比如，北宋张载就认为，"气"是最重要的一个概念，主张"以气为本"，达到圣人治学境界的关键在于变化气质，每个人认识事物时，都会被分别归属到"闻见之知"和"德性之知"两种类型当中。前者处在认知表层，只有经过艰苦修炼，才能发掘出内心深处的德性，引起气质的变化，最终感悟"道"的真谛。

程颐的观点与张载略有不同，他说一切事物生于天地之间，都蕴藏着一个内在的"理"。崇高的"天理"体现在人情世故之中，就会转变成一种"道德感"。每个人与生俱来就拥有"道德感"，但不会自动浮现，必须通过训练去发现它到底存在于什么地方。

寻找"道德感"的途径，不是像汉唐儒生那样依靠注疏考据盲目读书，更多需要运用内心感悟，去理解其中的深层意义。学习的形式可以不拘一格，比如通过"讲学"切磋或个人静默。

在程颐看来，"道统"之所以失传，是因为汉代经师一味关注经书真伪和来源等枝节问题，把精力浪费在了考据功夫上面，关心的只是"道"所依附的外在表皮是个什么样子。唐代儒生又大多舍本求末，喜欢玩弄辞藻，撰写华丽诗文，从未关心"道"的内核到底是什么。为了纠正这些偏颇之举，南宋新儒家极力反对北宋科举考试只注重《五经》内容的做法。朱熹提出，以《四书》为中心，打造全新的知识体系，这个大胆构想在十四世纪以后逐步变成了现实。

/
新儒家的"理"该怎么解释

"新儒学"又号称"理学"，不搞清楚"理"是什么，就很难理解"新儒学"的要义。据考证，"理"最原始的意思是切割修理玉石。《说文解字》说："理，治玉也，从玉，里声。"后面又加了一句，"知分理之可相别异也"。意思是，知道事物的分寸和道理，就可以区别事物间的差异。有人进一步发挥，"玉"没有修整前叫"璞"，经琢磨后变成了"器"，这个打磨玉器的过程就是"理"，可以延伸理解为一事一物中包含的"道理"。

以后,"理"又衍生出各种不同的寓意。《庄子·刻意》篇中有"去知与故,循天之理"的说法,比较接近"天理"的意思。人们耳熟能详的"庖丁解牛",讲的就是做事如何更有效地依循"条理"。正如一位熟练的屠夫去分解牛,他懂得按照牛身上的内在肌理巧妙运刀,不会胡乱切坏牛的骨肉,造成身体结构的损伤。宋代"理学"的主要目的,就是把"天理"与"人理"结合在一起,尝试寻找到一个平衡点。

与汉唐儒家的想法不同,宋代新儒家不仅试图说服皇帝接受"理"的解释,也想让普通人明白"理"到底是什么。程颐说,上天孕育出的"理",是那么纯粹无瑕,晶莹剔透,为什么大多数人没有意识到"理"的存在呢?那是因为人的身上沾满了一种叫"气"的东西。"气"最基本的部分叫作"天命之性",里面蕴藏着上天赋予的"善"。另一部分被感性的肉体欲望支配着,叫"气质之性","恶"就是从"气质之性"中产生出来的。人这一辈子身心总是处在善恶交战的状态,如何尽量想办法让"天命之性"压倒"气质之性",彻底逃离被魔界支配的欲望世界,是能否成为一个好人的关键,也是能否发现"理"的一把钥匙,这就是"性即理"的学说。

这里有必要稍微比较一下汉唐儒生的想法。人们总有一个误解,以为汉武帝罢黜了百家思想,真的就"独尊"起"儒术"来了。其实,汉代帝王更关心所作所为是否得到上天的青睐,上天具有人格意志，通过降下灾异祥瑞，谴责或褒扬帝王在人世间的统治。因为惧怕上天责罚，帝王必须经常反省自我表现，时时检点言行得失。儒家对宇宙人生的各种认识，不过是达成这个目的的工具而已。这种过度寄望上天垂顾的思路，潜藏着一个巨大漏洞，那就是任何帝王的内心世界仿佛只能跟随上天的喜怒发生波动。只要老天高兴了，一个皇帝在任何时间都有可能立刻放弃自我修养。反之，如果上天突然恼怒起来，只要临时抱佛脚敷衍讨好它一番，就能蒙混过关。任何内在的道德修炼，不过是蒙蔽上天的装饰品，带有太强的功利性。

宋代新儒家决定另辟蹊径，他们否认上天具有人格意志，尝试把"理"当作普遍法则去取代"天"的神秘性。上天高兴还是恼怒并不重要，上自天子下至百姓怎么符合"理"的要求，才是最重要的事情。"天"既然不是那个虚拟的"人"，就有可能是"太极"（周敦颐），或者是"气"（张载），也许是"数"（邵雍），不会再是那个动不动就发脾气耍性子，到处制造祥瑞，或降灾惹祸的人格神。

程颐有一段话把汉代天人关系颠倒过来进行了一番解释，他说："天人之理，自有相合。人事胜，则天不为灾；人事不胜，则天为灾。人事常随天理，天变非应人事。如祈寒暑雨，天之常理，然人气壮，则不为疾。气羸弱，则必有疾。非天固欲为害，人事德不胜也。"（《二程外书》卷五）这段话表达的意思与汉儒对上天的态度完全相反。天人之际人为主，天为辅，人不必总是揣摩上天的意志,只要做好自己,上天自然不会降下灾祸。

"理"既是"天命",也是"道"。"此理,天命也;顺而循之,则道也。循此而修之,各得其分,则教也。"(《近思录》卷一)"理"不是高高在上的神秘宇宙力量,而是随时可以转化成人间规则的"道"。在朱熹眼中,"理"既属于"天",也应落地在凡间。他是这么说的:"宇宙之间,一理而已。天得之而为天,地得之而为地。而凡生于天地之间者,又各得之以为性。"(朱熹:《读大纪》)"理"处于不断流动之中,既存在于万物之外,又内化于万物之中。"理"虽然无影无形,无色无味,却并不那么神秘,它随时可以变化成各类具体事物,普通百姓通过学习,照样能够明白。

宋代新儒家一开始就尝试把思考中心落在"人"的身上,"人"的地位比"天"还要高,这与汉唐儒生总是围绕"天"展开论述很不一样。内心的道德建设被摆在第一重要的位置上,对"道"的追求,再也不会只是一种受上天影响的间歇性活动,而是人人必须保持的一种常态。看看这段话就明白了,"赞天地之化育,人在天地中间,虽只是一理,然天人所为,各自有分,人做得底,却有天做不得底。如天能生物,耕种必用人;水能润物,而灌溉必用人;火能爇物,而薪爨必用人。裁成辅相,须是人做,非赞助而何"(《朱子语类》第六十四卷五十五条,"赞天地之化育")。

"天"的重要性俨然比人逊色许多,"人"能做到的,"天"

问道

未必能做到。对"理"的追寻针对的是所有人群，似乎每个人都无可逃避，时常表现为具体的世俗事情，早已不再是某个帝王应对特定事件的权宜举措。程颐说，"穷理"是在一物上求一理，在应接交往的过程中，培养辨识"理"的能力。"格物"也是一个物一个物地"格"，一件事一件事地"格"，"须是今日格一件，明日又格一件，积习既多，然后脱然自有贯通处"(《近思录》卷三)。这样，"理"就与"物"，与"人"之间建立起了更为紧密的联系。

朱熹注释《大学》时曾说："物，犹事也。"理学的核心概念"格物穷理"，就是在日常事物中寻求道理，只有"人"才能做到，老"天"帮不上忙。张载有句名言："为天地立心，为生民立命。"(张载：《横渠语录》)重心仍放在"人"的上面，不是天地自有一颗"心"，而是经由人心立起天地运行的规则，至少"人心"足以充当天地与人世沟通的媒介。

在新儒家的字典里，开始出现"心体"这个概念，"心"从此具备了本体价值。"心"与"体"连用，是受了道家的影响。据学者考证，"体用"二字始见于东汉末年魏伯阳写的《参同契》，儒家的文字中以前从未出现过"心体""道体"这类表述。

新儒家并非刻意泥古保守，照本宣科，他们对原始儒家思想作了许多发挥。《四书》中的《大学》是最受重视的一篇文献，其中对"格物致知"并没有具体说明，朱熹却专门把"格物致知"解释成"即物穷理"。朱熹是这样阐述两者关系的："盖人心之灵莫不有知，而天下之物莫不有理，惟于理有未穷，故其知有不尽也。"(《四书章句集注》，《大学章句》)运用内心掌握的知识去寻求事物之理，相当于把知识的对象指向了比较具体的"理"，再从一事一物推及普遍的"道"。

朱熹还提出"理一分殊"这个命题，用通俗的说法表示，这其中包含着"本质"与"表象"，"特殊"与"普遍"的内在张力。"理"无大小，隐藏在日常事物中，却不会黏滞在具体事物之上。即使是尧、舜、孔子这样的圣人，也不会拒绝从生活的一点一滴中去寻找"理"。虽然这是"下学"，但由"下学"方能"上达"，最后培育出"浩然之气"，承担起治理天下的大任。

"理"是"本质"，"分"是"表象"；"理"是普遍，"分"是"特殊"；"理"是"公"，"分"是"私"。"公则一，私则万殊。人心不同如面，只是私心。"(《近思录》卷一)"天地万物"是从"理"中产生出来的，是谓"理一"，同时又各具千姿百态，是谓"分殊"，这是"理"的具象表现。这里面把"理"的内涵中相互依赖又各自独立的张力关系揭示得相当清楚。

为了尽量让更多人明白"理"是什么，朱熹建议大家先广泛阅读经典，再落实到一事一物上去细心体味，"理"自然就会浮现在脑际。不仅士人要读书，皇帝也要跟着儒家读书。"吾儒更著读书，逐一就事物上理会道理。"(《朱子语类》卷十四)

读书虽是从内心向外探求"理"的重要途径，但心灵的感觉体悟更加重要，不可本末倒置，否则大可以废书不观。"物"是外在的东西，经过"心"的体验才变得鲜活可用。"物"不与"心"发生交集碰撞，即使接触到了"理"，也不可能被激发出灵性。"理不是在面前别为一物，即在吾心。人须是体察得此物诚实在我，方可。"（《朱子语类》卷第九）当有人质疑，如果"物"就待在某处，并未表露出任何情感，怎么能感知到它的存在呢？朱熹解释说，那就像一条船在水上漂浮，一辆车在陆地上行驶，舟车经过人的改造，才具备了漂浮行走的道理。就像天上不会凭空生出个毛笔，只有借助人力把兔毫制作成笔，才会产生运笔写字之"理"。"物"只是外表，"表便是外面理会得底，里便是就自家身上至亲至切，至隐至密，贴骨贴肉处"（《朱子语类》卷十六）。"理"与"心"融通，才能发显出来。

如果换个角度观察，"理"又可以说是"抽象"与"具体"的结合。在中国文化的解释系统中，"理学"不可能像西方思想那样，构成一个纯粹的形而上学体系。因为"理学"从根本上关心的不是那个超越世俗生活之外的抽象道理，而是它最后怎么转换成一种实实在在的道德秩序。抽象意义上的"理"，只是实施道德教化的背景。没有人把追求"理"的形而上的特点当作终极目的。即使有人真想如大鹏展翅一样超越凡俗世界，去自由探索孤悬在宇宙星空之中的那个神秘的"理一"，也会被现实的引力拉回到地面，从浪漫幻想之中醒悟过来，脚踏实地去学做一个"善人"。

由此你会明白，中国古代为什么产生不了"科学"思维，每当有人想探究那个超越性的客观之"理"时，他必须时时兼顾这个"理"被"分殊"到世俗生活中时的样子。没有人会始终思考"理"在凡间之外的抽象含义，他必须不时分心去考量"理"的现实用处，否则就被视为异端邪说。朱熹说得很明白："众物必有表里精粗，一草一木，皆涵至理。""理"依附草木才彰显价值，而不是相反。如果每个人都俯下身来，仔细观察身边每一棵草，每一朵花，从中发现"至理"，那还用得着跑到外太空去寻找什么虚无缥缈的"天理"吗？

新儒家有意模糊抽象与具体的区别，这就给普通人学习理学造成了麻烦。大多数人完全分不清具体事物中的"理"和那个高悬在空中的"天理"之间到底有什么不同。比如观察一朵花，悟性高的人也许模模糊糊地感受到里面藏匿着"花非花"的真理。可在大多数人眼中，对花的印象仅仅是满眼绚丽迷人的色彩和形状而已。

因此，宋代新儒学的总体转型路径是向内演变，所有观点都倾向主张由内及外，由内圣而外王。以往由外而内，从形而上的超越角度返观内心世界的看法被彻底边缘化了。新儒学发展到明代"心学"阶段，"理"完全与"心"融为一体，"理"的外在客观性被取消，自此，中国思想与西方思想的走向可以说是天差地别。

/
"天理"与"人欲"的缠斗

"新儒学"经常涉及一个重要问题：如何看待"理"与"气"、与"性"这几个概念之间的关系。"性"和"气"是理学家的常用词汇，它们和"理"的意思常常叠合混用，但又有所区别。一方面，"性"就是"理"，所谓"性者，即天理也。""性是理之总名。"（《朱子语类》卷一）不同在于，"理"是本源，是根本普遍的东西，不归某个私人所有。"性"常聚焦到个人表现，一个人的精神魂魄和气质禀赋，往往经历生死更迭，聚散无常，不时掺杂"恶"的成分，显得不那么纯粹。另一方面，"性"容易受到"气"的影响，"气"偏于好的一面，"性"就趋向善；"气"流向不好的一面，"性"就偏于恶。"理"与"性"和"气"的差别在于，一个是暂时的，一个是永久的；一个是个别的，一个是普遍的；一个是形而上的，一个是形而下的。

不少新儒家一生都在"道义"与"利益"的选择之间反复纠缠搏斗，竭尽心力诉说"公义"远胜于"私利"的道理。他们总是担心，如果不悉心培养道德感，那么一不留神就会站在谋利的立场说话，萌生出利害的分别。不妨假设一下，如果某个人内心根本没有任何算计，那还能计较什么呢？一般俗人都知道趋利避害，圣人却丝毫不考虑利害关系，只确认某个具体言行是否合乎道义标准。这样，一个问题就随之出现了，如果大家都喜欢追求利益，圣人却摆出一副不屑一顾的姿态，岂不是曲高和寡、陈义过高吗？有些新儒家觉得，做一件事只要有了对自己有利的念头，就算起了私心，也必须尽快消除。这等于要求所有凡人都有能力瞬间脱胎换骨化成圣人，显然有些强人所难。

新儒家有些话的确说起来容易做起来难，圣人常说要安于贫穷与卑贱，也许他们并非真愿如此，或许仅仅是因为不够精于算计，找不到摆脱困境的办法。一个人安贫乐道的前提是，必须有足够理由证明这样做比获得眼前利益更加快乐，可放眼望去，大多数人其实并非如此。

新儒家推己及人，总是在想象每个人都应该像他们那样大公无私，毫无利己之心。他们当然不会理解，为什么凡间俗人吃着糙粮杂饭，穿着粗麻破衣，心里害怕被人嘲笑，却根本不懂今天的富贵尊荣，明天就可能转瞬成空的道理。在新儒家的人生选项里，几乎没有私利的位置，他们觉得，每逢抉择之时，只要坚守内心的道义原则，就足以解决任何问题，没有人认为这样做违反了人性的基本需求。

新儒家常常能讲出一连串的大道理，可是听他们宣讲之人的头脑中，恐怕都潜藏着一个疑问：如果一个人内心充满欲望，经常不可克服地流露出来，这种欲望一定算是恶吗？"情欲"的表露大多和具体事件联系在一起，如果事情没有发生，"情欲"就如病根一样潜伏着，时有时无，只是没有彻底显现的机会。

一个人若想断掉欲念，只有强迫自己变得"无情"。虽然人人心中深植着"理"的根苗，但平常很难发现，这可如何是好？

如果决心做个"无情"之人，牵累虽然少了许多，烦恼好像也消失不见了，却又容易陷入佛家空寂无为的境地，这又该怎么办呢？儒家常常举出"孔颜乐处"的例子，想以此证明圣人就应该像颜回那样生活得无拘无束，自得其乐。那么，圣人之乐与常人之乐的区别又在哪里呢？"孔颜乐处"与凡人的七情六欲能够等同吗？如果两者相同，普通人在满足了欲望之后，也会感到快乐，那为什么还要去做圣贤呢？圣人一旦产生愤怒惊惧的情绪，时刻处在彷徨焦虑之中，那么他们还会感到快乐吗？

理学最受人诟病的一句话就是"存天理，灭人欲"。似乎"天理"与"人欲"一定水火不容，完全没有妥协的余地。程颢就担心后生晚辈读起书来心态过于飘逸潇洒，建议只教枯燥的经书，不教诗赋这类偏离圣贤思想的内容。甚至弟子中有书法爱好者习学颜真卿、柳公权字体，也被看作玩物丧志。

不过，理学家对"人欲"的看法并非铁板一块，毫无松动的可能。朱熹在解读《论语·颜渊篇》时对这个问题有过一番详细讨论。朱熹延续了孔子的说法，希望"克己复礼"，通过恢复学习先王的礼仪规矩，来压抑欲望的泛滥。他说："己者，人欲之私。礼者，天理之公。一心之中，二者不容并立，而其相去之间，不能以毫发。"（《四书或问·论语或问》卷十二）"天理"与"人欲"之争似乎到了"不是你死，就是我活"的地步。然而仔细品味，这句话还是给"人欲"的发抒预留了空间。孔子当年曾说过"未见好德如好色者"，好德是"天理"，好色是"私欲"，在追求德性的道路上节制一己欲望是必要的，但并没有说要彻底消灭"人欲"。后世把朱熹的意思给读歪了，把"天理"与"人欲"的关系丑化成"礼教杀人"的教条，朱熹从此不得不为世间种种违背基本人性的道德悲剧背上黑锅。

更有人批评新儒学的"理气二元论"，痛骂这个观点把"理"与"气"简化成了非此即彼的二元对立关系，遏制个人自由和感性欲望的表达，是"理学"禁欲主义的表现，因为"人欲"恰是由"气"孕育而成。其实新儒家谈及"天理"与"人欲"的关系时，并非后人想象的那样极端。程颐就曾解释"损人欲，复天理"这句话并不是要彻底消灭"人欲"，而是用"理"来抑制和减少对情欲的奢求，具体来说就是"损过而就中，损浮末而就本实"（《近思录》卷五）。目的是把各种欲求限制在中庸状态，不可让这股力量盖过"天理"。

具体来说就是宫室能住即可，不须弄得雕梁画栋；饮食管饱就够，不要搞成酒池肉林；惩罚苛酷残忍，打仗穷兵黩武，都是不知如何拿捏"损"的尺度。当有人问朱熹饮食之间，到底哪个是"天理"，哪个是"人欲"时，他回答："饮食者，天理也。要求美味，人欲也。"（《朱子语类》卷第十三）人不可能不吃不喝，只不过追求口腹之欲应该有个"度"，"天理人欲有宾主之分，趋善从恶有顺遂之殊"(《四书或问·孟子或问》卷五）。凡事要顺其自然，饮食男女是人的本性，属正当欲望。只是不可停留在这个阶段，须知仁义礼智是人性本来应有的品质。如果一个人有此自觉，就不一定要彻底消灭欲望，而是把食色诱惑纳入仁义支配的轨道，学会与之共存。

明代新儒家王阳明更是强调，千万不能过多约束情欲的发生。他反对把"圣人之学"弄得"捆缚苦楚"，伪装成道学的模样。他嘲笑程颐说，如果他看见孔子弟子曾点那副狂狷的样子，早就骂将起来了，孔子却能宽谅包容，这才是真正的圣人气象。因为"圣人教人，不是个束缚他通做一般，只如狂者便从狂处成就他，狷者便从狷处成就他。人之才气如何同得？"(《传习录》卷下）

因材施教是教化的基本原则，针对儿童更应如此。儿童天生喜欢嬉戏，"乐嬉游而惮拘俭"，害怕幽禁监管，如同草木刚刚发芽萌生，"舒畅之则条达，摧挠之则衰痿"。让它们舒张自如，就会成长得枝繁叶茂，摧折阻挠必然导致衰败枯萎。吟咏诗歌和教习礼仪，是为了让儿童在优美音韵和节奏感很强的仪式中感到欣喜欢畅，犹如"时雨春风，沾被卉木，莫不萌动发越，自然日长月化"。如果人人"若冰霜剥落，则生意萧索，日就枯槁矣"。（《传习录》卷中）

王阳明分别阐明"歌诗"、"习礼"和"读书"对抒发心智的鼓舞效能，"歌诗"是为了"非但发其志意而已，亦所以泄其跳号呼啸于咏歌，宣其幽抑结滞于音节也"(《传习录》卷中)。"习礼"的目的"非但肃其威仪而已，亦所以周旋揖让而动荡其血脉，拜起屈伸而固束筋骸也"(《传习录》卷中)。"读书"的指向"非但开其知觉而已，亦所以沉潜反复而存其心，抑扬讽诵以宣其志也"(《传习录》卷中)。总结起来，这三样本领就是要"顺导其志意，调理其性情，潜消其鄙吝，默化其粗顽，日使之渐于礼义而不苦其难，入于中和而不知其故"，是潜移默化的熏陶过程，不是"日惟督以句读课仿，责其检束而不知导之以礼，求其聪明而不知养之以善，鞭挞绳缚，若待拘囚"(《传习录》卷中)。

礼仪研习不能像对待犯人一样，用绳索捆绑拘束学徒的行动。否则儿童们就会"视学舍如囹圄而不肯入，视师长如寇仇而不欲见，窥避掩覆以遂其嬉游，设诈饰诡以肆其顽鄙，偷薄庸劣，日趋下流"(《传习录》卷中)。学生把教室看成牢狱不愿出入，把师长视作仇敌，不愿恭敬从命。暗地里却仍然嬉戏打闹，常常动用小计谋肆意顽劣作弊，言行举止越来越趋向低俗。这就等于一方面声称让他们趋善避恶；另一方面又把他们驱赶到邪路上去，变成了言行不一的"两面人"。

明末有人更是极端反对区隔"天理""人欲"的做法，如李贽直接说"穿衣吃饭，即是人伦物理。除却穿衣吃饭，无伦物矣"(《焚书·答邓石阳》)。"人欲"就应该是"天理"的组成部分，不必与之对立。这是极端肯定"人欲"正当性的突出例子，尽管这种声音微乎其微，并无太大的影响力。

/
怎样缩短"修身"与"治国平天下"的距离

前面曾提及，"新儒学"更像是一场文化复兴运动，其贡献是发明了一些像"理""性""气"等的核心概念，组成一个相互贯通的思想体系。新儒家解释任何观念，都不会简单停留在思想层面，而是由个体推及群体，尽快将之转化为实际行动。最能体现这一特点的是朱熹对《大学》的新阐释。

《大学》第一句说："大学之道，在明明德，在亲民，在止于至善。"朱熹是这样解说的："大学者，大人之学也。明，明之也。明德者，人之所得乎天，而虚灵不昧，以具众理而应万事者也。但为气禀所拘，人欲所蔽，则有时而昏。然其本体之明，则未尝息者。故学者当因其所发而遂明之，以复其初也。"（《四书章句集注》，《大学章句》）意思是，"道"不应该从外在的玄妙宇宙中去寻找，"道"就存在于人间社会的日常秩序当中。只要人们善于学习，努力发掘被人欲蒙蔽的善根，就能循序渐进地恢复原初的良好气质。"亲民"被朱熹解释为"新民"，"新者，革其旧之谓也。言既自明其明德，又当推己及人，使之亦有以去其旧染之污也"（《四书章句集注》，《大学章句》）。一个人不但要自己学做"新人"，而且必须带动周围的人脱离坏习惯的污染，从"旧人"变成"新人"。

寻求"道"的目的，是阐明德性的真义，进一步让人民实实在在感受到"善"的力量。具体来说，就是要让内心平静下来，稳定地思考"道"的蕴意，"知止而后有定；定而后能静；静而后能安；安而后能虑；虑而后能得"。最终建立认识观察事物的次序，"物有本末，事有终始。知所先后，则近道矣"。（《礼记·大学》第四十二）

掌握事物本末终始与先后次第，绝不是认识的终点。在这个阶段，所有认知仍局限在个人私事范围之内，需要扩展到更广阔的领域，把个人与国家、社会和天下紧密联结起来，构造出一条相互衔接的关系链。修炼身心只不过是最原始的出发点，最终目的是实现"治国平天下"的理想宏愿。个人道德必须摆在这个整体框架中，才能得到完满实现。下面这段话把这个关系链条的次第顺序昭示得非常清楚："古之欲明明德于天下者，先治其国；欲治其国者，先齐其家；欲齐其家者，先修其身；欲修其身者，先正其心；欲正其心者，先诚其意；欲诚其意者，先致其知；致知在格物。"（《礼记·大学》第四十二）次序是这样安排的，首先从治天下的大格局出发，由大到小浓缩聚焦到家庭与个人。大意是要实现治国的目标，必须从端正心灵，培养诚挚善良的品性做起，通过学习知识，把内在的道德品格，进一步扩展到更广阔的范围里去。

这条人伦秩序链在《大学》中被倒过来又重述了一遍，且看下面这段话："物格而后知至，知至而后意诚，意诚而后心正，心正而后身修，身修而后家齐，家齐而后国治，国治而后天下平。"(《礼记·大学》第四十二）把修身当起点，最后落脚到治国之道，这是由小及大，由个人到集体的另一种说法。"修身"是每个人的事，"自天子以至于庶人，一是皆以修身为本"（《礼记·大学》第四十二）。只要做到这一点，国家得不到完善治理的情况就不会发生，"其本乱而末治者否矣"。

今天我们读到《大学》中被颠过来倒过去反复申说的这几句话，感觉新儒家更加密切关注"修身"和"正心"这两个关键步骤，把它们作为处理一切事务的本源性方法。先秦儒家宗师孔子和孟子都曾突出"仁"的重要性，目的是培育心中的道德感，崇尚"礼"则是为了训练身体的优雅举止。孔子一直试图在"仁"与"礼"之间寻求平衡。与孔子相比，孟子更偏重"仁"的发现和培养。宋代新儒家把"正心""诚意""修身"当作根本，这是继承了孔孟的思路，同时又发明出一条由上到下的贯通线索，在"正心""诚意"和"修身""齐家""治国""平天下"之间，明确建立起了呼应串联的关系。新儒家条贯阐发出先后递进的次序，这是先秦乃至汉唐儒家都没有做过的事情。

先秦儒家奔走游说的对象是遍布各地的封建诸侯；汉唐儒生的眼里只有唯一一个被神化的皇帝；宋代帝王表面上贵为"天子"，实际身份更接近人而不是神，皇帝成了新儒家的教化对象。这在汉唐时期简直难以想象，汉唐儒生的地位并不高，无法凭借道德说教操控帝王思想。宋代皇帝的身份开始由"圣"入"凡",给了新儒家规训皇权的机会。

宋代以后,新儒家开始自信地宣称,孔孟的"仁义观"才是皇家统治的根本指导思想。程颐公开指责唐代皇室充满"夷狄之风",始作俑者就是唐太宗,虽然唐代号称盛世,道德教化却大有缺憾。他说:"唐有天下,如贞观、开元间虽号治平,然亦有夷狄之风。三纲不正,无君臣、父子、夫妇,其原始于太宗也。"(程颢、程颐:《河南程氏遗书》卷十八)直接嘲笑唐朝皇帝不知三纲五常,缺少儒家伦理教养,形同野蛮人。这个评价要是放在后世,一定是个非常严厉的指控。

与唐朝皇帝比较,宋代君主态度要端正得多,他们似乎心甘情愿地听从新儒家的教诲,经常审视自我道德不够完善之处,所以程颐才有胆量发出治理国家的根本就是要"格君心之非"的号召。"格君心之非"的原始出处来自《孟子·离娄章句上》,原话是"惟大人为能格君心之非"。孟子没有做到这一步,因为他并未获得"大人"的身份和地位。宋代士人在与皇帝的博弈中多多少少做成了"大人",于是才觉得有资格担当起"格君心之非"的责任。

为了更有效地"格君心",宋代新儒家开始为皇帝编写《大学》读本,当作皇室上课的教材。朱熹的追随者真德秀就专门撰写了一本《大学衍义》教科书,专门解读《大学》八个条目中的六目,即格物、致知、诚意、正心、修身、齐家。虽然此书没有涉及治国、平天下这两个条目,却突出了新儒学注重心灵道德教育的一面。有人解释,说真德秀这样解释《大学》,就是特意针对宋理宗个人,想突出这位皇帝最终意识到人伦道德的改善对治国平天下具有的指导作用。到了明代,有个叫丘濬的士人接续真德秀,写了《大学衍义补》一书,专门补上了治国、平天下这两目的内容。

《大学衍义》从元代泰定朝开始被定为经筵御讲用书,明太祖经宋濂推荐,也把《大学衍义》列为御讲之书。有学者统计明太祖用过的教材,《大学》或《大学衍义》出现过六次,名列所有御用讲书使用频率之首。洪武六年(1373),明太祖专门挑选《大学衍义》中司马迁对黄老之学的议论,命宋濂详加讲解。宋濂应对说,汉武帝嗜好神仙之学,四处与夷狄征战,滥用刑罚,造成民力衰竭。作为教训,宋濂劝诫君主应借助儒家义理,修养性情,邪说自然无法侵入;通过普遍兴学,教化百姓,以防止祸乱滋生。这番言辞完全是宋代新儒家的说教套路。宋濂还比拟明太祖具备"古先哲之心",断定这是治世之本,其他不过是内心修养的具体应用。到明代嘉靖朝,《大学衍义》更被抬升到无与伦比的崇高地位,明世宗设有专讲《大学衍义》的日期和特任讲官,其他理学名著如《四书》《近思录》《性理大全》也是明帝常读的儒家典籍。(朱鸿林:《明太祖的经史讲论情形》)

新儒家与先秦、汉唐儒者的区别,还表现在始终努力把儒学转化成具体的地方改革实验。换句话说,就是善于把"体"转化成"用"。最有名的例子是朱熹发明的"社仓"之法,基本思路是在灾荒之年米价高居不下时,动用官仓粮食储备借贷给农民;等到了收获的季节,农民再连本带息偿还给官家仓库,这种循环调剂粮食供给的思路,与北宋王安石变法推行的"青苗法"十分相似,关键差别只是由谁来实施这个制度。"青苗法"完全依靠中央官员自上往下强制推广,基本到县级层次就很难贯彻下去。"社仓法"主要依靠县以下地方士绅,由他们负责具体筹划设计,这与王安石完全指望官府一元化管理的思路大相径庭,比较符合乡村社会的实际情况。

/
新儒家是如何推动儒学走向世俗化的

新儒家充分掌握了把儒家思想从中央贯通到地方的能力,普通百姓经过教化,同样有机会熟知儒家礼仪和道德规矩。先秦儒家处在草创阶段,没有多少机会接触底层民众,儒学缺少正规和民间的渠道渗入基层社会,自然无法充分发挥影响力。汉代有些受过儒家教育,被称为"循吏"的个别官员到地方任职,可能偶尔在百姓中推行道德礼仪规范,但他们的任官时间一般都不长,无法持久坚持下去。由于缺乏可靠的制度保证,儒家思想不可能真正深入人心。对于大多数不识字或识字不多的人来说，儒学发挥作用的主要途径不是靠文字训练，而是靠对礼仪潜移默化的反复操演，润物细无声地播散下去。汉唐教育体系显然不具备这个条件。

宋代新儒家率先意识到，先秦遗留下来的古礼文献散落严重，秦朝灭学坑儒，礼制书籍是最先被毁弃的一批文化遗产。后人虽偶有补缀拾遗，依然凋零播迁，残缺不全。要想恢复礼仪制度，首先必须从系统整理残缺文献做起。与此同时，如何让艰深烦琐的儒家规条通俗化，也是亟待解决的问题。要做到这一点，未必要亦步亦趋、一板一眼地按照古圣先王的意志行事，而是需要抱着灵活变通、因俗而设的态度，根据时代变化，一事一议，随时调整，制定出符合现实要求的规则。

南宋新儒家在推进儒学世俗化方面的贡献最大，朱熹分别对应"家庭之礼"、"地方之礼"和"王朝之礼"等各个不同层次，撰写了《家礼》《乡礼》《学礼》《邦国礼》《王朝礼》。他最为焦心的是，因为规条过于烦琐，又没有像样的沟通传播渠道，普通人根本没办法理解。

朱熹感叹，"礼"在上层举行不是难事，难就难在如何在下层有效推广。他认为北宋二程、张载、司马光等人编纂的礼仪教本烦琐难懂，内容过于细碎，不便习学，祭礼仪式操作冗长复杂，民众还没有开始练习就心生厌倦，有望风退怯之意。

朱熹认为，人即使贫贱，只要知晓礼仪大节，稍加增减损益，去掉那些繁文枝蔓，大体上遵从古人持守名分、互敬互爱

的原则，就不算违背孔子的原义。（朱熹：《家礼序》）

朱熹更为关心的是，礼仪简化之后，对民众心理的教化效果是否落在了实处，而不仅仅限于形式上的刻板遵守。比如儒家最重视葬仪，在葬礼举行的过程中，只要尽情抒发对亲人的哀痛之念就可以了，不必在意个别细节与礼仪文本是否有出入。把条文制定得琐碎完备，礼仪搞得过于隆重，还不如临场真正表达哀痛之情。

宋代以前，"礼"的仪式基本围绕着两个方向展开：一是祭拜天地，二是祭祀祖先。祭天地属于皇家特权，目的是为帝王获得统治合法性服务，祭祖是为传承皇族血脉。祭祀主体最初限定在皇帝和贵族范围之内，普通百姓无权参与。在儒家看来，祭祖是传承道德意识，灌输等级秩序观念的最佳途径，一般在宗庙、祖庙或墓地举行，并通过纂修族谱，来建立起族众与先祖的联系，培植"慎终追远"的历史传承记忆。如果普通百姓没有机会参与其中，就很难让他们在现场亲身感受这种氛围，无法在内心深处领悟道德秩序对于他们而言到底意味着什么。

为了让百姓切身感受儒学的教化力量，宋代新儒家主张首先放开建立宗族组织的权力，让普通民众清楚了解自身与祖先的血缘传承脉络，这是收揽天下人心的必要步骤，所谓"管摄天下人心，收宗族，厚风俗，使人不忘本，须是明谱系，收世族，立宗子法"（《近思录》卷九），就是这个意思。

"宗子法"创设于周初，周天子是天下姬姓人的大宗，受封的姬姓诸侯对周天子来说是小宗。最先受封的人死后，子孙尊奉他为始祖，立庙建宗。他的嫡长子嫡长孙世世承袭封土，称为宗子。这是中国古代嫡长子继承制度的源头，以后的皇亲贵族均以嫡长子为大宗，庶出的诸子为小宗，属于别子系列。嫡长子在宗族中享有特权，比如拥有财产分配的主导权，在满足了嫡长子需求之后，其他庶子才有均分财产的权利。

这套宗族承袭规则在汉唐时期几乎湮没无闻，宋代以前没有多少人真正关心什么是"宗子法"，宗族制度的价值只有在新儒家手里才被再次挖掘出来，重新焕发活力。程颐曾说："今无宗子，故朝廷无世臣。若立宗子法，则人知尊祖重本。人既重本，则朝廷之势自尊。"（《近思录》卷九）从表面上看，这仍是从皇权统治角度立论，认为"只有一个尊卑上下之分，然后顺从而不乱也"（《近思录》卷九）。实际上，是想办法让宗族制度在乡村扎根落地。他表示，"宗子法坏，则人不自知来处，以至流转四方，往往亲未绝，不相识"（《近思录》卷九）。

程颐建议，普通人的治家办法是一月一会，把婚丧嫁娶的事情都集中在族内办理，"吉凶嫁娶之类，更须相与为礼，使骨肉之意常相通。骨肉日疏者，只为不相见，情不相接尔"（《近思录》卷九）。我们现在虽然没有发现宋代新儒家明确主张把"宗子法"具体推广到普通人的实例，但是读到了不少倡导祭祀制度从上层向下层转移的言论。经过不懈努力，宗族最后变成了朝廷维系自上而下治理秩序的基础细胞组织。

新儒家建议取消皇家与官僚祭祖的特权，每个民众的家族都应立家庙，每个家庙都有祭祀的神主。祭祀按照特定时间安排，每月初一奉献食品，四季致祭循序举行。在每季的第二个月祭祀高祖，冬至阳气开始复苏，是适合祭祀始祖的时间，作为一年的开端。立春祭祀先祖，先祖是始祖以下、高祖以上的祖先。总体原则是："凡事死之礼，当厚于奉生者。人家能存得此等事数件，虽幼者可使渐知礼义。"（《近思录》卷九）侍奉死者的贡品比在世者更加丰厚，是为了促使家族成员自小就浸淫在尊崇先辈的风气之中。民间祭祖虽然一直到明代才全面普及开来，但是宋代新儒家的确已经初步构想了这种可能性，起到了开风气之先的作用。

至于"大宗"之外的支子是否能够代替宗子主持祭事，这同样是个敏感话题，南宋新儒家如朱熹对此抱着模糊和宽宥的态度。比如他认为，支子主祭虽然不合礼仪，但只要能做到尽孝心表诚意，就可替代宗子，不必拘泥规条。朱熹强调祭祀应有等级之分，但更主张打通上层与下层的界限。如他说，皇家祭祀天地与百姓祭祀祖先，"其感通只一理耳"，不必分得那么清楚。（朱熹：《答李尧卿》）

在朱熹等新儒家变通礼仪舆论的影响下，宋代民间社会开始出现由非嫡长子族人主持宗族事务的现象。原来祭祀先祖只是皇家贵族的专利，他们垄断着庙祭的特权，民众没有立庙祭祀的权利，只能在居室中祭祀父母辈。历代宗祧均由"大宗"继承，"小宗"只能受大宗宗子的统辖。朱熹倡导随俗而变，主张在更大范围内开放祭祀场所。在民间设置祠堂就是朱熹的发明，祠堂原来是专祭神祇的地方，朱熹则力主在居室中设灵堂，奉祀高、曾、祖、祢四代祖先。宋以后又形成居所之外的专祠，突破了一家一户的限制，祭祖规模不断扩大。

在朱熹之前，程颐就曾主张取消礼仪祭祀的阶层划分，放松民间祭祖的代数限制。朱熹更向前推进一步，表示古人虽有始祖，也只是在大宗之家祭祀，小宗祭祀只停留在高祖以下，并不是家家都能祭祖。南宋时期，原来的祭祖规则被逐渐突破，每家都各自订立规矩。朱熹发现，民间既然已经如此自由行事，不妨灵活处理，允许支子主持祭礼，即是从俗权变的结果。朱熹延续了程颐尽量弭平祭祀等级的思路，建议取消祭祀祖先的贵贱之别，放宽对民间祭祀代数的限制，无论官员百姓都可在居室内祭祀高祖以下四代神主，始祖及四代以上历代先祖，可通过墓祭的形式举行，这样就满足了普通百姓同时祭祀"大宗""小宗"的要求。

这是儒家伦理民间化的一次重大变革，新儒家以改变家族制度为切入口，打破传统等级秩序的构想，虽然没有正式载入法典，却对宋明以后"敬宗收族"制度产生了巨大影响。明代有的地区民众开始突破居室内只祭"小宗"之祖的规定，通过祠堂祭祀四代以上的先祖，打破了"小宗"的界限，扩展了宗族发展的规模。(郑振满:《明清福建家族组织与社会变迁》,中国人民大学出版社,2009年)这种做法同时吸引了大量人群集中在祭礼仪式的周围,形成大小不一、环环相扣的祭祀圈。族谱宗谱的修撰,又使得人际关系网络围绕着祭祀圈越滚越大,把更多人裹入宗族范围中来。

家族制度在民间的日益普及,与宋代实施的其他相关制度不断发生呼应互动。比如,家族与科举制度之间就存在着对应支援关系。官僚阶层大多遵守家产均分原则,死后诸子平均分配财产,后代子弟只能维系小规模的家庭集团,无力支撑科举人才常年考试的费用。只有通过宗族规模的不断扩大,将四处分散的族人持续积聚在一起,通过设置族田、义学等辅助机构,才能保证族人在参加科举时获得基本生活来源。随着科举考试的人数不断增多,研习儒家思想,遵从道德伦理规范的士绅阶层比例也相应不断扩大,最终确保儒家教化有序深入底层,成为皇权在乡村社会实施柔性治理的根本保障。

/
一个人的"心"到底有多大

宋代新儒学到处寻找"理"的踪迹,可是"理"无嗅无味,无影无形,很难说清楚道明白。相对比较一致的看法是,"理"靠隐藏在其中的"德性"生存,关键是如何发现它。寻找"理"

的目标一般称为"尊德性",具体学习的过程叫"道问学"。这两个概念都出自《中庸》的"故君子尊德性而道问学,致广大而尽精微,极高明而道中庸"。"尊德性"是把培育道德感当作治学的根本,"道问学"是为了达到这个目的采取的步骤和手段,两者有体用本末的区别。

"道"在这里是动词的用法,说的是经过努力学习,比如拜师读书、朋友之间相互讲学切磋等,才能达致德性圆满。这与"格物致知"的方法是相互配合的,"格物"是为了认识"天理","天理"中蕴藏着道德,"物"是道德的具体表现。"天理"不会随随便便冒出来,必须从日常琐事中去仔细发现。

朱熹对"理"的解释遭到其他一些新儒家的质疑,他们提出的最大疑问是,虽然"理"能够具体落实到生活当中,比如以孝事亲,以忠报君,却仍然难以说清楚,人总不能把吃喝拉撒等琐碎事情统统说成是"理"。按照朱熹的论辩对手陆九渊的话说,总是在一草一木、一事一物中寻找什么是"理",心态容易变得"支离"。即使把认知对象从里到外审视一遍,搞得纷纭破碎,最后还是看不清"理"的真面目。

现代总有人把"格物"与西方自然科学方法作比较,好像双方都在寻求事物之"理",其实两者差别巨大。朱熹的"天理"不是西方哲学揭示的客观事物之理,而仅仅指与人类生活相关的道德之理。西方现代科学追求的道理貌似玄远深奥,却建立起了一系列严格的客观标准,并通过精密的科学实验——加以衡量验证。比如通过数学公式的演算，或者经过物理与化学实验，寻找出事物背后的客观定律，从过程到结果都是明确可控的。西方哲学中的各种形而上学命题尽管大多抽象难懂，却都不同程度地与科学验证的结果相互对应，间接成为科学实验的理论基础。朱熹追求"天理"仅涉及道德规则，他对自然界中的客观道理完全不感兴趣。"道德"之"理"虽然曾被古圣人反复陈说，却难以建立起科学的评价尺度。

当年王阳明"格"竹子格了七天七夜，终于"格"出大病的故事，就很形象地说明了"理"的模糊性。王阳明曾打算面对竹子去感悟朱熹所说的"理"到底是什么东西。结果搞得身心疲惫，却仍然满头雾水，毫无收获。

如果按照现代植物学的观察程序，你要想知道竹子里到底隐藏着什么秘密，一定会选择从竹子的外表纹理入手观察，逐层深入内部组织结构，探究竹子的深层根茎、土壤环境、细胞构成、生长周期等状况。如果只是呆呆傻傻地整天坐在那里若有所思，冥想神游，那是绝无可能得出任何结论的。竹子就是纯粹的"物"，它是在客观自然条件下生长起来的，与人类社会分属两个世界，尽管有生命，却与"道德"无关。因为我们没办法参照科学标准，确认"格"的内涵与边界到底在哪里，这才是招致王阳明对朱熹发生不满的真实原因。既然不打算寻找竹子生长的客观依据，格来格去岂不是在做无用功，那还不如干脆凭借个人的主观感受，去断定竹子蕴含的"理"

到底是什么，岂不方便痛快？更文雅一点的说法是，"圣人之道，吾性自足，向之求理于事物者误也"（《洛闽源流录》卷十五）。

人与人之间打起交道才可能产生"德性"，"德性"不能从外面的世界去寻找，它就隐藏在每个人心中，这是王阳明的一大发现。既然"竹子"只是"物"，从里面找不出任何与人性有关的东西，那么真要寻找"理"就只有一个办法，那就是努力发觉每个人内心的善良本性。由外返内，观照自我。

针对宋代新儒学的"性即理"论说，王阳明针锋相对地提出了"心即理"这个命题。"心即理"彻底舍弃探究对象的"客观性"，从此告别了对"理"自然本质的探索，全面转向了人的内心世界。一旦承认"理"具有道德性，那它一定与人的心理活动有关，也只有通过观察人们到底在想什么，然后施加道德训练，才能知晓"理"的内容。一个纯粹由竹子这类东西构成的物质世界，是不可能存在什么"道德"的。王阳明断定，每个人都能发现自己拥有恻隐之心、善恶之心、辞让之心、是非之心，这足以锻造出"仁义礼智信"的伦理素质。

"心学"否认存在客观之理，专注内在感悟的风格，在"岩中花树"这则故事中被展现得淋漓尽致。有一次，王阳明与朋友一同出游，一友人指着岩中一棵花树问他，如果说天下无心外之物，那么这花树在深山里自开自落，与我心有何关联呢？王阳明回答，当你没有看到这花树时，此花与你的心同处寂寞无闻的状态；当你来看这花树时，此花鲜丽的颜色就在你眼里呈现了出来。由此可知，此花并非在你心外。(《传习录》卷下)

这番话貌似禅机重重，优雅浪漫，很让一些文人骚客津津乐道，似乎王阳明此语深得洞察世事之秘诀。但仔细琢磨，总给人感觉有些刻意诡辩的味道。英国唯心论者乔治·贝克莱也曾表达过类似的观点，贝克莱声称这个世界只有观念，别无其他。或者说，这个世界上发生的一切事物，都只存在于人们的头脑之中，只有经过人的感知，才被赋予了意义，否则它根本就不存在。贝克莱曾经被唯物主义者当作唯心主义的错误代表，被批判了很多年。

"岩中花树"这个故事难以说服人的地方在于，"花树"与"内心"接触之前确实各自寂然静默，互不相关。一旦两者相遇，尽管"花树"形象进入了"心"的感知范围，却并不一定同时证明花树被吞没消融在了心中，彻底从这个世界完全消失。因为"心"和"花树"分属两个不同空间，彼此无法参照，互证对方的存在，证明此未必一定能证明彼。

换句话说，你看到"花树"时也许心里能感觉有了"花树"的形象，当"花树"离开你的视线后，你却未必能够证明它并不存在，这完全是两个不同层面的问题。故意混淆两者的区别，说明王阳明不愿意承认"花树"仍蕴含着"自然之理"这个客观事实，只不过他的辩解属于一厢情愿罢了。当然，在王阳明心中，只要"花树"处在自在状态下，就不具备任何道德性，根本不需要成为关注对象。"理"只能在人的自我修炼中才能彰显出来，同时在与他人交往的过程中不断得到确认。"物"既是人心，也是人际关系的表现，除此之外别无其他。

王阳明在回答弟子徐爱什么是"格物"的提问时讲得很清楚："身之主宰便是心，心之所发便是意，意之本体便是知，意之所在便是物。如意在于事亲，即事亲便是一物；意在于事君，即事君便是一物；意在于仁民爱物，即仁民爱物便是一物；意在于视听言动，即视听言动便是一物。所以某说无心外之理，无心外之物。"（《传习录》卷上）阳明所说的"物"大多指的是某个人如何与他人建立亲密关系，包括"事亲""事君""仁民"等这类主观愿望，不是自然界存在的客观对象。他最后谈到的"视听言动"，更是纯主观视角。"物"是具体的人间俗事，经过"心"的感悟，这些俗事才被蒙上道德色彩，顶多算是一种实践性的道德观念，或者可归于一种人际关系学，没有太多哲学认识论上的意义。

"理"有静默与呈露两种状态，要揭示"理"的含义，必须在日常道德实践中去努力发现。日常的秩序既是"物"，也蕴藏着"理"，"物"与"理"都是内心探究的对象，最终与"心"合一，不分内外。这与上面谈到的"格物"程序有相似的地方，"要此心纯是天理，须就'理'之发见处用功。如发见于事亲时，就在事亲上学存此天理；发见于事君时，就在事君上学存此天理；发见于处富贵贫贱时，就在处富贵贫贱上学存此天理；发见于处患难、夷狄时，就在处患难、夷狄上学存此天理"（《传习录》卷上）。

"心"的感知要彻底到什么程度呢？必须做到"心外无理""心外无事"，甚至"心外无天"，完全取消"天"的存在价值，这确实比宋儒走得更远。王阳明觉得，人人都爱谈"天"，却没有人真正见过"天"长成什么样子。"天"就是一种"道"，"道"本就看不见摸不着，说明"道"和"天"一样只存活在人的心中，不可能是具体的凡间之"物"，日月风雷，草木人畜，到底哪个算是"天"？恐怕没人能给出确切答案。如果从内心寻求，无时无处不能体会到"道"和"天"的存在。因为"心即道，道即天。知心则知道、知天"（《传习录》卷上）。无论是"物""道""天"，还是什么别的东西，都统统收束到内心世界中，自然会感知领悟。

从表面上看，"心学"与"理学"似乎都讲究在日常生活中下功夫，比如同样主张事亲尽孝，事君尽忠，尊王攘夷，存理灭欲。然而仔细分疏，双方分歧还是很大的。区别主要有如下几点："理学"讲的是由"心"探"理"，"心学"说的是"理"在"心"中；"理学"讲究学以致知，"心学"主张"心体"自悟。另一个明代新儒家陈献章把一番心路历程揭示得很透彻，他说光读书是有害的，无法觉悟到点子上，只有把内心与天地融为一体，才能感受"道"的真义。陈献章回忆辞官回到广东白沙老家的那段经历，他一度杜门不出，在没有师友指点切磋的情况下，每天废寝忘食地沉浸在书本之中，寻找问学的密匙。结果数年苦读，毫无收获，才知道这是"吾心与此理，未有凑泊吻合处"的缘故。于是改弦更张，决心采取不言不语，静坐默识的态度，"舍彼之烦，求吾之约"，经过一段时间的努力，终于"见吾心之体，隐然呈露，常若有物，日用间种种应酬，随吾所欲，如马之御衔勒也；体认物理，稽诸圣训，各有头绪来历，如水之有源委也"（《明儒学案》卷五《白沙学案》上）。这与王阳明自述"夫圣人之心，以天地万物为一体，其视天下之人，无外内远近"（王阳明：《拔本塞源论》）的感觉相当接近。

王阳明批评"理学家"只教导学生熟读经典，记诵圣人辞章，一辈子辛苦劳累，抱着功利之心奔波在名利场上。他形容"心学"与"理学"的区别，就像照镜子一样。理学家说"格物"，如同拿着镜子去照，却不知镜子已经肮脏模糊，举着它什么也看不出来。"心学"讲"格物"，就像打磨镜子，镜面明亮起来才能照见东西，镜子不是什么身外之"物"，就是"人心"本身。王阳明弟子徐爱总结道："心犹镜也，圣人心如明镜，常人心如昏镜。近世格物之说，如以镜照物，照上用功，不知镜尚昏在，何能照？先生之格物，如磨镜而使之明，磨上用功，明了后亦未尝废照。"（《传习录》卷上）

"心"是面"镜子"，"镜子"不是外在之物，有明亮昏暗的差别。圣人心明，俗人心暗，把镜子当"物"去照，结果什么也看不到。搞明白"镜子"就是"心"本身，"磨镜"不是真的去擦拭掉落镜子上面的脏东西，磨镜即是磨心，只要内在修炼到家，自然一切变得透亮。王阳明是这样解释的："只怕镜不明，不怕物来不能照。讲求事变，亦是照时事，然学者却须先有个明的工夫。学者惟患此心之未能明，不患事变之不能尽。"（《传习录》卷上）镜子的明亮与否与镜子本身无关，照镜子这个行为完全是一场心理活动。圣人把"心"当作镜子去映照自身，常人却寻思心外还有一面镜子，想用它来看清自己的面目，结果越看越糊涂。

用镜子比照"格物"，明显受到了佛教北禅宗的影响。王阳明曾这样说过："良知之体，皎如明镜，略无纤翳。妍媸之来，随物见形，而明镜曾无留染，所谓'情顺万事而无情'也，'无所住而生其心'，佛氏曾有是言，未为非也。明镜之应物，妍者妍，媸者媸，一照而皆真，即是生其心处。妍者妍，媸者媸，一过而不留，即是无所住处。"（《传习录》卷中）这段话不由得让人想起北宗神秀的著名偈语："身是菩提树，心如明镜台；时时勤拂拭，莫使有尘埃。"同样是以擦亮镜子作比喻，来揭示悟道的手段和前提。

学习禅宗的静默方法，有助于克服"私欲"的侵蚀。当有学生询问自己有些"闲思杂虑"，到底算不算"私欲"时，王阳明的回答是，这要从根除更严重的自私心，如好色、好利、好名这些弊端上做起。与之相比,"闲思杂虑"当然就不算什么了,很容易去掉。正如你心中肯定知道不会去做盗贼,消除好色、好利、好名之心就像不去当盗贼一样,只是留下"心之本体",哪还有什么"闲思杂虑"的位置。这就是"寂然不动""廓然大公"的道理。(《传习录》卷上)

尽管有些相似,王阳明还是尽量撇清与禅宗的关系,他说:"释氏于世间一切情欲之私都不染着,似无私心。但外弃人伦,却似未当理。"(《传习录》卷上)佛教抛弃了所有人情世故,灭绝一切个体的情欲之私,连父母子女都不要了,等于舍弃了"人伦"之"公",只是"成就他一个私己的心"。这就太过分了,儒家弟子肯定不能接受。儒家的"心"承载着群体道德责任,并不完全在"私域"中处理事情。为了防止弟子们堕入明心见性、定慧顿悟的禅宗修习之路,王阳明特意辨明"学者本心日用事为间,体究践履,实地用功,是多少次第、多少积累在!正与空虚顿悟之说相反"(《传习录》卷中)。也就是说,不是空坐在某个地方胡思乱想,或者寻求槁木死灰的心境,任何心理活动都需要落实到具体事务当中才有意义。

阳明"心学"在很长一段时间被官方斥为异端邪说,因为明代科举考试一律采用朱熹的《四书集注》当统一教材。与朱熹观点对立的陆九渊学说根本无法进入官学主流,王阳明却偏偏逆潮流而动,故意说陆九渊的思想直承孟子学说,是儒学"道统"传人。这就等于拆解了宋代新儒家建立起来的"道统"谱系,分明是想摆出一副挑战理学正统的样子。如此大逆不道的举动，当然使"心学"观点无法进入科举试题，像宋代理学那样被用作标准答案，只能在基层民间组织，如书院和讲会之中流传播散。

不像宋代"理学家"总是想通过"格君心"影响上层决策和政治导向，心学有意绕过顶层，把眼光投向了基层社会。据说王阳明演说时，一些贩夫走卒都有兴趣前往听讲。抨击只会博闻强记和背诵辞章，这本来是"理学家"反对汉唐经学僵化思维的有力说辞，一度成为朝廷打击的异端言论。但"理学"在元明两代正式进入科场，最后垄断了所有科举考试内容，朱熹语录反而成了考生研习背诵的主要对象，摇身一变成为压抑另类思想的工具。

"心学"对宋代"理学"的挑战，从来不是一个简单的学术问题，而是一场争夺正统与异端话语权的政治较量。在王阳明的眼中，"理学"已堕落成科考士子谋取私利，升官发财的工具。那些只会背诵圣贤书的考生，不过像擅长表演作秀的戏子罢了。在这个僵化体制的训练下，人们学习知识，只求中举登科,没人真正关心仁义道德与性命哲学的真谛。这些所谓"名物度数"的学问，与个人内心体悟毫不相干，只是功利生活的点缀和装饰，"理学"就此丧失了精进的活力。"心学"的作用在于拨乱反正，倡导治学要直指本心，简捷明快，把广大青年士子重新拉回到追求道德理想的轨道上来。

/
"知"与"行"是一回事吗?

王阳明最具争议的一个观点叫"知行合一"论,最简单的解释是:只须知道某件事情是怎么一回事就足够了,不必再专门采取行动。一个稍显复杂的说法是:"知是行的主意,行是知的功夫;知是行之始,行是知之成。若会得时,只说一个知,已自有行在;只说一个行,已自有知在。"(《传习录》卷上)这段话的关键一句是"只说一个知,已自有行在","知"和"行"不必分作两个阶段分别对待。

在"知"与"行"的关系中,"知"是"体","行"是"用";"知"是"主意","行"是"功夫",两者显然不是处在平等位置上的,"知"的地位高于"行"。王阳明强调"一念之动",如说"正要人晓得一念发动处,便即是行了。发动处有不善,就将这不善的念克倒了。须要彻根彻底,不使那一念不善潜伏在胸中"(《传习录》卷下)。"知行合一"论关心的是,一个念头启动马上就须发现它是善是恶,要是等到付诸行动就晚了。

"知行关系"是中国古代思想史的一大关键问题,长期争论不休。争议的焦点是:"知"与"行"哪个应该在前,哪个应该在后,到底谁决定谁。"知行关系"的最初论述源自《尚书·说命》中的一句话:"非知之艰,行之惟艰。"按字面的意思理解,就是做某件事比知道某件事更加艰难。王阳明把这句话倒过来解释，强化了心理意志力的作用，思想的坚定比行动的实施更加重要。

在理学思想体系中，圣人才有纯粹的善根，凡夫俗子虽有善的天性，却常常被欲望所蒙蔽，必须通过学习圣贤经典，才能去掉"恶"，重归"善"。心学更多靠"悟"而非"学"，"知"被摆在了"行"的前面，自然与理学的定义不同。"学"依赖圣贤教导，"悟"更多靠个人自主选择。有弟子曾经质疑"知""行"并列的说法，顾东桥就问过王阳明，是否应该"知行并进"，"知"和"行"不宜分别前后，否则在实际修炼功夫时会造成次第紊乱，就像一个人见到酒才想喝，见到美食才想吃，看到路才想抬步走一样。只有先见到了某个东西，才会想到要实际做些什么。

王阳明的回答是，"知行合一"论的精髓就是要分出先后次第，"知"为首，为"本""为主"为"体"；"行"为"末"为"次"为"用"，"行"由"知"生发出来。他同样举顾东桥用过的例子作答："夫人必有欲食之心，然后知食，欲食之心即是意，即是行之始矣。食味之美恶，必待入口而后知，岂有不待入口而已先知食味之美恶者邪？必有欲行之心，然后知路。欲行之心即是意，即是行之始矣。"（《传习录》卷中）

不仅对待美食应该如此，日常实行孝道与忠君爱民也是一样，都是从"心"出发，先有了一个念想，再去落实到行动中。"忠孝"不是专门跑到什么地方求来的道理，而是内心自然萌发出的一股真实感情。"且如事父，不成去父上求个孝的理；事君，不成去君上求个忠的理；交友、治民，不成去友上、民上求个信与仁的理。都只在此心，心即理也。此心无私欲之蔽，即是天理，不须外面添一分，以此纯乎天理之心，发之事父便是孝，发之事君便是忠，发之交友、治民便是信与仁。"(《传习录》卷上)以前宋代理学家也说过类似的话，王阳明与前者的区别在于，儒家常讲的"孝道"更加密切地与"心"紧密联系在一起。只有做到"心"中有"孝"，才能"冬时自然思量父母的寒，便自要去求个温的道理。这都是那诚孝的心发出来的条件，却是须有这诚孝的心，然后有这条件发出来"(《传习录》卷上)。

"知行合一"论拒绝把通过"知"获得的道理限制在某个具体对象上，王阳明认为，"即物穷理"只教人在一事一物上下功夫，对象一变，心就会随着发生改变，这样难以确立一个普遍标准。王阳明尖锐质疑"孝"的道理到底存于父母身上，还是藏在每个人的心里。如果"孝"的对象是父母，那么父母死后，每个人心里的"孝"难道就消失了吗？还有一个例子，看到小孩子掉到井里，凡是正常人马上就会产生恻隐之心，难道同情的理由是藏在小孩子身上吗？还是原本就保存在人的心里呢？显然，良善之心不会特意保留在某个对象身上，而是长存在每个人心中，遇到具体某件事，就会调动起来发挥作用。

"知行合一"论容易给人夸夸其谈，蹈空说玄，缺乏行动力的错觉，故时常遭人诟病。如果一个人只停留在"知"的层次，一旦遇到实际问题，就可能变得手足无措，提不出具体解决方案。所谓"立诚",所谓"万物皆备于我",都是为了突出面对大千世界,要保持坚韧与诚挚的意志。"知行合一"论并没有过多考虑的是,只有在处理日常琐碎事务的过程中,道德修养才能慢慢蕴积而成,这个过程恰恰需要表现给别人看,哪怕形如演戏。

一些外在的规划设计并非可有可无,如"孝"虽来自内在的"诚",却必须通过丧礼仪式充分表达出来。如果过度偏向心理一面,取消所有仪轨规范,就等于自动放弃外部力量对道德实施效果的监控,是否仍能长久维持"孝"的观念就会令人起疑。当然,烦琐仪式的举行也可能为虚伪欺骗的行为作掩护,或者纯粹变异成与修养无关的程式化表演。

为了弥补这个漏洞,王阳明一再表示,不可"悬空讲学",比如,当官要处理簿书讼狱等地方事务,就是真"格物"。只不过不要把这些日常行事单纯当成"物",同样也应当作"心"的感知对象。如下面这段话一直在讲如何用"心"处世:"如问一词讼,不可因其应付无状,起个怒心;不可因他言语圆转,生个喜心;不可恶其嘱托,加意治之;不可因其请求,屈意从之;不可因自己事务烦冗,随意苟且断之;不可因旁人潜毁罗织,随人意思处之。这许多意思皆私,只尔自知,须精细省察克治,惟恐此心有一毫偏倚,枉人是非"(《传习录》卷下),造成冤狱。表面上讲的是,"簿书讼狱之间,无非实学。若离了事物为学,却是着空"(《传习录》卷下),实际上仍在强调"心"的主导作用。

有趣的是，王阳明素来为人所赞赏者，恰是他完成的几件"事功"，如平定宁王之乱，在江西推动乡约，实施"十家牌法"等地方治理事迹。王阳明制定的《乡约》完全不同于宋代《吕氏乡约》，他尝试把伦理教化与联户保甲关联得更加紧密，照样推行的是儒表法里的一套治术。后人抨击明代灭亡，习惯归罪于阳明学派惹的祸，好像全国人民都听信了王阳明散播的谬论，结果搞得军人不会带兵打仗，文人只会谈玄论道。从王阳明不乏"事功"政绩的角度评价，让他背上这口黑锅多少有些冤枉。

"知行合一"论很容易引起一种误解，好像一个人只说不做，就完全能够轻易获得成功。比如一个文人一辈子只读书，他当然会自信地说，"读书"就是一种"行动"，至于"读书"之外的种种行为算不算是"知"，他是无法回答的，因为他对事物的理解仅仅局限在"读书"的范围之内。在这种情况下，"知"和"行"不是并列关系，任何行动都是"知"的表现和延伸，"行"的独立作用被取消了。进一步说，任何行动造成的错误，都是由于缺少"知"的引领，"知"即使出现了任何差错，也不可能通过行动加以纠正。

倘若借助现代知识体系衡量"知行合一"论，就会发现诸多不严谨之处。比方说"如好好色，如恶恶臭"这句话，是说一个人面对美色会自动萌生爱慕之情，对臭味天然产生厌恶之感，不需要经过行动去证实。可具体情况要复杂得多，比如面对美色美食的诱惑，恐怕有了"美"的感受，尚属一种浅层的"知"觉，要真正体验"美"，还得亲自去实践。比如去和美女帅哥交往，或者用味蕾去品尝某种美味，这是用"行"印证"知"，两者完全不是一回事，不可随意混淆。

说"知"即是"行"，我们只能理解成"知"是"行"的预备阶段，没有人会傻到真以为两者能够完全画上等号，变得彼此不分。如果偏说"知"能代替"行"，往往会培养出一批"妄想狂"，引发一系列灾难。多年前，"大跃进"运动中有人高喊"人有多大胆，地有多大产"的无知口号，就是不尊重科学常识的愚蠢表现。假设他们生活在明代，说不定都会是"知行合一"论的信徒。王阳明说出最极端的一句话就是"一念发动处便即是行"。不妨假想一下，明代民众倘若听从了这类激情劝诫，一时间，人人都有"行善"的愿望，个个争先去铲除"罪恶"的念头，纷纷"狠斗'私'字一闪念"。一旦搞起运动，疯狂的禁欲主义者就会成群结队地到处奔走宣传，儒家道德理想说不定提前就已实现。可惜的是，这始终只是一个梦。

/
致良知突出"心灵"在处世中的首要作用

除"知行合一"论外，被王阳明解释最多的另外一个概念是"致良知"。"良知"源自《孟子》中的一句话："人之所不学而能者，其良能也；所不虑而知者，其良知也。"(《孟子·尽心章句上》)孟子坚信每个人心中都藏有一颗善良的种子，等待时机萌发壮大，不必分出高低贵贱。人与人之间之所以存在差别，端在其对"良知"的感悟能力不同。王阳明把孟子的"良知"论进一步推向极端，他赞同陆九渊"人同此心，心同此理"的说法，在"天理"与"良知"之间搭建起了更加紧密的联系。这样，"致良知"就既是一种心理活动，又额外获得"天意"的支持，貌似有了更强大的说服力，这也部分解决了"良知"由谁来定义的问题。

"良知"就是"天理"，每个人的心性都潜在拥有一个终极的指向性，不是每个人自己说了算。这种看法确实比孟子思想更加严密。"心"不是孤悬无依，始终由"天理"这条线牵在空中的，相反，它是与每个人的身体感受关联在一起的，天地万物与"心"同为一体。一个人一旦拥有"良知"，就能对民众的困苦无助感同身受，亲身体验他们遭遇的灾难病痛，憎恨坏人横行带来的恶果。这个过程不需要专门思考学习，只须通过道德修养去发现。万物中的草木瓦石皆有灵性，无论聪明还是愚笨，每个人都有一点灵明在心中。只要呈现"良知"，就能视人犹己，视国犹家，这确实是个颇富人情味的亲切想法，寄希望的是每个人内心的"同"而不是"异"。

王阳明与朱熹对事物内外分际差别的认知方式差异极大。朱熹认为，获得"闻见之知"只是认识的起步阶段，就像"格物"这件事必须首先选择一个外在对象，经过观察思考，才能获得更深一层的知识，即"德性之知"。王阳明把这个过程颠倒过来，他说"良知"并不是完全通过"见闻"获取，主要是通过内心感悟的提炼与再造。他说"故良知不滞于见闻，而亦不离于见闻"，"良知之外别无知矣"，又说"专求之见闻之末，则是失却头脑，而已落在第二义矣"，"若主意头脑专以致良知为事，则凡多闻多见，莫非致良知之功。盖日用之间，见闻酬酢，虽千头万绪，莫非良知之发用流行；除却见闻酬酢，亦无良知可致矣，故只是一事"。（《传习录》卷中）意思是，如果把致良知作为学习的宗旨，那么多见多闻也无非致良知的功夫。在日常生活中，见识和应酬千头万绪，也不过都是使用良知的地方；除这些之外，也没有别的致良知使用的地方，所以，这都是一件事情。

对朱熹特别看重的"讲学"，王阳明的态度是，"知识"不需要依靠考证训诂，名物传承，它是一对一心灵相授的成果。"夫理无内外，性无内外，故学无内外。讲习讨论，未尝非内也；反观自省，未尝遗外也。"（《传习录》卷中）有人暗中批评王阳明不珍视古代礼乐名物制度。古时《吕氏春秋》与《月令》中均有"明堂"和"辟雍"的记载，王阳明却觉得《六经》与《四书》中对此并无详细说明。他说尧舜这些圣人居住的不过是些茅草房子，却并没有人批评他们不重礼仪。周幽王、周厉王暴虐无道，奢侈无度，虽然设立了明堂，也未见得促进了人心道德建设。这说明悟道不在于形式上是否仿古，关键是要明白人伦道理，"天子之学曰辟雍，诸侯之学曰泮宫，皆象地形而为之名耳。然三代之学，其要皆所以明人伦，非以辟不辟，泮不泮为轻重也"（《传习录》卷中）。圣人谈"知"，专讲"义理"，不是指礼乐名物这些外在的东西。书本记载的前朝制度不过是些支离破碎的"物"，至于推步占验、封禅历数之类的宫廷媚上技术，更是不经之谈。这类知识掌握的越广博，私欲积累得就越多。才智越出众，"天理"越不明。一个人"识见"丰富，可能与"涵养"程度正好相反。"致良知"要求，每个人刚刚出现一点违背人情天理的念头，就如同感到刀割针刺般疼痛难忍，务必想方设法迅速清除。

王阳明同样崇尚"讲学"，只不过更欣赏从静坐冥想中体会天地物我合一的感觉。当有人反复追问如何才能"致良知"时，王阳明讲了一个禅宗故事，过去曾有位禅师，当有人询问佛法时，他只把手中的拂尘提起，什么也没说。有一天，他的徒弟把拂尘藏了起来，想看看师父如何传法。禅师没找到拂尘，只好空手做了一个提拂尘的动作。王阳明解释说，"良知"就相当于这柄拂尘，除此之外，还有什么可提的东西呢？有一次，一位朋友向王阳明请教"致良知"功夫的要领，王阳明往旁边看了看问，我的拂尘在哪里？引起在座者哄堂大笑，这已经很接近禅宗的机锋辩难之法了。

同属"心学"阵营的陈献章和湛若水在讲学风格上与王阳

明十分相似，据说湛若水入门弟子的早课就是静默，陈献章弟子中也有跟随老师学习多年未获几句教诲的例子。至于在这种神秘体验感召下，到底能有多少人日复一日地耐心坚持下去，实在很难估计。"心学"一方面对心理体验的能力要求太高，容易把天资略逊之人排除在外；另一方面又标榜不读书即可悟道，方法手段貌似简捷明快，容易掌握，吸引了不少好走捷径的民间求道者。

"致良知"标榜"养生"理念，"养生"需要清心寡欲，却并非舍弃人伦，隐居独处，它讲究在尘世里存养此心，在私欲萌生之际痛加剿灭。王阳明又说"养生"不须刻意，故意遏制欲念是多此一举，反而扰乱心智。"良知"本来生生不息，却又徒增一念不生的烦恼。只有做到"良知"唯有一个，自会明辨善恶，不必自发去想象什么是善，什么是恶。"良知"本体本来宁静，在此之外的欲念如汤中浮雪，一下子就融化掉了。

阳明心学不太爱"讲道理"，更注重心灵体验，容易被人批评违反常识。比如，从道理上看，万物皆有"良知"，日月星辰、山河大川、风雨霜露、禽兽草木，与人类同体共存，皆具灵性，为什么又有等级高下之分？人类为处在低位的五谷禽兽供养，如彼此相通，同具一气，为什么不可以倒过来饲养禽兽呢？若说人心有一点灵明，禽兽五谷皆无，以此作为被人消费的理由，那么它们拥有的"良知"如何与人类相等？"良知"既然贯通在所有事物当中，凭什么有高下厚薄之分？王阳明同样有此困惑，他尝试做出解答，说："禽兽与草木同是爱的，把草木去养禽兽，又忍得？人与禽兽同是爱的，宰禽兽以养亲，以供祭祀，燕宾客，心又忍得？"（《传习录》卷下）

按理说，对"至亲"与"路人"应该同等对待，然而现实中如果只有一篮子饭菜和一碗汤，有人得到就能活命，得不到就会饿死，在必须做出抉择的情况下，一般人肯定宁愿救亲人而非路人，那么这个做法到底是对是错？王阳明似乎有意避开了这个两难选择。他回答说，对"至亲"的态度应该不分厚薄彼此，养成习惯后自然以这个标准作参照，推及他人，"盖以仁民爱物，皆从此出，此处可忍，更无所不忍矣"（《传习录》卷下）。这句话给人感觉说得有些轻巧，落实起来并非那么容易。

从常识上判断，大多数人对待路人的态度，并未轻易得到改变。这是因为儒家思想自诞生之日起，就善于处理血缘亲情关系，如果对路人付出更多的爱与同情，超越切身相关的家庭网络，那就需要设定更多的外在规范条件。至于这些条件到底是什么，谁也说不清楚，王阳明也没有给出令人满意的答案。因此，广义上的"仁民爱物"大概率可能就变成一句空话。

"良知"虽没有内外之分，在熟人圈子中却有远近之别。一般人肯定对父母、夫妇、兄弟、亲戚在感情上更加亲近，如何把道德规则从"熟人"推及"生人"就成了问题。孝悌忠信从家庭一直贯穿到君主一层，包含着事君、处友、仁民、爱物等规范，理论上可以扩张到无限空间，具体表现样态更是千变万化，"良知"却只有一个。假设我们替王阳明着想，"熟人"圈子即使延伸到了"生人"那里，人们还是愿意依赖常识去处理人际关系。实际情况是，动用"良知"与"熟人"交往容易，与生人的关系不分彼此就相对较难，只有具备超常能力的人，才能不在乎内外远近，想象与天地万物共为一体。

为了解决这个难题，王阳明特意区分了"大人"与"小人"，"大人"视个人与天地上下交融，把天下看作一家，中国犹如一人，相互不可分割。"大人"擅长把内心储藏的"善"延伸到父母家庭，再向外推及到国家、天下。"小人"只管顾及自己和周边很小范围内的家人，再远的事情并不打算考虑。尽管"大人""小人"区别甚大，却并不意味着"小人"没有指望转变成"大人"。经过按部就班的修养学习，每个人都有机会变换身份。成为"大人"的最先步骤是"正心"，然后是"修身"，"心"主宰着"身"，为善去恶，剔除私欲，是由内及外的过程。修炼进境到哪一层次，决定每个人从"小人"向"大人"的转变达到了何种程度。

"大人""小人"的转化还取决于"爱"的能力。儒家主张爱有等差，"爱"的对象要分清熟人与外人，对家人熟人是"私"，对国家君主是"公"，"大人"之爱不妨由家人推广到天下。在这个网络系统中，"君主"就像全体民众的父亲，是大家的家长。"小人"考虑范围只限定在家人之中，"公"与"私"之间的界限经常摇摆游移，需要新儒家精准把控和协调。

从"心"到"天下"的一体化程度有高低之分，舍私为公的大原则从来不会改变。"小人"变"大人"端赖其觉悟程度如何，因为"个个人心有仲尼"。当然，是否真能做成"大人"，往往受到具体环境的制约。如有机会做官，自然比较容易把父子之间的孝顺之情延续到官场之内，这是奉行君臣大义的必备前提。"小人"没机会接近皇帝，当然只能在家恪守父子、夫妇、兄弟、朋友的伦理教条。

王阳明一直主张用"心"去感受周围世界，而不是一味死守祖先遗留下来的种种规矩。比如在明中期著名的"大礼议"事件中，王阳明及弟子就站在了嘉靖皇帝一边，与恪守古礼的另一派士人对峙争辩，这是要冒一定政治风险的。"大礼议"的争议焦点集中在明武宗死后没有直接继承人，嘉靖皇帝作为孝宗之弟、兴献王之子入继大统。这位新皇帝刚一登基，就马上面临一个伦理难题。按照皇家古礼，他必须尊称孝宗为父，这等于有了两个父亲，在皇家祭祀仪式上如何安排他们的位置，不得不大费周章。嘉靖皇帝坚持称呼孝宗为伯父，亲生父亲兴献王必须入祀太庙，并加封庙号。若如此安排，孝宗的地位将无法合理安置。因为"天无二主"，"皇统"只有一个。于是朝臣中分成卫礼和议礼两派，双方各不相让，激烈争吵了很多年。

王阳明及弟子并没有直接参与这场论争，他们的基本态度是，古礼不能盲目拘守，须根据人情世故，因时而变，"缘人情以治礼"。父子之情最为根本，如果不能根据基本人性制定礼仪规范，必将陷入盲从先人的窘境。哪怕是皇帝也有普通人的情感，应按照常人方式去行事。在王阳明之前，二程早已发现了古礼不切实际的地方，主张尊古礼要"从权"，制定礼仪应抱有权宜之计的灵活态度，尊重人情的自然流露。

"大礼议"表面上是明代皇帝的家事，却引发了一场基层社会的全面变革。这场争议结束后，普通百姓才逐渐开始拥有建立家庙和纂修族谱的权利。明末以后的乡村社会，延续了朱熹撰写《家礼》时的构想，以宗族为单位建立祖先祭祀体系的举动遍地开花，"士绅阶层"在乡村的领导地位终于牢固建立了起来。一个有趣的现象是，在王阳明贵州龙场悟道，创立"心学"之后的十年，欧洲的马丁·路德贴出了《九十五条论纲》，正式开启了宗教改革运动。他提出的"因信称义"观念与"致良知"思想不谋而合，均倡导遵从自我的感知，不依赖外在教条的约束，无论这个支配力量是上帝还是"天理"。

王阳明思想在晚明影响很大，由于太过离经叛道，在他的学生中时常引起争议。为了准确归纳自己的观点，王阳明提出了著名的"四句教"："无善无恶是心之体，有善有恶是意之动，知善知恶是良知，为善去恶是格物。"这四句话把明代新儒学的基本概念诸如"心体""意""良知""格物"都容纳在了里面，只不过解释大有不同。其中第一句"心体"无善无恶这个判断就引来了非议。王阳明号称继承了孟子的"性善说"，按照孟子的说法，"心体"本来就应该是"善"的，怎么到了王阳明嘴里忽然就变成"无善无恶"了呢？所以有人怀疑王阳明思想是受到了佛学的污染，佛学讲究一切皆空，人的本性最终都会归于寂灭。

王阳明弟子对这句教导也开始起了疑心。门人薛侃就满腹狐疑地问道："佛家也讲无善无恶，那么老师你与他们的区别到底在哪里呢？"王阳明的回答是："佛氏着在无善无恶上，便一切都不管，不可以治天下。圣人无善无恶，只是'无有作好'，'无有作恶'，不动于气。然'遵王之道'，'会有其极'，便自'一循天理'，便有个'裁成辅相'。"（《传习录》卷上）这段话点出了"心学"与佛教的根本差别，其实就在"有为"与"无为"之间。

王阳明说"心体"无善无恶，并不是从哲学角度出发进入讨论。他讲的是在日常事务中如何平衡各种关系，尽力做到不偏不倚，不存"私见"，才能实现"大公至道"，这恰恰是"有为"的表现。佛教讲"无善无恶"，让人心与世隔绝，放弃对社会家庭的责任。"裁成辅相"是指按照《周易》中"泰卦"原则，顺应自然法则，积极投入社会治理，更是"有为"的政治主张。

王阳明总被人批评空谈无根，其实他的思想并没有真正越出儒家好谈"功名"的窠臼，有时候讲着讲着就开始自相冲突起来。比如他劝弟子摒弃"好名之心"，鼓励他们做些更加务实的事情。另外，儒家又最重"名节"，特别在意身前后世的评价。许多儒家名士自小就树立"立功、立德、立言"的三不朽之志，这似乎与驱除"好名之心"的教诲相互冲突。王阳明对此辩解说，"务实之心"与"好名之心"仍不相同。所谓"名与实对，务实之心重一分，则务名之心轻一分，全是务实之心，即全无务名之心；若务实之心如饥之求食，渴之求饮，安得更有工夫好名？"（《传习录》卷上）用"务实之名"取代"好名之心"，相当于用"务实"来定义"名节"，以防止单纯追求名利的弊端。

/
"新儒学"与西方思想的挑战

说到这里，如果要用一句话概括"新儒学"的"新"，最恰当的表述应该是宋明儒家真正实现了全域式的"泛道德化"。什么是"泛道德化"？简单地说，就是世界上所有事情的是非对错，都必须按照儒家制定的道德标准去衡量裁断。几乎每个新儒家都有一种执念，那就是自上而下，自国家到社会，从皇家心态到百姓生活，所有事物的方方面面都要全面实现道德化，力争做到处处无死角，人人有善心。为了达到这个目标，新儒家做出了超越前人的努力，取得了惊人的效果。

新儒家把原来神秘莫测的"天"降低成人人都可接触感悟的"理"，秦汉时期的"天"有点像"人格神"，有着与人相似的喜怒哀乐，高兴了就发布祥瑞吉兆，奖励人间君主；发怒了就呼风唤雨，降下灾祸，惩罚让自己不如意的人类。新儒家把"天"转化成了"理"和"道"，"理"和"道"没有喜怒无常的性格，貌似看不见摸不着，却是每个人具备的本性。新儒家通过寻找这种内在品质，替代了对"天"的关注，人们对"天"开始缺少了敬畏之心，"天"对人心的直接威慑程度也大大降低，神秘感就此消失。

"理"和"道"的重要性一旦有所提升，作为外在力量的"天"与人的直接联系，就被转化成了世俗交往的道德关系。人们原本敬天，后来开始敬祖先、敬父母、敬君主，这些都属于俗事。人与人之间伦理关系的维系，成为安身立命的基本条件。民间社会尽管一直保留着多神崇拜的习俗，普通百姓的选择态度却是完全功利的。有人为了求财求子，今天拜一回佛祖，只要不见显灵，明天就会毫不犹豫地转身去另拜其他的神。有人也许一时兴起，去胡乱拜一棵树或一块石头也未可知。民间宗教中的"多神崇拜"与"天"的人格神色彩，在上层垄断的祭祀体系中日益淡化，正好构成宋代思想转型中的逆反现象。宋代新儒家的思想实践为后世带来了深远的影响。

新儒家最喜欢讲"贯通"，特别鼓励把思想观念转化成实践行为，这是先秦与汉唐儒家都没有取得过的成就。新儒家经典文献《大学》从"正心"一直讲到"治国""平天下"，绝不是单指其中某一方面。先秦孔子偏于说"礼"，孟子侧重讲"仁"。与前人相比，新儒家不仅实现了"礼"和"仁"的贯通，而且把"礼"和"仁"的原则延伸到国家与社会的方方面面。从皇帝的内心到百姓的日常生活，统统都用"道德"管束起来，力求没有任何遗漏。

新儒家通过完善科举、建立书院、推广讲学和敬宗收族等手段完美实现了"泛道德化"目标。科举制建立起了一个士人上下循环的流动系统，最大限度地保证士人广泛参与道德建设，"士绅阶层"的出现就是科举制优化选择的结果。书院与私人讲学网络的建立，保证了官方教育体系之外的思想交流畅通无碍。新儒学从此扎根民间，充满活力。宗族庶民化让普通民众有机会通过祖先祭祀，学习领略儒家礼仪风范。自此之后，儒学的传承再也不可能被皇家或官方的机构所垄断。

"泛道德化"要求全社会都要遵崇儒家文化，鼓励把多元思想统一规划到儒家主导的制度框架中进行安排，其他都是异端邪说。新儒家清晰地表示，成为一个好人的标准是趋善去恶，但问题是，世间作恶之人与行善之人也许一样多，甚至作恶之人多于行善之人，怎么才能保证某个人一定会选择从善的人生呢？新儒家相信，经过不断教化，恶人终将变成善人。然而，如果新儒家的训练总能成功，又怎么解释丑恶仍源源不断地出现这个悖论现象呢？

古罗马思想家奥古斯丁曾经遇到过相似的难题：全知全能的上帝为什么会允许邪恶的存在？或者说为什么没有能力制止邪恶的发生？奥古斯丁经过思考后认为，上帝并非没有能力阻止恶，而是赋予人类自由选择的意志。在上帝目光的观照下，一个人可以遵循上帝的指令去做善事，也可能误入歧途，决定去做恶事，如撒谎、偷盗，甚至杀人，或者屈从肉体的欲望，违背上帝的教导。

奥古斯丁相信人类理性具有控制欲望的能力，却认为上帝不会有意操控人类的言行，故意让人选择善良，排斥邪恶。这样做虽然不会造成伤害，却让人类失去了理性选择的自由。上帝本可以把我们塑造成执行其旨意的牵线木偶，所有行动都由他直接管控起来，严格按照要求行动。既然上帝没有这么做，那么邪恶在这个世界上长久存在并不能直接归上帝负责，而是人类自由选择的结果。

与奥古斯丁相比，新儒家把人生抉择的权力交给"圣人"，只有"圣人"才能行使绝对道德和理性权威，普通人只有服从"圣人"教化这一条路，没有任何自由选择的余地。新儒家假设每个人都有成为"圣人"的潜质，却无法证明到底有多少人能够完全凭借信仰，规避邪恶力量的侵蚀，成为一个真正的善人。

新儒家还假设，任何人都有能力切断道德标准与世俗成功学的联系。成功学鼓励名利双收，新儒家却说这是"见利忘义"。有道德的人应该把"利"与"义"分开，努力"舍生取义"，排斥任何追求私人利益的行为，这显然违背大多数人的正常心理欲求。被逼无奈之下，许多人只好当面满嘴仁义道德，背后不择手段牟利自肥。也许有人问，西方的宗教不是也具有排他性吗？与新儒学的"泛道德化"程度相比，西方宗教往往是在与世俗价值分庭抗礼的状态下谋求生存和发展，基本无法全面支配社会，不像新儒学有能力像毛细血管一样渗透到王朝的任何一个角落。

"泛道德化"意味着整体性的政治、经济、社会文化都要绝对遵循新儒家的指导，这种服从不是小打小闹，不是局部调控，而是被上升到了"体"的高度进行认识。在一个相对封闭的传统空间中，这是能够做到的，新儒学也确实最大限度地垄断了思想资源。晚清以来，随着西方入侵的日益加剧，中国被纳入到了一个完全陌生的全球化环境中。无论是思想还是制度层面，儒家的"泛道德化"体系均遭到巨大挑战。面对儒家价值观呈断崖式下滑崩解的局面，晚清封疆大吏张之洞提出了一个"中体西用"的解决方案。他希望在保留中国传统文化本位的基础上借用西方技术，为挽救"泛道德化"颓势做出了最后的努力。张之洞把东西文化拆分成二元对立框架的思维被近代思想家严复讥讽为"牛体马用"，批评他把两个毫不相干的东西生硬拼贴在一起，只能造成更大混乱。

中国式"泛道德化"思维之所以在与西方的竞争中落于下风，正是因为西方宗教、哲学等传统文明每天都处在不断分化之中。经历科学观念的洗礼，西方高度发达的工业体系越来越趋向专门化。这与商业产品、劳动力和金融市场日益复杂化，分工越来越细密的现代化趋势相适应。现代化造成原本依赖传统价值观支持的身份标准开始丧失，血缘组织和人际关系濒于瓦解，原有的种族、文化和社会象征体系逐渐崩溃。辛亥革命以后，随着皇权的倒塌和基层宗族组织的解体，新儒学赖以推行"泛道德化"的基本制度依托遭受了致命打击。在现代教育体制的裁割改造之下，新儒学与西方思想类似，逐渐蜕变成现代哲学专业课程的讲授对象，从此与传统政治文化体系彻底脱钩，变成了"游魂"一般的存在。

现代文明的建立与西方思想的传播能力密不可分。秉持"泛道德化"原则的新儒学，虽然在中国文明发展的进程中显示出过强大的支配力，然而，在面对西方的冲击时，却无法延续以往的影响力，更别提具有"跨文化的控制力"。西方现代思想的诞生与现代化的传播能力相互对应。从17世纪到19世纪，现代化浪潮起源和形成于西欧北美，渐渐扩散到其他欧洲国家，并在19世纪末20世纪初传入南美、亚洲和非洲大陆。许多非西方国家从此被迫纳入西方现代殖民扩张的整体格局之中。如果现代思想没有从这些国家的传统内部成功转型，那么就不会有工业化、都市化、世俗化、政治的普遍参与和现代法制体系的建立。

近代以来，我国一批秉持文化保守主义的人，对新儒家难敌欧美传播力的现状痛心疾首，并力求有所回应。

最著名的例子当属20世纪50年代唐君毅、牟宗三、张君劢、徐复观四位先生在中国香港发布《为中国文化敬告世界人士宣言》。四位先生重申了中国文化价值对当代世界的启发意义，特别强调继承儒学"道统"的必要性，肯定其生命活力依然存在。四位先生传承续命中国文化的热忱令人肃然起敬，他们坚持中国文化具有宗教性，却无力解释宋代以后儒学思想中的原始宗教成分为什么越来越少，先秦对"天"的认识为什么在汉唐宋明以后发生了巨大变化；也无法解释在失去了皇权体系与宗族组织的依托后，新儒家为什么在上下层同时失去了"泛道德化"操作的现实平台；更没有能力回答，为什么西方的政教分立诞生出了现代政治与科学研究体系，引发了世界范围内无法抗拒的巨大变革，而中国的"泛道德化"思维却在西方冲击之下一触即溃，只能亦步亦趋地被迫走向全球现代化道路。他们提出的种种振兴儒学的理由，并没有超越传统思维路径，展示出的更像是一种坚韧的文化保守姿态。

第六章

中国佛教如何成了一种入世的智慧

日本作家芥川龙之介写过一篇名叫《少年》的小说，其中一个场景讲的是主人公想知道什么是"死"，他父亲回答说"死"的感觉就像踩死一只蚂蚁，少年对这个回答并不满意。有一天洗浴时，他看到父亲孤独离去的背影，只留下昏暗灯光里满屋弥漫的水蒸气，他才恍然悟到，所谓"死"，就是父亲的身影永远消失，看不见了。

这篇小说中的少年很像一个佛教徒，他好奇的是父亲身形的消失与死亡的关系。一般人对这个问题也许不感兴趣，因为"死亡"离现实生活实在太过遥远。但如果换成佛教徒，情况就不一样了，生与死的关系，特别是人死后会怎样，正是他们经常思考的主题。佛陀教导我们，人活一世，怎一个"苦"字了得，仿佛烙在流放犯人脑门上的伤疤，只有死后才能抹去。简单一句话，活着没什么意思，死了才得解脱。这与中国人的思维习惯格格不入，中国的圣人孔子早就说过，"未知生，焉知死"。活着的事情还没搞明白，哪有工夫去想"死"后是什么样子。人活一世，就得为家人、百姓或君王着想，为他们多做些事情。活着尽义务不全是忍受痛苦，肯定还有快乐。从孔子的态度可知，佛教最初在国人眼里纯粹是异端学说，是蛊惑人心的妖言。受过孔子教育的文人都知道，生命诚可贵，到了关键时刻必须舍生忘死，豁出性命去杀身取义。这与佛教不问红尘世事，只愿个体超脱的信念背道而驰，双方一度都找不到可以相互接受的协调点。最早跑来中土传道的佛教徒，大多遭遇过水土不服的尴尬境遇。

幸运的是，佛教传入中国后，经过不算太长的适应阶段，到魏晋时期突然兴旺发达起来，魏晋文人士子喜欢热热闹闹地谈玄论道，喝酒嗑药。有财力的帝王公子酷爱拿着贵金属炼丹补气，图的是羽化登仙，长生不老。生命是否对他人有意义并不重要，自己活得舒服，尽量把寿命延长到极限才是王道。

佛教徒一眼看穿了道家比儒家怕死，趁机钻个空子"借壳上市"。他们言必称老庄，频繁与玄学名士诗酒唱酬，绝口不谈死后极乐世界怎样，专聊当下如何活出自在潇洒的模样。佛教同时迎合儒家品味，大谈人人身上自带佛性，述说佛理与"人之初，性本善"的道理相缘相近，成佛与求善的目的难分彼此。佛教在中国的一次关键变脸，就是把原始教义中的"来世果报观"和生死轮回意识彻底转换成了"现世现报观"。到了唐代以后，至少表面看上去，禅宗宣示的顿悟成佛之法与儒家"心即理"的宗旨之间，几乎看不出有什么根本区别。这就是本章重点要讲的故事。

1
人为什么总会感到痛"苦"

佛教第一大假设是众生皆苦,人生下来就泡在"苦"海里,一直到死都在漂浮游荡,无法上岸,这与儒家对人性的理解大相径庭。儒家发掘人心中的善根,目的就是人活一世,自在快乐。儒家大师告诉我们,这个世界是由自我、家庭、国家、天下构成的,一个人只要学会在这个重重叠叠的人际网络中游刃有余地生活,就会觉得踏实。佛教宗师们却说,一个人为什么总是感到痛苦,是因为这个世界是"空"的。一切事情都是因缘聚合而生的,没有"实相",只有"虚幻"。既然接触到的环境都是"空"的,人活在其中自然不可能有什么目的,只会感到苦不堪言,所以这辈子根本不值得过,今生行善积德是为了积攒福报,下辈子过得更好,而终极的解脱是涅槃,超脱轮回。

在佛教徒眼中,这个世界一切诱人心智的斑斓色彩,包括那些欲望、美食、事业、爱情等,统统都是带来苦恼的幻象,这与普通人的生活经验完全相反。一般人觉得,人生有苦有甜,忧愁常与喜悦相伴,不必尽是苦难,学会寻找快乐,克服烦恼,生活才有希望。佛教好讲"因缘",一切事物皆有起因,只有与一定的"缘"结合才算完满。"缘"的发生不可预测,纯属偶然,谁也不能保证每个人的生活状态长久维持不变。儒家相信，在远古圣贤思想的指导下，人生才会变得有意义。日子过得好坏，取决于是否严格遵循先贤制定的礼仪原则，越守规矩，得到的回报越多。比如一个人要想"不朽"，就要看他是否符合儒家立功、立德、立言的标准，后人会据此评鉴这个人取得成就的高低程度，赋予相应的历史地位。

与儒家不同，佛教徒认为，一个人与过去发生联系，不是依靠道德圣人的教导，而是全凭前世积累的"业"是善是恶。"业"有支配个人现实命运的能力，叫作"业力"。因为所有现世生活的"苦"，都是前世的"业力"造成的，"业力"影响到一个人在未来的地位。通过刻苦修炼，消除"业力"中的恶果，是每个佛教徒的终身志业，一切努力都是为最终获得解脱做准备。尽管从理论上说，人人都有"佛性"，都可能成为佛陀，然而，每个人在活着的时候是看不到这个结果的，只有靠不断刻苦磨炼身心，才能逐步积累在未来获得良好回报的机会，是升上天堂还是堕入地狱，纯靠个人消除"业力"的修行。

印度佛教的核心思想叫"四圣谛"，第一个就是"苦谛"。可见，如何描述"苦"，如何理解"苦"，是整个佛教思想核心中的核心。"苦"的范围和程度不限于某人某事，更不是个人一星半点的临时感受，而是像大海一样漫无边际，人们常说"苦海无边"就是这个意思。

"苦谛"讲众生苦难可谓是五花八门，有二苦、八苦，甚至一百一十种等无量诸苦。这些"苦"渗透进人类生活的方方面面，真是道不尽说不完。"二苦"指的是内外之苦，"内苦"是身体病痛引发的自我挫败感，"外苦"是外界压迫引起的灾难，扩散开来就是"八苦"。进一步细分，还有由富转贫带来的烦恼，以及生老病死之忧。这"八苦"分别是生苦、老苦、病苦、死苦、怨憎会苦、爱别离苦、求不得苦、五取蕴苦，简直漫天遍地都是苦，苦得不能再苦。仿佛所有糟心烦怨之事，该想到的，佛教都为你想到了。

佛教把所有"苦"的来源概括为"五取蕴"，"蕴"是聚积的意思。人类的身心活动由五类要素构成，"色"指人的肉体，"受"说的是苦、乐、喜、忧等情绪，"想"是思考，"行"是意志，"识"是在前几种要素聚合以后形成的意识。一个人一门心思想要获得"五蕴"，就形成了某种贪欲。

有些"苦"属于道德伦理范围，或者说是儒家不愿意看到或无法解决的问题。佛教把人的情感欲望切割划分得特别细致，呈现出很多微妙层次。人自出生之日起到衰老病死，都活在"苦"中，比如"八苦"中的"爱别离苦"。儒家最重视"家"人的团聚，本来父子、夫妇、兄弟、朋友相处融洽无间，却突然面临生离死别，这就是"爱别离苦"。又如"求不得苦"，人们经常不择手段去追求各种欲望，却无法全部得到满足，这也是一种痛苦。儒家经常把人的欲望看作实现道德理想的障碍，许多议论围绕怎样克服人欲展开，却不像佛教那样极端，把所有正常愿望都当作人生苦难的根源。

从"十二因缘说"到"轮回说"

佛教认为,"苦"的产生源自世事无常,一个人根本无法凭借自己的力量去掌握未来命运,任何事情的发生纯粹是出于偶然,人的欲望和痛苦被"十二因缘"所控制。前面说到"四谛"中的"苦谛"是第一谛,之后就是"集谛"。"集谛"的意思是说,这个世界由因缘集合而成,各种变化也是因缘流转造成的。"苦"分多种,遇到不同条件,产生相异结果,探求"苦"的根源就是"集谛"的任务。既然这个世界全部由流动不居的因缘构成,处于因果关系链的往复循环之中,那么每个人所经历的一切痛苦都是自身造因,自己受果,怨不得别人,周围人无法施予拯救,哪怕是圣人也照样无能为力。按照儒家教条的指示,去履行道德义务,借此克服欲望的努力必定归于失败。因为每个人种的"因"不一样,无法统一生长出一个共同的"果"。

"十二因缘"是"集谛"的表现。最简单来说,这"十二因缘"分别是:无明、行、识、名色、六入处、触、受、爱、取、有、生、老死。"无明"是指蒙昧无知的一种精神状态。人们觉得这个世界变幻无常,希望通过恒常的自我去认识。其实"人"不过是没有"自体"的动物,才产生世俗的意识活动,这就是"行"。由"行"缘引出眼、耳、鼻、舌、身、意这六种感官意识,这只是胎儿诞生时具有的能力，还不到社会化阶段。这些感官意识下一步与周边世界发生联系，就到了"触"觉这一层，一个人开始领受外界影响，生发出爱的情感和索取物质的欲望。这些世俗感情和言行统括起来叫"有"，即因占有欲产生的善恶之"业"。"生"不是指在世的生命，而是由"业"产生的来世"果报"，从"生"转为老死寂灭是最后的终结阶段。

人从诞生那天起，一直持续不断地接触世界，才产生与人交往的感情。人类感受各类物质和精神欲望的过程，都是因缘交互作用而成，无不是自找苦难的例证，毫无快乐可言。所有对世界的认识即"识"，起自蒙昧的"无明"。认识不是智慧聪颖的表现，反而是"无明"造成的后果。由此产生了"有"，即各种根筑在内心的形形色色的愿望。

"十二因缘"把人生分成三个阶段，即前世、今世和来世。"无明"与"行"这两个因缘属于"前世"造的"业"，是现有世界构成的原因。从"识"到"有"这八个因缘是"现世"，最后"生"和"老死"属于"来世"，在此之前的八个因缘是它的"因"。"十二因缘"的三个阶段包含着两重因果关系，第一重关系是指人由前世之"业"驱动，产生了对现实的贪欲，这才有了"触""爱""受""取"等种种感受，这些感受又构成"生"和"老死"的"业"需要克服。这个"生"不是"无明"阶段的"生"，而是由十二因缘中间的八个因缘孕育而来，所以是一种"再生"。有学者论证，大乘佛教修正成两世一重因果，"十二因缘"的前十个因缘是过去之因,后两个是现世之果(方立天:《佛教哲学》第四章《原始佛教的基本理论》,中国人民大学出版社,1986年)。

要讲清楚佛教思想,首先必须跳脱出儒家对世俗现象的理解。佛教分人生为前世、今世和来世三个阶段,这与儒家只重"现世"的功利倾向完全不同,儒家只关心古人的教导如何规范人们的言行,很少把注意力放在未来世界。儒家今文经学也讲"三世说",却基本围绕"现世"说理,没有在将来实现"再生"的意图。

与"十二因缘说"相配合的是释迦牟尼的"业报轮回说",这个学说假设人的生死犹如一种周期性运动,就像车轮旋转一样,构成一个封闭的圆环。圆环往复周转的动因来自"业"力的支配。民间骂一个人常说这是"造业"。"业"是一个人从身体到心口做出的一系列举动,是无知的表现,对应的是"无明"和"行"。或者说,"无明"和"行"作为"十二因缘"中的最初两个因缘,来自不同"业力",得到的报应也有区别。一个人的来世将在相应境界里扮演角色,比如分别被安排在地狱、鬼、畜生、阿修罗、人和天中反复轮回周转,称为"六道"。在往复循环的封闭空间里,说不定哪天人就变成了畜生,或者转世成了鬼怪,不可能永远保持生命的常态。"人"根据其作恶和行善的程度,决定在"六道"中的位置,反反复复沉降流转,永无止期。只有信奉佛教才能超越轮回限制,解脱生死羁绊。

佛教最让人难以理解的地方在于，一个人无论主动做出什么样的选择，似乎都和自身努力无关。因为"人"即是"空"，没有主体，既然什么都没有，那么到底谁在做事，做了什么，谁也说不清楚，也没有什么意义。"人"之所以活着，不过是某种偶然因缘恰巧赋予了生命，生命在生死轮回的时间长河中犹如短暂一瞬，无法维持久远。唯一的办法是经过刻苦修炼，争取在未来世界找到一个良好归宿。

这与基督教和儒家的人生观均有不同，基督教宣扬人必须依靠上帝的力量方得拯救，否则无法把握生命的走向。儒家主张遵循先贤教导，完善道德修养，就能稳定获得"善"的自我主体。佛教偏偏把"人"的生命当作偶然发生的幻象，在现实生活中，无论是善是恶，都无法自己选择，而是前世种下的因早已做出了决定。现世的人受前世"业力"支配，只有通过刻苦修法才能消解恶的"业力"，在未来获得解脱。

如果真是这样，那么一个人想要仿效儒家式道德英雄到处建功立业，也许恰恰是在制造"业力"。不妨反过来设想一下，一个儒家弟子如果转信佛教，就必须熄灭所有想要成功的愿望，因为他可能什么也做不了，做了也是白做，从此心如死灰，再也不想操心"这个世界会好吗？"这类世俗问题，这岂不是让那些充满伦理责任感的人彻底绝望？以后谁还有动力和信心去改变令人无法满意的社会现状？

为了弥补这个逻辑漏洞,"十二因缘说"把三世打成两截,其中属于"现世"的八个因缘是为"来世"的两个因缘做准备的。这就迫使活在世上的人们时刻努力表现,尽量不做恶事,更多消除前世"业力"的影响。积攒的善事越多,来世获得涅槃的机会才越大。原始佛教不是一个为现实服务的宗教体系,即使断灭此世的愿望,目的还是在来世完善自我,达到涅槃之境,这就是"四谛"中"灭谛"的真实含义。人生苦难的最终解脱,如一团火熄灭,贪欲被彻底清除,痛苦也就随之消失,一切现实幻象都归于寂灭无闻,这种状态叫涅槃或圆寂。一般人最关心的,还是涅槃世界与现实世界之间到底存不存在一条无法逾越的鸿沟,如果只要修炼到一定程度,就有希望跨越彼此界限,那么所有人都具备这个资格吗?言论举止偏于实用的中国人迫切需要一个满意的答案。

为了应对中国民众的期待,打消他们的信仰顾虑,佛教大乘学派的龙树对"现世"与"未来"的关系重新做出了解释。他说,人世间与涅槃境应混成一片,没必要划出严格界限。只有确认现实与彼岸之间不存在不可逾越的鸿沟,才能给现世活着的人以希望。魏晋时期的竺道生更是解释众生皆可涅槃。印度《大般涅槃经》注重划分信教群体的等级,比如认为"一阐提"就永远无法修成正果。"一阐提"指的是那些没什么善根,整天沉溺欲望,不相信佛陀拯救,反而毁谤佛教教义之人。但是竺道生坚持认为"一阐提"也是众生一员,没有理由把这部分人排除在外，这意味着到魏晋以后，印度佛教与中国思想在某些方面开始越来越接近了。

/
摆脱"苦"的办法：戒、定、慧

"四圣谛"的最后一项是"道谛"，顾名思义，就是抵达未来的解脱方法和道路。原始佛教讲"成佛"途径有"八正道"的说法，指的是八个正确的修炼方式，包括正见、正思维、正语、正业、正命、正精进、正念、正定，全部以"正"字打头，涉及语言表达、思考方式与身体姿态。更具体的方法是，一个合格的佛教信徒必须具备戒、定、慧三学。

从字面上看，"戒"是戒律的意思，有"五戒""八戒"之说，佛教讲"持戒"，就是遵守一些特别规条，比如不杀生、不妄语、不饮酒、不偷盗、不淫邪，更过分的还有什么不娱乐，不打扮，不睡大床，正午后不吃午饭等一些限制。"定"是指"禅定"，目的是锻炼心神专一，运用意念超越当下处境，顿悟成佛。具体办法是打坐摄神，克服邪妄的想法，消除世间烦恼。禅定方法相当多样，从调整呼吸次数到冥想佛像庄严，坚持到最后，仿佛佛祖真的站在了自己面前。

佛教阐释者深深意识到，大多数人浑身沾满烟火气，经常沉溺于家长里短的生活困境，自然心神不稳，难以入定。原始佛教要求在山林荒寺里寻找修禅场所，就是为了远离富贵繁华的诱惑。"出家人"的称号即来源于此。只有走出家门，进入旷野偏僻之地，才能逃脱尘世的喧嚣，求得内心的宁静。

在静谧山林中研习禅法的做派，甚至影响到了唐代士林风气。严耕望先生写过一篇《唐人习业山林寺院之风尚》，文中称汉代中央太学规模宏大，动辄数千上万人，私学既没地位也缺场所，无法向外扩张发展。汉末动乱，士子流落四方，太学形同虚设。南朝佛教兴起，一流学者大多出身僧徒，他们兼通经史学问，一些有经济实力的人开始问学山野寺庙之中。虽然士子求学的终极目标仍是入仕当官，与"出家人"彻底归隐毕竟不同，但佛教徒依托山林僻野修行的做法，的确影响了士林讲学风格。只有脱离尘世羁绊，"禅定"效果才能更好，否则天天面对俗世家务，心绪易趋散乱。（严耕望：《唐人习业山林寺院之风尚》，《唐史研究丛稿》，新亚研究所，1969年）

"禅定"在中国的发展后来出现变异，中国化佛教越来越不主张遁迹山野，更多寄望在尘界即得解脱。"禅定"与自然环境并不发生绝对的依存关系，这是对印度原始佛教的根本改造。原始佛教要求必须经过严格持戒和静默修为，才能达到"慧"的境界，即断除妄念，启悟智慧，解脱烦恼，进入涅槃境界。

发明了"戒、定、慧"三学还不够，作为补充，佛教还推广"三法印"学说，即"诸行无常""诸法无我""涅槃寂静"。倡导

"无常"和"无我"，完全悖离了中国传统思维习惯。因为儒家反复阐说建立人间秩序的重要性，鼓励以自我为起点播衍开去。其基本步骤是，首先建立家庭秩序，再推及国家天下，培养建功立业的进取人生观，强调的是"有常"。如果像佛教那样推崇"无常"，就等于违背先贤教导，恰恰是对儒家传统道德伦理的背叛，将导致社会混乱无序。儒家要求每个人都要树立明确的自我意识，如果相信佛教的"无我"，就相当于失去对"自我"的约束，丧失了社会责任心，丢弃了尊崇先贤圣人思想的基本根据。

/
"现世现报"还是"来世果报"

中国古人讲祸福皆由命定，这个"命"是上天给予的，人一生下来就被某种神秘力量形塑制约，这股力量称作"天命"。中国人遇到悲喜之事无法解释，常常习惯说这是命中注定，身不由己。但无论如何，每个人的"命定"都只在现实生活中发生。一般情况下，只要人还活着，就有亲自感受命运安排的机会，不须等到死后再去经历。

佛教觉悟的目标设定在将来而不是现世，过去与现在的所有言行都是为未来的涅槃解脱积累条件。人类的日常表现被嵌入因果循环的周期运转之中，周转效果的成败取决于人的现实表现，与上天意志没什么关系。过去是现世的"因"，现世是过去的"果"，"现世"变成了"过去"与"未来"的中介和桥梁，无形中等于拉长了生命运行的周期。

生命周期一旦延长，人们在采取行动时，就不能只考虑眼前的利益得失，还要顾及死后有可能遭遇好与坏两种境况。一个人在选择为善还是作恶时，也许当时感觉不到会遭什么报应，却必须在未来承担所有相应后果。人们在现实生活中需要时时检点言行，就像头顶上冥冥之中晃动着一把利剑，可能随时会劈将下来，这个思路部分解决了儒家面对的伦理难题。

儒家一味鼓吹人们向善去恶，却无法解释为什么好人往往不得好报，恶人常常得势，为富不仁者为什么比穷人过得滋润这类不公平现象。佛教徒给出的答案是，好人受苦是因为前世造了"恶业"，即我们常说的口头禅"造孽"，才在现世遭了报应，不得不靠受苦受难去洗脱罪孽。恶人得势也许恰恰是偶然遇到某种机缘，别看他一时得意，在现世造孽越多，在来世遭到的惩罚就越大。无论是好人还是坏人，都在现实中受苦，只要每个人兢兢业业地修禅悟道，在未来都会获得一个好的归宿，这就是众生平等的含义，没有任何生命可以例外。

佛教的"来世果报说"为甄别善恶立下了一道警示闸门。在此之前，人们选择行善还是作恶全凭个人自觉。纯粹从功利角度观察，作恶比行善的成本低，做好事的前提是严于律己，这对大多数人而言是个沉重负担。两相比较，他们宁可选择作恶。但增加"果报"这个闸门之后,一个人做坏事开始受到来世报应的震慑,行动之前至少需要思量权衡一番,才会谨慎做出决定。这说明,当人们做出人生选择时,"果报说"多少还是起到了制约的作用。

"果报说"对中国思想界的冲击一直延续到近代,近人梁启超在写给几个子女的一封信中就谈到"业"的报应作用。写这封信的缘由是梁启超之子梁思成曾给姐姐思顺写信,表达内心的焦虑,感觉着自己做错多少事,便受多少惩罚,"非受完了不会转过来"。梁启超就用"业"与"报"的关系对梁思成的心理作了一番解释,他说:"凡自己造过的'业',无论为善为恶,自己总要受'报',一斤报一斤,一两报一两,丝毫不能躲闪,而且善和恶是不准抵消的。"并说"这是宇宙间唯一真理"。(丁文江、赵丰田编:《梁启超年谱长编》,上海人民出版社,1983年)梁启超按"斤""两"衡量"业"与"报"的关系,没有明确说明这个"业"报是发生在现世还是将来,但从语气上推测,善恶既然需要计算成本效益,那么还是比较偏向现实的考量。一般老百姓对"业""报"关系的认识,应该与梁启超相差不远,比较接近现世现报。人们普遍认为,无论是积善得福,还是作恶遭殃,这辈子必须亲眼看见。如果今生看不到结果,老百姓是不会轻易相信的,他们等不及来世回报的降临。

无论是讲因果报应,还是对人生表现进行道德评判,佛教不杀生、不淫邪、不喝酒等戒律，与儒家伦理的确有不少重合相通的地方，这些交集之处成为士大夫阶层接受佛教的基本认知条件。两者的区别仅在于，儒家坚持不能仅仅考虑自身利益，还要为家庭、为社会和国家做出贡献，人生在世为的是让所有民众都过得满意，个人为此必须履行群体责任。

佛教教义则倡导为了脱离尘世苦海，必须不断磨炼个人意志，目的和手段虽然与儒家不尽相同，但是双方却在刻意相互模仿，寻找契合点。"因果报应说"虽然把每个人的命运寄托在未来，却对现实世界发生的丑恶现象仍有警示作用，对国家与社会治理也有辅助功效。不妨想象一下，如果一个地方官不相信作恶会遭报应，他可能会肆无忌惮地为非作歹，贪污受贿，欺压百姓。如果他相信所有恶行都将遭到惩罚，又无法预测报应什么时候降临到头上，贪官污吏们也许会相对有所收敛。正如俗话所说，"善有善报，恶有恶报，不是不报，时候未到"。

比较而言，对于中国人来说，"现世现报"比"来世果报"付出的时间成本要低得多。佛教要想在中国立足，就必须尽量避免陷入烦琐艰深的佛典经书之中，过度耗费阅读精力；也要避免修法时间过于漫长，打击研习者完成学业的自信心。儒学与佛教均隶属精英教育体系，都特别重视经典研习和解释。原始佛教教义更加晦涩难懂，一个传统僧人不但要学习大量古奥艰深的典籍，还要严格遵守各种复杂戒律。他们远离家人，主动疏离熟悉的亲情网络圈子,这使得那些习惯在家国伦理规训之下讨生活的人,很难痛下决心出家修道。为适应中国人的传统生活习惯,佛教自传入之日起,即持续不断简化修炼程序,从避居山林,穷究佛典,到不立文字,顿悟成佛。一切修法规则的转变,都是对儒家现世伦理秩序的回应与妥协。最终被中国化了的佛教,逐步放弃了"来世果报"和"生命轮回"思想,与印度原始佛教教义彻底拉开了距离。

/
佛教的"隐身术":格义

前面说过,佛教与儒家的人生观存在巨大冲突,儒家只关心俗世中的人生如何过得舒适精彩。佛教却说人类终身陷于苦海之中,现实经历完全没有意义,更关心死后过得怎样。双方生活态度的巨大反差,使得原始佛教一度被当作野蛮人的学问遭到指责攻击,不得不借助各种变通办法,以克服水土不服带来的信仰危机。

佛教初入中国曾发起过几次大规模的译经运动,最著名的当属玄奘法师不辞辛劳远赴印度取经的壮举。玄奘在翻译印度佛教经典的过程中,已经开始着手对原始教义进行改造。他大量吸收大乘佛教众生皆佛的思想,疏远摒弃了小乘佛教只注重个人解脱的教义,给身处不同等级的民众进入涅槃之境带来了希望。经过玄奘法师和中国僧人的不断改造，原始佛教的世俗化色彩变得越来越浓厚。

这一时期的佛典翻译运动，尽管仍然类似汉代上层的经院儒学，大量经书的表述语句诘屈聱牙，不知所云，只有小圈子里的人才能理解。然而令人惊诧的是，佛教自汉代传入中国以后，居然引起了一些皇帝和贵族的喜好和追捧，到魏晋南北朝时期，更是博得玄学清流文人的青睐，这又如何解释呢？

我们不妨从佛教本身的特质推究个中原因。阿根廷作家博尔赫斯写过一篇名叫《佛教》的短文，其中谈到佛教具有其他宗教不具备的包容性："佛教不像天主教、伊斯兰教那样依靠铁与火的力量强行推广教义，一个佛教徒可能是路德宗、循道宗教徒，可以是长老宗、加尔文宗教徒，可以是神道、道教、天主教徒，或者伊斯兰、犹太教徒。反过来看，一个基督徒或犹太教徒、穆斯林却决不允许成为佛教徒。"（豪尔赫·路易斯·博尔赫斯：《七夜·佛教》，上海译文出版社，2015年）这个包容性使得佛教在中国立足遇到了较小阻力。

与之相比，天主教进入中国时拒不允许民众崇拜祖先，罗马教廷还为此颁布了严厉禁令，最终导致中西冲突无法调和，引发了"礼仪之争"。康熙皇帝宣布禁止天主教在华传播，并驱逐了全部传教士。佛教不讲偶像崇拜，不承认佛陀是人格神，佛教徒眼中的佛祖就是解脱路上的导师。基督教要求信众必须相信上帝"三位一体"，基督为了拯救世界化身为人，被残忍钉上了十字架。佛教虽然诱使百姓出家做和尚，但并不明确禁止民众崇拜祖先。这就拉近了僧侣与百姓之间的距离。

说到佛教的本性，有一个著名的佛陀拔箭故事。故事讲的是某人被一根利箭射中，生命垂危，还总是询问这支箭是用什么材料做成的，射手身份是谁。佛陀说，正确的办法应该是用最快速度把箭拔出来，以便保住性命，而不是磨磨唧唧地纠缠与拯救生命无关紧要的枝节问题。这个故事表明，当佛教进入一个陌生世界时，并不关心与当地思想产生分歧的根源到底是什么，而是更加在意如何使更多陌生人顺利接受教义。

佛教进入中国前后的基本情形是，汉朝皇帝大多特别相信神仙道术，他们对艰深的教理并不真感兴趣，当看到佛教开始在内地传播，只是隐约感到，佛教大谈因果轮回，与当时流行的成仙方术多少有点相似，双方都关心如何延长寿命。燕齐方士刻意营造俗世皇帝长生不老的幻觉，佛教则承诺一个人死后有可能进入极乐世界享福，只不过仙丹方术许诺皇帝活着就能长生不老，佛教则把永生的希望寄托给了不可预知的未来。

大家都知道，魏晋士人放浪形骸，纵情玄理，好谈老庄，他们崇尚以"无"为本，沉溺虚幻之境。佛教经书《般若经》也谈"本无"，把"真如"看作根本，万物俗事都是末流。佛学倡议返本归真，蔑视儒家人伦道德。佛、道都讲"归心"，讲"贵无贱有"。更进一步说，佛家讲"空寂"，道家讲"无为"；佛家讲生死流转，道家讲"元气"不灭，人生态度相对接近，

第六章　中国佛教如何成了一种入世的智慧　　　351

双方有融合交集之处。为了与佛教争夺理论发明权，魏晋时期流行着一个老子化胡的故事，戏说老子过西域去了天竺国，收佛陀当学生。老子门下共有二十九位浮屠子弟云云。

道理虽然如此，佛教从外观上看毕竟是西来的学问，浑身散发着非我族类的神秘气息，自知要想得到认可，必须改头换面重新包装一番。佛教通过"格义"的手段隐身起来，逐步淡化了异端色彩。什么叫"格义"呢？"格"，就是"量"的意思，"格义"就是引用中国思想中固有的一些道理，与佛理相互参照比附，寻找双方共同点，让人无法意识到佛教是蛮夷发明的舶来品，至少貌似中国文化内部生出的一个"变种"。

经过一番改头换面，人们大致能够借助中国经验理解佛学本义。为了成功做到这一点，首先必须隐藏佛教教义与中国思想的不和谐之处，更多突出彼此接近的部分。陈寅恪先生准确洞察到了这一用心，他说中国人"既喜其义理之高见详尽，足以救中国之缺失，而又忧其用夷变夏也"，一些孔孟信徒不得已"采佛理之精粹以之注解四书五经，名为阐明古学，实则吸取异教。声言尊孔辟佛，实则佛之义理，已浸渍濡染，与儒教之传宗，合而为一"（吴学昭：《吴宓与陈寅恪》，清华大学出版社，1992年）。

陈先生觉察到，一方面"儒门淡薄，收拾不住"，遭遇佛教挑战后出现了生存危机；另一方面，汉代佛理常常隐身方术之中，追求精灵不灭与神仙不死之人往往惺惺相惜。佛教讲生命无常,如修炼得法就能脱离苦海,人未解脱之前就是个"鬼",解脱后才升格成"神","神"得永生与"鬼"坠苦海,中间都得经过苦修这道关口,目标都是寻求不死之道。一个追求现世不死,另一个寻求来世永生。方士通过祭祀,希望被鬼神接引到极乐世界。有些懂图谶之术的佛教徒栖身在方术的保护伞下,混迹成好生恶杀、省欲去奢的道德圣人;有的在庙里同时祭祀黄老和佛陀,道观中的佛祖摇身一变,成了道家偶像的陪祀。佛、道相得益彰,相安无事,视觉上一点不觉得违和。魏晋不少僧人沾染上了清谈习气,喜欢结交名士朋友,说起话来越来越像玄学骚客,鼓吹佛教就是无为无不为之教;有些僧人还嗜酒如命,酒量能达五六升之多,甚至为此锒铛入狱。

　　佛家隐身玄学方术之中,道家也不知不觉开始效仿。东汉道教经典《太平经》相信人死后会变成妖怪伤人性命,不过妖怪一定会遭报应。因为上天早已准备好一份花名册,妖怪的名字一律记录在案。若想不死,端看他在世间如何行善,表现好或可在天上谋得个神吏的差事,表现差就被赶往黄泉受苦。可见,《太平经》虽然没有生死轮回的观念,却有近似果报的觉悟。生活中无论做善行恶,以后就得承担相应责任,祖先做出的人生选择,同样会支配后代子孙的命运。

　　再看《易经》,其中也讲"积善之家,必有余庆;积不善之家,必有余殃"。佛家说,人这一辈子一直嵌套在因果关系链里，无限循环下去，永无休止。这番道理经过改头换面在儒家经典里时隐时现，看上去相当令人熟悉。《太平经》与《易经》讨论的范围，虽然只涉及个人与家庭周边的事务，却同样带有现世行善作恶，事后必有报应的思想。

说到"格义"，佛教与道家的互动并不都是表面上的戏仿，佛教的中国化实实在在地受到了道家影响。一个重要证据是竺道生发明了"顿悟说"，主张尽量简化修炼的中间层次，刹那间觉悟佛理，即成正果。这个想法受到《庄子》"得鱼忘荃""得意忘言"方法的启发。

《庄子》中这句话的大意是说，抓住鱼不妨把捕鱼的工具给忘掉，懂得字词背后的真义，就要果断舍弃语言这个表达手段。换成佛教的说法就叫"得意忘象"，因为宇宙实相是不可析分的"真如"，根本没办法捕捉到它的形象，正如"道"和"理"不可拆分一样。悟到这一层后，竺道生一改佛教旧法，不再依靠外在修炼手段，而是尝试从整体把握佛的存在，宣称只凭内心感知，就能瞬间"顿悟"。

佛家攀附道教阐释佛理，一直到唐代还时有发生。唐朝很多帝王信奉佛教，唐顺宗有一次曾向佛光如满禅师发问："佛从何方来？灭向何方去？既言常住世，佛今在何处？"禅师动用道家"无为"之义作答云："佛从无为来，灭向无为去。法身等虚空，常住无心处。有念归无念，有住归无住。"后面这句仍以"无为"观起头论证，紧接着说："佛体本无为，迷情妄分别。法身等虚空，未曾有生灭。"（《五灯会元》卷第三）头一句还是围绕"无为"概念作解。

下面再举一个佛教试图调和儒家思想的例子，东晋慧远和尚写过一篇《沙门不敬王者论》。他写这篇文章的最初用意是想让东晋皇帝相信，佛教的传播不会对王权构成任何威胁，反而能协助王者，教化百姓。慧远把佛教徒分成"在家"和"出家"两种类型。在家修法的佛教徒自然都是些"顺化之民，情未变俗，迹同方内"，简直和受过儒家教育的普通人没什么两样。他们都有"天属之爱，奉主之礼，礼敬有本"的品质，信佛之人冥冥之中更是受到天堂地狱报应的约束，不敢轻易为非作歹。

慧远特别提示说，在家教徒"先奉亲而敬君，变俗投簪者，必待命而顺动，若君亲有疑则退求其志，以俟同悟。斯乃佛教之所以重资生，助王化于治道者也"。信佛之人首先要做到侍奉亲人，尊敬君王，即便脱俗出家，也必须征得君亲同意，如果家人反对，就要暂时隐藏自己的想法，低调行事，慢慢等待他们回心转意。出家之人虽舍弃家庭，不跪帝王，变换服装，隐居山林，但目的仍是拯救凡人苦难，有助世间的道德教化。

为了弥合佛教与儒学的分界，慧远做出以下表白："常以为道法之与名教，如来之与尧孔，发致虽殊，潜相影响，出处诚异，终期则同。"佛法与名教的出发点虽有差异，终极目标却高度一致，区别仅在于佛祖能变现为转轮圣帝、精灵仙人、王卿宰相、国师道士。每个人身处什么位置，取决于禀受的命运气象。有人期待死后终得涅槃，有人希望现世功成名就。

慧远还倾力论证佛教与道家会通交融的一面，他引用《庄子·大宗师》中的话："夫大块载我以形，劳我以生，佚我以老，息我以死。"慧远说，你看庄子都认为生活劳苦不堪，只有死后才能真正安逸。下面一句话说："又以生为人羁，死为反真。此所谓知生为大患，以无生为反本者也。"活在世上就像被捆上了枷锁，只有死亡才返回真实本性，活着是人生大患，蔑视生命才能正本归源。这是用轮回说比附道家思想的一个例子。

有人质疑慧远，僧人修道的目的是为将来超越世俗生活积累功德，却看不出对现实社会有什么具体帮助，来世果报如果无法立刻应验，就显得过于虚无缥缈。当王公们奉上供养，百姓屈膝跪拜，面对此情此景，僧人们在坐享他人恩德之时，却背弃了当初承诺，是否有尸位素餐的嫌疑呢？慧远并未正面回答这个质疑，只是说修道之人潜心觉悟，不问酬劳，不期供养，只求一心一意止息妄念。这个回答虽然未必真有多少说服力，却令人清晰感觉到慧远融通佛、道、儒三家思想的努力。

/ 佛教与儒家都谈"心",到底有什么不一样

前面说到,佛教初入中国之所以被接受,关键在于采取了"格义"隐身策略,把原始教义变相掩藏了起来。佛教"格义"最有效的办法是投帝王与士人之所好,他们喜欢什么就跟着谈什么。比如,儒家好讲善恶是非,一个人有本事抑制内心欲望,就可升格为善人。佛教也担忧内心被各种荒诞的念头污染,进而产生烦恼,力主通过自我修炼加以清除,同样在从善去恶的道理上大做文章。

佛教与儒家都好谈"心",儒家对"心"的认识,深深扎根在日常道德生活之中。遇到受过儒家教育的人,如果你请教什么是"善",什么是"恶",他会举出许多具体例子直接给出答案。比如是否孝顺父母,是否尊敬师长,是否忠君爱民,等等,各项道德指标规定得十分明确。佛教对烦恼与解脱的定义比较模糊,烦恼泛指生活中的一切欲望,实现终极解脱的时间也被放在了未来。为了避免在伦理道德问题上与儒家发生正面交锋,佛教采取了另一种迂回策略,那就是在"心"的觉悟上极力寻求简捷明快的体验。

佛教有一个基本理论称作"五蕴","五蕴"的构成正是"心"与周边世界互动的结果。"五蕴"除"色"是指物质和肉体外,其余"四蕴"即受、想、行和识都属于"心性"范畴。佛教讲

"心",不是单指个人实有的那颗"心"或现代意义上的"自我",这是与儒家对"心"的认识相当不同的地方。

儒家高扬人的主体价值,号召要培养出浑身充满"浩然之气"的道德英雄,突出表彰个人对国家与社会的责任与贡献。佛家谈"心"是为了解除现世烦恼,超越生死轮回,躲避人世间的所有束缚,生活的目的恰恰与儒家相反。在佛家的眼中,一切世俗事务都是因缘偶聚的产物,避之唯恐不及,更别说积极投身其中,变成终生奉献的事业。

佛教总说每个人心中都有一颗成佛的种子,这就是"菩提心"和"如来藏"。"心"本来纯净无瑕,无奈暂时被尘土般的烦恼蒙蔽掩盖,如明珠入土发不出光来。修心的目标就是让蒙尘的"明珠"再次发光。儒家同样把舍弃欲望,去"恶"从"善"当作终身志业,在这点上双方的立场相当接近。

既然佛教与儒家对"心"的理解有一致之处,就等于为它的中国化奠定了思想基础。佛教想方设法使佛法修习简捷便利,更加紧密地契合儒家注重现世回报的观念,以便普通中国人迅速掌握。竺道生的贡献就是把成佛的最高理想,从未来世界拉回到了现实当中,通过每个人的内心感悟,当下觉悟成佛,修成正果。人们不必为了来世显灵,坚持在世苦修,也不必刻意寻求遥不可及的佛界净土。按照竺道生的思路,佛性的形成被转化成了瞬间体验,人人皆可尝试,不仅那些身份低下的"一阐提"拥有佛性,即使"恶人"也具备悟道的资质。那么原始佛教鼓吹"灵魂不灭"就再无意义，依赖生死轮回的预言收取人心就变得毫无必要了。

佛教讲"恶人"也有佛性，相当于儒家说人人皆有善根，两者没什么根本差别，如此发展下去必然走向合流。其中关键一步是简化晦涩的原始佛理，让普通人在最短的时间内了解佛教基本精神。禅宗在这个转变过程中起着至为关键的作用。禅宗六祖慧能提出"教外别传，不立文字，直指人心，见性成佛"，就像一份挑战传统佛教的宣言书。

这几句话至少可以分解出以下几层意思：起始第一句说的是，禅宗脱离原始教义主流，另走他途，自成一系；第二句表示拒绝学习大量已翻译成中文的佛典，倡导运用最直捷的方式参悟佛理；第三句强调从"心"入手，直接快速，不假外求；第四句是指当下成佛，不必追求来世净土。慧能把对"心"的认识直接转换成了辨别善恶的方法。《坛经》说："世人性本清净"，非常接近人性本善这个儒家说法，接着讲人心"思量一切恶事，即生恶行；思量一切善事，即生善行。"（《坛经·忏悔品第六》）更加明确善恶与心理修炼的对应关系，最终目的是连善恶的观念都要舍弃掉，才算最彻底的觉悟。

慧能承认蛮夷同样具有佛性，分明继承的是竺道生"一阐提"也有佛性的解放传统，非常接近儒家视蛮夷戎狄皆为"天下赤子"的观念。

《坛经》记录了慧能第一次面见禅宗五祖弘忍大师的一段

对话，弘忍劈面就问，你是广东来的"獦獠"，不过是个野蛮人，根本不可能拥有成佛的根基。弘忍的语气明显流露出对这个未开化文盲的不屑。慧能从容辩驳道："人虽有南北，佛性本无南北，獦獠身与和尚不同，佛性有何差别？"（《坛经·行由品第一》）慧能坚持，哪怕身处荒蛮之地，每个人身上仍然潜藏着佛性。与儒学的差别仅仅是一个讲"善根"，另一个说"佛缘"。

慧能说"心"是"不着相"的，不能眼睛总是紧盯着"物"去体会"佛性"。禅宗北派的神秀说"心如明镜台"，心中总晃动着一面镜子，生怕沾染灰尘，不时惦记着去擦拭，这就等于把"心"黏滞附着在一个具体对象上，就是"着了迹象"。慧能提出的那个著名偈语："菩提本无树，明镜亦非台。佛性常清净，何处有尘埃。"根本不承认"心"外有"物"，按照现代哲学的说法就是否认"心"外之物存在"客观性"。

这份偈语的厉害之处，是把禅宗老祖宗达摩的修炼传统给颠覆掉了。达摩为了参悟"佛性"，整天面对一面墙壁修法。在慧能眼中，这面墙与神秀的镜子都是"物"，应该统统清退出头脑，只留下一颗澄澈无比的"心"就足够了。明代心学家王阳明批评南宋理学家朱熹推重"理"，就像达摩对坐的那面墙，或者神秀紧盯的那块镜子，统统是内心获得自由的障碍。

《坛经》有一句话说："心量广大，犹如虚空。……世界虚空，能含万物色像，日月星宿，山河大地，泉源溪涧，草木丛林，恶人善人，恶法善法，天堂地狱，一切大海，须弥诸山，总在空中。世人性空，亦复如是。"(《坛经·般若品第二》)"心"既是"空"，又包容万物，善恶本性皆在其中。阳明"心学"也讲天地上下唯我一体，不分内外。只不过儒家坚持"心"包含丰富的世俗内容，做人要有责任心，不承认"心"彻底虚空，但明代新儒家取消外物存在合理性的内化倾向，还是明显受到了禅宗影响。

禅法修炼中谈到的"自性"，比较类似儒家对每个人都具备"善"之本能的理解。怪不得唐代文人柳宗元会说禅法"其教人始以性善，终以性善，不假耘锄，本其静矣"（柳宗元：《曹溪第六祖赐谥大鉴禅师碑并序》，《全唐文》卷587）。柳宗元从儒家立场出发，完全把禅法等同于对善良本性的发掘。

觉悟"自性"既是成佛的关键，又是成长为一个平凡善人的依据。一刹那间灭除是非妄念，即达"顿悟"之境，关注的是群体的现实处境，而非未来不可预测的个人命运。与过去也不存在什么瓜葛联系，每个人都有立地成佛的机会，自然不再需要看那么多晦涩难懂的经书，也不需要整天枯坐青灯古刹，静默冥想。这等于切断了生死循环的链条，强行把人生无意义的虚无论，悄悄转换成了每个人都有修炼目标的现实责任论。

禅宗谈"心"是"空"是"寂"，不允许思量实际内容。儒家谈"心"是"有"是"实"，充满对个人、家庭、国家与社会的责任感。慧能之后的南禅宗各派越来越接地气，从不拒绝体验人间冷暖。马祖道一提出一句口号叫"平常心是道"，"平常心"就是"只如今行住坐卧，应机接物，尽是道"（《景德传灯录》卷第二十八）。"平常心"的境界更是由一首"颂"被诠释得诗意盎然，颂云："春有百花秋有月，夏有凉风冬有雪。若无闲事挂心头，便是人间好时节。"（《无门观》，《大正藏》第48卷）很难想象，佛家对春花秋月的欣赏与世俗文人的品味到底有什么分别。

"平常心"的修炼是禅宗与儒家共享世俗价值观的重要通道，甚至为迎合儒家理念，禅宗僧人不惜故意混淆觉悟与俗事之间的界限。下面的这段对话就是个明显例子。唐宣宗有一次询问京兆大荐福寺弘辩禅师什么是"佛心"？弘辩先绕了个大圈子，说什么"佛者西天之语，唐言'觉'，谓人有智慧觉照为佛心"。估计这段云山雾罩的话肯定把唐宣宗给听晕了，紧接着弘辩开始逐层对"佛心"做简化解释。他先说："心者，佛之别名，有百千异号，体唯其一，本无形状，非青黄赤白男女等相。在天非天，在人非人，而现天现人。能男能女，非始非终，无生无灭，故号灵觉之性。"先说"佛"没任何形状，既不是"天"，也不是"人"，更不是男女或者红黄蓝白这类颜色。又说"佛"有千百种幻象，一会儿变成男，一会儿又化成女，怎么看怎么自相矛盾。

其实弘辩想要说的是，"佛"既可高高在上，隐身不见，也能降低身段，化身俗人去做事。后面这段话把这个用意讲得十分明显，弘辩说："如陛下日应万机，即是陛下佛心。假使千佛共传，而不念别有所得也。"（《景德传灯录》卷第九）皇上您每天如此繁忙处理公务，不正是"佛心"的一种呈现吗？这话听起来颇有点谄媚的味道，不像是佛门中人的口气，却不妨看作禅宗向世俗妥协的例证。

"平常心"人人都有，里面蕴藏着"佛性"，但草木非人，是否同样具有"佛性"却一直大有争议。牛头宗就有"青青翠竹，尽是法身；郁郁黄花，无非般若"的说法。慧能弟子神会认为，这些自然之物没有情识可言，属于"外道"。

"平常心"并不都是佛、儒共享一片风花雪月，一旦遭遇特殊历史困境，佛教说理风格就会进一步向儒家道义原则靠拢。如南宋遭逢北方金人入侵，佛界有人提出儒释、僧俗、凡圣不可区分，"菩提心"就是忠义心，把奉行君臣大义当作践行佛法的标准，对忠奸道义的评价完全遵循的是儒家标准。（方立天：《中国佛教哲学要义》上卷，中国人民大学出版社，2002年）儒家对霸道的善恶评价尺度被纳入"真心""真如"这些范畴，说明佛教反向受到儒家影响的程度越来越深。

反之，如果倒过来观察，唐代以后，儒家对"心"的领悟更加频繁地从禅宗那里得到滋养。朱熹曾说："禅者之说，则以为有个悟门，一朝入得，则前后际断，说得恁地见成捷快，如何不随他去！"（《朱子语类》卷第一二六）爽快承认儒家有时也难免把持不住，不知不觉就跟随禅家进入了另一个觉悟轨道。

先秦儒家常讲"仁义","仁义"的养成，关联着一个人精神气质的构造，本身就是广义的心理活动。但先秦儒家典籍中很少出现"心"字，宋明儒家语录中"心"字的使用频度却越来越高。宋代理学家把"理""气""心"的关系作为新儒学的基础性范畴。朱熹更是明确把"理"直接当作"心"的感知对象，必须经过长时间的学习，才能建立起两者之间的正当联系。到了明代，陈献章与王阳明的思想体系更是以"心学"命名，他们刻意取消了外在之"理"与"心"的对峙，直截了当宣称"心即是理"，所有外界对象都被收拢进了"心"的统摄范围。

明代以后，禅宗对儒学最大冲击，是对时间观的彻底改变。原来儒家最重视历史时间的合理延续，任何道德涵养和伦理功夫，都须在古代圣人指导下完成。先贤代表的是"过去"，生活在现实中的人们，有责任把古圣人的思想绵延接续下去。儒家每个继承人自小受到"继往圣之绝学"的教育，不断被提醒要"慎终追远"，与祖先建立起血脉相连的继承联系。禅宗最重视当下解脱，觉得思绪相续不断是一种束缚，必须截断连续的时间之流，转而聚焦在某个瞬间才得觉悟，只有做到没有古今之别，才能克服生死差别造成的焦虑。

明代心学深受禅宗淡化时间连续性的影响，王阳明就说过："只存得此心常见在，便是学。过去未来事，思之何益？

徒放心耳。"(《传习录》卷上)明确隔绝了过去、未来与"现在"之间的联系,只专注眼前的反省效果。儒家不是不讲"心"和"念",但大多注重与外在条件相互配合,构成呼应态势,如把"心"与"家""国""天下"的伦理链条衔接起来,寻求连贯性的意义。

在禅宗影响下,宋明新儒学认为私念相续不断是一种魔障,必须清除干净。一念觉悟即是刹那间发生的结果,不是花费大量时间持续修炼所成。当然,明代心学家仍然坚持,人文传统必须在悠久的历史脉络中续命。只不过在修炼功夫上吸收了禅宗"顿"与"断"的时间观,讲究"常"与"断"的结合,不会盲目遁入虚无"空寂"之境。

禅宗的"顿悟"功夫大大启发了新儒学对缩短学习时限和简化修养程序的认识。宋儒追求以"心"释"理",需要长时间熟习经典和操练礼仪。如果与禅宗对应观察,理学的这套老方法相当于神秀照镜子的"渐悟"功夫,必须花费大量精力,慢慢擦拂掉积攒在上面的尘土,才能看清真面目。到了明代,自从王阳明"格"竹子之"理"的尝试失败之后,"理"能否作为"心"的感知对象逐渐受到怀疑。陈献章更是在静坐中感觉整个宇宙在内心世界大放光明,天地上下仿佛与身心融为一体,不分彼此,这种刹那间的超越感觉与南禅宗宣示的"顿悟"状态相当近似。

"禅宗"的革命性改造同时涉及生活方式的改变。自禅宗传至弘忍"东山法门"一系，僧人开始舍弃随缘云游、浪迹天涯的旧习，在各地定居下来。他们开设道场，建立寺院，形成士林修禅之风。同时耕田种菜，挑水担柴，经济上自给自足。如百丈禅师就亲自下田劳作，故有人称此派为"农民禅"。受禅风变革的影响，唐代士子纷纷逃离尘世喧嚣，遁迹名山大川，在禅寺中静心读书。唐代以后，禅法修炼与宋明新儒家主导的书院教学交融映衬，持续向普通民众开放佛法传授的秘诀，彻底打破了印度原始佛教的神秘灵修传统，与儒家"有教无类"的德化宗旨日趋一致起来。

佛教寺院中的生活，并非严谨自律到不通人情的地步，不少僧人参悟佛法的过程，与世俗生活没什么两样。一个极端的例子是，有和尚把"用功"定义成了"饥来吃饭，困来即眠"，与刻板印象中佛门坚忍枯寂的隐世风格大相径庭。有源律师问：您说吃饭睡觉就是"用功"，那与普通人生活有什么区别呢？大珠慧海禅师的回答再直率不过，他说这些人"吃饭时不肯吃饭，百种须索；睡时不肯睡，千般计校，所以不同也"。(《景德传灯录》卷第六)公开宣称，修法之人与普通人的区别是该吃饭时不计较吃什么，该睡觉时心宽不失眠。放任自流，随缘行事，变成了禅宗师父点拨弟子的口头语。如下面这句"任性逍遥，随缘放旷。但尽凡心，别无圣解"(《五灯会元》卷第七)，短短几句话里既羡慕随性"逍遥"，又不避讳"凡心"萌动，分明是杂糅进了道、儒思想，作为开蒙的诀窍。如此默认俗务与禅学同为一事，毫无差别，哪里还有一点原始佛教的影子。

经过此番改造，原先佛教必须具备的修法程序，被贬低得一无是处。禅宗文献中有一个"磨砖成镜"的故事，专门讽刺那些刻板打坐之人。故事说的是慧能弟子怀让有一次看到一个僧人正在坐禅，于是问他坐禅到底图个什么，僧人说希望成佛，怀让不再和他理论，随手拿起一块砖头在庙前的石头上磨将起来。僧人问磨砖干什么，怀让说想把这块砖磨成一面镜子。僧人诧异地问，一块砖怎么可能磨成镜子呢？怀让趁机反问，既然磨砖不能成镜，坐禅怎么可能成佛？僧人又问，既然如此，何以成佛？怀让又反问，一头牛在拉车，如果车不走，你是打车呢还是打牛？僧人无言以对。怀让继续开释道，你是想学"坐禅"还是想学"坐佛"，如果是学"坐禅"，"禅"并不是靠打坐或者卧床的姿势来区分的，你端坐不动，拒不躺倒睡觉，并不能保证进入"禅"的境界。如果是学"坐佛"，佛没有确定形象，你怎么能靠打坐来了解他呢？

怀让得出结论："于无住法，不应取舍。汝若坐佛，即是杀佛。若执坐相，非达其理。"（《五灯会元》卷第三）既不读经也不打坐也能成佛，在原始佛教看来，大有偷懒耍滑的嫌疑，很容易沾染尘世的俗气，对凡间诸事的取舍混淆不清，何时成佛的标准也变得模糊难辨。面对"春花秋月，夏凉冬雪"到底动不动心，若是动了凡心，那么佛性与人间感情的界限究竟应该设在哪里？若是不动凡心，那颂词中又为什么明显流露出欣赏人间情怀的态度？尽管嘴里说并无闲事挂心头，那又何必去津津乐道心外的良辰美景。

/
禅宗的减法

我们不妨把禅宗演变史当成一个不断做减法的过程，从不读经书不立文字，到缄默少语肢体传道，一步步持续精简下去，直到内心不经意间恍然觉悟。南北禅宗之争实际上就是佛法修持的加法与减法之争。北宗神秀那个著名的偈语："身是菩提树，心如明镜台。时时勤拂拭，莫使有尘埃。"说的是菩提是"身"，明镜是"心"，神秀提前锁定了有形的修炼对象。"心"被喻为镜子，不时沾染风尘，需要不断擦拭，至于什么时候收拾干净，谁也不知道。擦镜子这个动作不可能一次性完成，时间就会持续叠加上去。修法过程自然不断延长，仿佛看不到尽头。打坐必须静坐如钟，不能随意变换姿势，证明北禅宗的"渐悟"做的是加法。再看慧能的偈语，菩提和镜子根本就不存在，既然具体观察对象消失不见了，当然谈不上镜子是否惹上灰尘，不需要每天重复"擦洗"这个动作，参禅不必每日静止不动，自虐般地辛苦管理身体姿态。

个人悟道有快有慢，既取决资质悟性，又要讲究正确方法。

神秀的办法是坐禅不懈，"令住心观静，长坐不卧"，该睡觉的时候不睡觉，硬撑着不休息，以免养成舒适懈怠的习惯。慧能批评这种做法"是病非禅"，质问"长坐拘身，于理何益？"长期打坐拘束身体，不煎熬出疾病那才叫怪呢。慧能随后幽默地发了几句偈语，云："生来坐不卧，死去卧不坐。元是臭骨头，何为立功过？"（《五灯会元》卷第二）身体不过是一把臭骨头，想坐就坐，想卧就卧，靠禅定磨炼这付臭皮囊，纯粹是浪费时间。

"道"不是整天僵坐在那里就能修得出来的，心中只要起了"修道"的想法，那都是犯了大忌。有人问如何修法，禅师一般都会劝人放弃，告诫他："道体本无修，不修自合道。若起修道心，此人不会道。弃却一真性，却入闹浩浩。忽逢修道人，第一莫问道。"（《五灯会元》卷第二）

"道"要自己去"悟"，问是问不出来的。"悟"的要诀是眼睛虽然看到了某物，比如镜子之类的东西，"心"却暗示自己，对眼前一切视而不见，仿佛它们根本不存在。既然外物统统不入法眼，也就不必为它们命名，当然就不起生灭之心，这就叫"无念"。有偈云："见境心不起名不生，不生即不灭。既无生灭，即不被前尘所缚，当处解脱。不生名无念，无念即无灭，无念即无缚，无念即无脱。"（《景德传灯录》卷第四）

一切佛法既在心中，就应该以最快的速度向内深入，不用每天愁眉苦脸地照镜子擦灰尘，装模作样重复向外追求的功课，搞得身心俱疲。禅宗最反感一个人面对外界诱惑，总是如临大敌，头脑里时时刻刻绷紧一根弦。为了拒绝外界引诱，随时准备折损躯体，以为不如此自虐，就无法脱离红尘之"有"，遁入禅境之"无"。

禅宗主张即使身处五光十色的斑斓世界，仍能清澈心境，放空自我，不为任何外物所动。有僧人展示卧轮禅师一偈，自认深得禅意，这四句云："卧轮有伎俩，能断百思想。对境心不起，菩提日日长。"慧能听到后，批评此偈仍黏滞在"有"的情境，太受外在对象的束缚，没有跳脱出来。他自拟一偈回应："慧能没伎俩，不断百思想。对境心数起，菩提作么长。"（《五灯会元》卷第一）卧轮假设眼前晃动着一个红尘之物，似"有"非"无"，如时隐时现的妖魔，必须凝神静气去消灭它。慧能不觉得眼前出现过任何对待之"物"，因为"心"本清净，不需参照特定对象去克制欲念。面对身外诱惑，心虽悸动，均与外界无关，根本无须刻意防范。

那个著名的"风动"还是"幡动"的故事，很好地诠释了慧能做减法的理念。故事说，慧能逃亡到广州法性寺，正好看到印宗法师在讲授《涅槃经》，忽然刮来一阵风，吹动一面幡旗飘荡起来。看到如此情景，两个和尚起了争执，一个说是风在动，另一个说是幡在动。谁都觉得自己有理，无法说服对方。慧能直接指出两人的解释都不对，既不是风动也不是幡动，是两人的心在动。慧能这么一说，顿时把印宗法师给折服了，执意拜慧能为师。

后人觉得慧能的这个回答非常机智，境界远远高过那两个争辩的和尚。那么慧能的这个解释到底高明在什么地方呢？高就高在他不从外物的运动轨迹出发来理解变化。因为从纯物理学的角度观察，"风动"和"幡动"这两个答案都不算错。这样各执一词地争论下去肯定没完没了，谁也说服不了对方。慧能提供的答案由外转内，只纯粹关注个人的内心感受，等于彻底打破了"风动"还是"幡动"这类固化的二元对立思维。

慧能给出的觉悟路径是，这个世界是"无常"的，服从因缘交集的偶然法则，没有什么恒定不变的东西，反正都是"空"，这就是"诸行无常"。所有事情的发生纯属偶然，一个人执拗地认识世界将毫无意义，这就是"诸法无我"。纠缠具体对象的动与不动，痴迷事物的外在状态，只是一种"妄念"，相当于没有破掉"我执"。

"心动"绕开了"风"与"幡"这两个具体对象，走的是"中道"原则。看待事情不要走极端，明显偏于一头，就会带有执念。无论外界闹出多大动静，无论某件事是善是恶，"心"都不会产生任何反应。"心"不动了才是"无念"，"无念"就是什么事都不在乎，不执着"外相"。人没有执念，无论外界发生了什么，无论"风动"还是"幡动"，统统与己无关。

"无念"不是心如枯井，遇事一点念头都不起，像毫无生命的木石。"无念"是说一个人每当有想法时，不轻易被外界左右，不分辨内外的差别相，不追究世间的是非对错，这对一般人而言确实难度很大。要想让人们轻易抛弃近在咫尺的荣华富贵，拒绝诱人的现实利益，的确不太容易。大多数老百姓吃斋信佛，正是因为太有"执念"，给佛爷上供不是为了求财就是为了生子，恨不得今天拜佛明天就有回报。士林阶层信佛，也是希望在获得心灵的安逸和慰藉，禅宗对原始教义的裁减改造，正是迎合了中国大众的现实口味。

在原始佛教中，"心"称为"摩诃"，即"大"的意思。"心"无形状没边际，无开端没尽头，无所谓方圆大小，用肉眼辨别不出红、黄、白、蓝等颜色差异，也没有上下短长的分别。"心"不须辨别人世间的喜怒哀乐，善恶对错。只要"心"不被牵引，全无取舍念头，不沾染得失祸福的惦念之情，即是"摩诃"。

慧能做减法，把印度原始佛教的核心概念"彼岸"也给消解掉了。本来需要在死后实现的目标，变成了瞬间即可获得的"现报"，相当于彻底瓦解了"生死轮回说"与"来世果报论"。既然刹那间就可顿悟，那还花费毕生精力去抵达"彼岸"干什么。梵语"波罗蜜"就是"彼岸"的意思，如果总是执着于外界现象，就会有"生灭"的心念，如同平静水面荡起了波澜，这就是"此岸"。对外境不执着不惦念，就不会有"生灭"的幻想，如畅流无碍的溪水一样奔向心中自在的"彼岸"，远离生死意念而不黏附其上。

原始佛教同样否认外物有实体实相，不必用心去捕捉。区别是禅宗把"无住""无相""无念"全部放在当下就地解决，一念顿悟即可成佛，没有悬置在未来，让人们花费一生的时间去企盼。慧能说得好："佛法在世间，不离世间觉。"(《坛经·般若品第二》)对现世诱惑不动心即是"无念"，即是解脱，根本不用分出什么"此岸""彼岸"。

在禅师们眼中，人的肉身犹如一座城池，眼、鼻、耳、舌就像一道道城门。外面有五个门，里面还有一个意念门，貌似驻守在城中心的帝王，这个帝王就是一个拥有自性的"心门"，不必向外观望，完全可以主宰自我。常人会在心里幻造出一个西方极乐世界，不知道每个人的内心就是这个世界，没有必要再向外寻找。一个人只要斩杀掉妄念这条毒龙，极乐世界就会在心中自然涌现出来。当然每个人的根器有深有浅，根器浅的人，依靠的是称名念佛的外在信念，容易沾染尘世的功利品性。根器深的人身处俗世，心却超然物外，在"此岸"即获得觉悟。

慧能深知，修法只要设定某种外在对象，很容易被管束牵引，深陷其中，无法逃逸。一般人的思维方法是，观察外物总得用心去分辨真假，整天冥思苦想，希望用"真"破除"妄"。南派禅师的思路正好相反，他们认为有了"妄念"之后才想到用"真"去消除，这是错误的。其实"真"同样根本不存在，是人们假想出来的东西，必须打破非真即假的二元对立。

有一安禅师问，既然这世间一切皆"妄"，那么什么才是

"真"时，司空本净禅师答道："为有妄故，将真对妄。推穷妄性本空，真亦何曾有故。故知真妄总是假名。二事对治，都无实体。穷其根本，一切皆空。"(《五灯会元》卷第二）"真"和"妄"都是人们心中伪造出来的概念，"真"和"妄"都不是实体，把"真"与"妄"对峙起来纯属荒谬，只有一律归于"空寂"，才是正确的态度。

通过"禅定""打坐"的方法去寻求什么是"真"，无异于误入歧途。为了塑造研习佛法的高大形象，整天枯坐冥想，甚至该睡不睡，长久折磨身体，祈求"入定"的做法，违背了基本人性。禅宗的最高境界是根本没有"出"与"入"的分际，无意去甄别"有"与"无"的差别。世俗与圣境全部两忘，主客观对象一齐泯灭，生活无时无刻不处在"禅定"状态，不被外界的变化牵着鼻子走，这才是"常定"。真正有觉悟的人要懂得超越外相的约束，心中一片空寂却又不执着于空寂，这就是"不执"与"我执"的差异所在。

为了简化修法程序，慧能把佛教"戒""定""慧"三学中的"戒"也给精简掉了。"定""慧"本是递进研习的两个步骤，慧能把两者合成一体，不加区别。按照传统规定，修法之人本来先要长时间练习打坐禅定，才能获取智慧。慧能明确表示，不需花费那么长时间，只要一念觉悟，就同时完成了"定""慧"两道程序。正常的吃喝坐卧都是修法的组成部分，哪有什么"定""慧"之分。

禅宗做减法可以极端到不赞成保留过去的记忆，甚至决绝到根本不在乎自己有多大岁数。有一次武后询问嵩岳慧安国师年龄有多大，禅师说从不记岁数，武后惊问这是何故。禅师给出的答案是："生死之身，其若循环，环无起尽，焉用记为？"生命不断循环，永无休止，现在的年龄并不代表生命的真实长短，不知哪一天又会进入下一个轮回，因此记忆年龄毫无意义。这段答复似乎有些印度原始佛教轮回说的味道，下面紧接着一段谈到"心"的作用，就颇有中式的禅宗风格了。他说："况此心流注，中间无间，见沤起灭者，乃妄想耳。从初识至动相灭时，亦只如此。何年月而可记乎？"（《五灯会元》卷第二）人的生命既然并没有起始和终点，生与死就是心中妄想出来的幻觉，根本没有必要用年月日记录这段历程。

在禅师们看来，拒绝"记忆"就如同舍弃一种念想，对人生也就不必做出是非善恶的判断。"善与不善，世出世间，一切诸法，莫记忆，莫缘念，放舍身心，令其自在，心如木石，无所辨别。"（《景德传灯录》卷第六）一切众生均有那犹如佛性般的一点灵明，只是一时起了"妄念"，对身形俗相过于执着迷恋，生出各种爱恨交加的感情，造出许多"业"，陷入生老病死的轮回。尽管如此，身体中的"觉性"并未湮灭殆尽，就像水冻成了冰一样，湿润的本性仍然保留了下来。

若能感悟到"觉性"，就相当于接触到了"法身"。"法身"无所谓"生成"，也无所谓"毁灭"，"无所从来，亦无所去"，

第六章　中国佛教如何成了一种入世的智慧　　　　　　375

自然不需要记录起始时间，一旦萌生记忆的想法，就是一种虚妄的执念。到最后什么是非道理统统都无所谓了，"是非好丑，是理非理，诸知见总尽，不被系缚，处心自在"（《景德传灯录》卷第六），便是登上了"佛地"。

那些如流水一般慢慢细微贯注进人生的喜怒哀乐，均属于遮蔽真理的情感，还是尽早消灭为好。保持心灵澄净的要点是，不要故意追寻某个外在事物形成的缘由，只因任何事物都是流动不居无法确定的"空"。如有一位姓庞的居士问马祖道一禅师"水无筋骨，能胜万斛舟"是什么道理？马祖道一的回答是"这里无水亦无舟，说甚么筋骨"。（《五灯会元》卷第三）对"水"和"舟"的关系仍有念想，不如心中干脆无水也无舟，岂不痛快？这才是真正的"无念"、"无相"和"无住"，与彻底摒弃对年龄的"记忆"是同一个道理。

/
禅宗公案：一场场猜谜游戏

对凡间俗事始终保持若即若离的态度虽然难度很大，却是禅宗的主导世界观，不妨称之为"禅观"。"禅观"惯用类比方法，故意违背常理，经常把两件性质完全不同的事情捆绑在一起进行融通解释。唐代南派禅宗兴盛之后，禅师更是以不读经、不打坐为荣，单靠机锋棒喝传递禅意，坊间一直流传着他们各种狡黠诡辩的举止言谈。这类传奇故事在禅宗遗留下来的对话集中俯拾皆是,被后人称作"公案"。这些"公案"很像一段段烧脑的脑筋急转弯。举个例子,临济宗创始人义玄明确表示"不看经",有人就问,那您"习禅"吗?义玄说"不习禅",那人又问,既不看经,又不习禅,您到底能做什么?义玄说了句没头没脑的话:"总叫伊成佛作祖去。"(《五灯会元》卷第十一)这句话等于什么都没回答,却成功绕开了提问者的直接质疑。

有个佛祖"拈花微笑"的故事更是尽人皆知,故事讲的是释迦牟尼在灵鹫山上说法,手持一花,众人不解其意,唯独摩诃迦叶发出会心微笑。佛祖一见颇合己意,于是将正法传授给迦叶。这个故事刻意表现佛祖刹那间心意灵动的一面,给人的印象,好像佛祖一开始传道就已树立起"不立文字,教外别传""以心传心"的宗旨,与原始佛教弘扬佛法的过程大异其趣。这就把"禅观"顿悟之法的发明时间一下子提前了数百年,溯源到了佛祖创教时期。由此可见,这个故事明显是宋代以后禅门弟子捏造的。很难想象,佛祖刚刚坐上莲花宝座,一上来就宣称所有经书统统应该丢弃,以后习学佛法,一律不准使用语言,单纯依靠表情和眼神交流就够了。尽管这个传说相当荒诞不经,却大大增加了禅宗顿悟传道的合法性。

"道"只能"悟",不能明明白白说出来,否则就是悟性低人一等的表现,这变成了禅宗信徒故意把修炼过程神秘化所使用的惯技。有一个僧人问径山道钦禅师:"如何是道?"禅师并不直接回答，而是所答非所问，没头没脑地说出一句偈语："山上有鲤鱼，海底有蓬尘。"(《五灯会元》卷第二)相当于说，你问我"道"是什么，"道"是不能问的，只有自己去感悟，否则就像山上突然出现生活在水里的鲤鱼，海底发现陆地上的尘土一样荒谬。

另外一个相似的故事说的是，当有人问："如何是佛法大意？"泐潭神党禅师回答："虚空驾铁船，岳顶浪滔天。"(《景德传灯录》卷第十七)意指"道"不可说，就像有些不相干的事情不能放在一起谈一样。正所谓"触境生心者少定，寂寞忘机者慧沉。傲物高心者我壮，执空执有者皆愚。寻文取证者益滞，苦行求佛者俱迷。离心求佛者外道，执心是佛者为魔。"(《景德传灯录》卷第六)

不妨再举一例，当有僧人问嵩山少林寺的惟宽禅师"如何是道？"禅师回答："大好山。"僧人说，我是在问"道"是什么，师父为什么答复"好山"这两个字呢？禅师说，你只看到"好山"这两个字，何曾知晓"道"是什么？僧人又问："狗是否有佛性？"禅师答："没有。"又问："和尚有没有佛性？"回答是"没有。"僧人接着问："既非众生，那是佛吗？"禅师说："不是佛。"僧人继续问："既然一切众生皆有佛性，为什么唯独和尚没有呢？"禅师说："我不是一切众生。"僧人再问："既非众生，是不是佛？"禅师答："不是佛。"僧人不甘心继续追问："佛性是否可见？能否作为思考对象？"禅师最后给出了一个关键性答案:"思之不及,议之不得,故云不可思议。"(《景德传灯录》卷第七)"不可思议"这四个字点出了追求佛法既不能用言语表达,也不宜讨论,只有破除"有""无"对峙才是真觉悟。

禅宗开悟讲究突破惯性思维,出人意料地解决现实生活中遭遇的难题。以下就是个有趣的例子。宣州刺史陆亘大夫给南泉禅师出了一道难题,他说古人在瓶子里养了一只鹅,这只鹅渐渐成长,体型越来越大,没办法钻出瓶子,如果既不能砸碎瓶子,又不可伤害这只鹅,请问用什么办法才能放出这只鹅?这明显是在刁难禅师,禅师没有直接回答,马上叫了一声陆亘的名字,陆亘应声而答,南泉说,这不就出来了吗。据说,陆亘当场恍然大悟。(《五灯会元》卷第四)南泉有意回避大鹅出瓶的难题,反而把它巧妙转化成纯粹的个人心理感受,暗示只要内心并不觉得这是什么大不了的事情,那么所有困难都能在一念之中瞬间化解。这种近于诡辩的言说套路,经常出现在禅宗的各种"公案"集中。

南禅宗禅师经常施展各种奇奇怪怪的形体动作启悟众生,动不动就叱喝棒打,拳脚相加,或猛然竖起一指,或挤眉弄眼,或做出女子拜人的姿势,或用笔墨、手指、拄杖在空中地上画出圆圈,名叫"圆相"。各种匪夷所思的姿态与所答非所问的"机锋"对话,构成了"禅观"的一系列奇葩举动。其目的无非是让弟子们即刻感悟佛法,然而这世上并不是每个人都拥有超凡的领悟能力,因此需要禅师动用非常手段勤加提点。

下面讲一个"断指"开悟的故事，说的是后周天龙和尚每逢有人参问禅法，都会竖起一根手指示意，别无其他表示，却每每让人顿悟。有一童子遇到有人问道，也模仿天龙和尚竖起一指。有人借此说起了风凉话，揶揄既然童子都会做这个动作，可见这小孩子也懂佛法。听闻此事后，有一天，天龙和尚袖子里藏了把刀子，走到童子面前问他："听说你懂佛法？"童子说："是啊。"天龙又问："什么是佛？"童子马上竖起手指，和尚跨前一步一刀砍断了这根手指，那童子惨叫一声，跑了出去，天龙马上召唤他回来，童子一回头，天龙再问："什么才是佛？"童子举起手来一看，指头没了，顿时恍然醒悟。（《五灯会元》卷第四）这个有点虐心的故事，昭示出童子模仿的只是禅法表层的动作，并没有破除内心对"有"的执念，被砍掉手指后，反而觉悟到真正的"空"到底意味着什么。

神会原来是北禅宗神秀的弟子，一度修习"渐悟"之法，后来偶遇一个契机，成为慧能门下弟子。在改投师门之前，神会有一次与慧能交谈，这次谈话虽有问答环节，最终启悟却是通过禅杖棒打完成的。事情经过是这样的，神会有一次问慧能："你坐禅时识见佛性了吗？"慧能并没有直接回答，而是用禅杖敲打了神会三下，然后问："我打你，疼还是不疼？"神会说："也疼也不疼。"慧能说："那我见了，也没见。"神会又问："什么叫也见也没见？"慧能说："我说见，是说常见自己的过错，不见他人的是非好恶，所以说见到了也没见到。你说疼与不疼到底是什么意思呢？你如果说不疼，就如同草木瓦石没有知觉。你如果说疼，就与凡夫俗子一样生出怨恨之心。见与不见都是两种偏执态度，疼与不疼是可以生灭的有为之法。你问我是否识见佛性，我心里当然清楚，却无法代替你的理解，也不能保证你不迷失。反之，你如有识见自性的本事，也替代不了我去避免谬误。既然如此，为何不去自我感悟，偏要执拗地问我这些问题呢？"(《坛经·顿渐品第八》)

有些禅师做得更加极端，根本拒绝回答任何问题，只用特定动作示人。比如有这样一位禅师，每逢有人向他发问，往往一句话不说，只用禅杖击地，人称"打地和尚"(《五灯会元》卷第三)。

佛性即使存留在每个人心中，也不宜作为一个公开话题摆在明面上讨论，只能凭借个人悟性去努力参透，因为"此心无始已来不曾生，不曾灭，不青不黄，无形无相，不属有无，不计新旧，非长非短，非大非小，超过一切限量名言，踪迹对待。当体便是，动念即差。犹如虚空，无有边际，不可测度"(《景德传灯录》卷第九)。这几句话成双成对地罗列出诸多概念，目的还是想破掉二元对立的惯常思维。

一般俗人把佛陀传心的意思，理解为心上别有一法，它会静静待在某处，等待人们动用心思去求证索取，这叫"将心觅法"。其错误就在"不知心即是法，法即是心，不可将心更求于心，历千万劫，终无得日。不如当下无心，便是本法"(《景德传录》卷第九）。学佛之人的要诀是，不要在"心上着一物"，自以为"心"上另有佛法。佛法不是实体，不是教条，法身即"虚空"，或者反过来说，"虚空即法身"（《景德传灯录》卷第九）。"法身"与"虚空"既然连在一起，用"心"去体悟就不能太具体化。有禅师把"法身"看作世上常见的事物，说什么"法身"是青青翠竹，黄花也无非"般若"，"法身""般若"变成了郁郁葱葱的山林美景，看上去多么诗情画意，岂不赏心悦目？

然而在有些禅师看来，"黄花若是般若，般若即同无情；翠竹若是法身，法身即同草木"。不能把"法身""般若"看成太具体的东西，因为"法身无象，因物现形"，不会固定成为某根竹子或某个花朵，而是如影随形，即时变幻。与此同时，修炼"法身"也不能过度劳累身形，把禅居修法搞得非同常人。而是要放松身心，保持普通生活节奏。"是以解道者，行住坐卧，无非是道；悟法者，纵横自在，无非是法。"（《景德传灯录》卷第六）

禅宗与原始佛教的最大区别是，淡化了僧人的"厌世"心理，不因"厌世"而"弃世"。他们并不觉得生活在这个世界上苦不堪言，反而学会从中寻找乐趣，同时又能身处"现世"，不生妄心，佛法也从"出世间法"变成了"入世间法"。但这里面潜藏着巨大风险，一旦被红尘繁华迷惑，又无划定禅修与俗务界限的自觉，修习"禅观"之人就很难分清什么是佛法允许的行为，什么是放弃信仰的堕落。谁也不敢保证，始终自觉坚韧地守住那一份可疑的"禅意"。说不定哪天一时心旌摇曳，动了凡心，被风花雪月、良辰美景勾引过去，亦属正常，堕落与守正，其实就在一线之间。

"禅观"流行面临的最大挑战是，任何开悟都纯属个例，无法相互参照，完全是一种个人体验。所有参禅经验都建立在随机悟证的机缘偶合之上，没办法由旁人的感受获得证明，某人的经历如果换成别人去体会就不一定灵验。这就很容易使修习禅法之人失去确切标准的引领，经常陷入迷茫状态。

禅宗"公案"中的对话大多简捷晓畅，宋明以后的新儒家教化弟子多采"语录体"，即明显受到禅宗公案的影响。禅宗僧人喜欢有话不直说，多靠形体动作现场点拨，如同上演一出出哑剧。大多数情况下很难猜测他们的真实意图，因为没有更多的语言文字做参考，经常无从判断禅宗弟子对佛法是否真的有所领悟，或者觉悟到什么程度。只好权且相信，在这一场场的猜谜游戏中，每个人都已经被瞬间点化，成佛概率大大增加。事实是否果真如此，那就只有当事人自己知道了，后辈很难与这些身处具体情境中的个人发生共情。

了解禅宗乃至整个佛教的道理，似应尽量接近当事者的心态，培育敏锐的现场感，不可一味用现代社会科学的标尺随意裁量其中含义。佛教史研究大家汤用彤先生曾说过一段意味深长的话，堪作后辈学人深究佛理的指南，他说："宗教情绪，深存人心，往往以莫须有之史实为象征，发挥神妙之作用。故如仅凭陈迹之搜讨，而无同情之默应，必不能得其真。哲学精微，悟人实相，古哲慧发天真，慎思明辨，往往言约旨远，取譬虽近，而见道深弘。故如徒于文字考证上寻求，而乏心性之体会，则所获者其糟粕而已。"（汤用彤：《汉魏两晋南北朝佛教史·跋》）

/
禅宗与明清文人的精神传统

禅宗对原始佛教大做减法，特别是树立起"不立文字"这条新规矩，极大方便了文化层次较低的普通人接触了解佛学。禅宗僧人经常亲力亲为地从事各种体力劳动，他们勤劳朴拙的外观形象和行事做派更容易拉近与平民阶层的距离。与此同时，禅宗强调"心"的直觉感悟，也在极大程度上塑造了宋明新儒学的思维取向与文人趣味。继宋代理学论著频频采用通俗易懂的语录体书写之后，明代文坛又衍生出大量感悟人生的性灵小品，文人墨客圈子里到处洋溢着禅意盎然的举止风尚。

这些性灵小品表面上都是一些老生常谈，教导人们如何正确调理心情，恰当从事人际交往。倘若仔细辨析，这些文字几乎到处充斥着禅宗"无念"与"不执"的思想痕迹。如谈到一个人要有所作为，就必须把握好出世入世的分寸感。首先要培养闲情逸致的超越情怀，打好置身红尘的品性根底。防止入世太深，陷入尘缘因果的循环，难以解脱。这番感悟也可倒过来理解，一个人若想变得高雅，就得先入俗境，熟悉个中滋味，否则无法真切体会空寂孤独的苦趣。

佛家有言："终日吃饭，不曾咬破一粒米；终日着衣，不曾挂着一条丝。"做事既能担当社会责任，又懂超脱尘缘束缚。仕途顺遂显赫一时，要时时遥想归隐林下的闲适，利欲之心自然淡化。不担当，就无法完成儒家伦理规定的事业；不超脱，就缺乏超越凡间的洒脱和胸襟。宣扬的无非是"出世"的道理，就隐藏在"涉世"机缘之中。功德尽在心里，不必彻底杜绝与世人交往，故做绝欲灰心的逃离姿态，应讲究的是"性天澄彻，即饥餐渴饮，无非康济身心；心地沉迷，纵演偈谈禅，总是拨弄精魄"(《菜根谭·概论》)。这其实与禅宗悟道的方式并无二致。那些口口声声讨厌喧嚣闹市之人，故意吵嚷着避开人群，寻求静寂之所。岂不知刻意追求世外净土，便是着了"我相"，动了根性，脱离不了对"自我"的执着，不可能达到"人我一空"、动静两忘的境界。山林荒野虽是世外胜地，只是一旦刻意经营成一种恋恋不舍的"执念"，未免形如市场营销的技艺。

禅宗的人生哲学还可用于为官之道，比如有些人坚持为官一方，就当廉洁清正。这话看上去没什么毛病，但君子虽重节操，却也要灵活处世，有含垢纳污的雅量，包容一切善恶贤愚。没必要对周围世界的不完美过度敏感，苛求道德人格的纯粹和高尚。正像土壤存有污秽才能滋生多样生物，水若清澈到极致鱼类就无法生存，都是一样的道理。这些感悟明显有老庄思想的影子，让人想起"难得糊涂"这句古人常说的处世格言，流露出的是禅宗赞赏的人生态度。

拥有禅意的心灵，不是去盲目追求"禅定"，而是在纷扰世事的环绕下仍能保持宁静。淡泊的心境需要从浓艳欢场中求来，镇定的操守必须在尘缘中历练。真正的身心自在是随性而动，不执念于外物，却也不故意摒绝外界侵扰。如果尚有浮云富贵的企盼，不妨随性饮酒赋诗，潇洒快活，只要活得尽兴就不必故意摆出一付众人皆醉唯己独醒的样子。纠缠还是摆脱世俗生活的羁绊，完全取决一心之念，心里了然澄明，即使身处糟糠屠场，也是如在净土。否则纵是嗜好琴鹤花竹的雅事，也如魔障未除。这就是佛家所谓"不为法缠，不为空缠"（《菜根谭·闲适》）的意境。你看，明代文人描述生活状态和劝诫修养的词语，带有多么浓厚的禅意。

禅宗的生活态度同样深深渗透进明清书画的风格演变之中，明清画家认为，书法绘画虽是雅事，如果一味做出贪婪痴迷的作态，就变成了商人市侩的追求。只有做到自心无染无执，俗境才如仙都，心里但凡有一丝牵挂，乐境便转成悲地。正所谓"人生祸区福境，皆念想造成""念头稍异，境界顿殊"。（《菜根谭·概论》）

禅宗破解的是"心"对"物"的恋眷执迷，"心"不黏连在"物"上，方可灵动不羁，并不是真的对外界变化视而不见，充耳不闻。钱锺书先生曾提及禅宗对中国美学意识的塑造，特别是对诗词写作风格的熏染。禅宗讲"空",但诗不可"空言"。所谓"得意忘言"中的"意"还是有对象可观,描摹"镜中花""水中月"这些意象的前提是有镜有水,才反衬出"花"与"月"。如果"镜""水"不存,就无所谓"花"和"月",如果真如禅家所云彻底断绝文字,那就无诗可写了。所以"悟"还须有"力行"的一道程序要走,必先有"道"有"言",才可能"无道""无言",缄默犹如画中的留白、音乐中的静止。(钱锺书:《谈艺录·妙悟与参禅》,生活·读书·新知三联书店,2001年)

  道家说"道"不可言,却仍在不断做出解释。禅家说不立文字,却仍不时借助文字迈向觉悟,否则就无法解释,为什么会出现那么多"公案"文本。《老子》《庄子》《坛经》成为著名经典就是例子。中国的思想世界有形与无形相互交织,不断彼此渗透,这是禅宗与原始佛教不一样的地方,也是与文人习气相互契合的缘由之所在。